【美】G.T.卡伯 著　吴菲 译

初级版

妙探寻凶 MURDLE

风靡全球100万人的
推理游戏MURDLE

中信出版集团 | 北京

图书在版编目（CIP）数据

妙探寻凶 / (美) G.T. 卡伯著 ; 吴非译 . -- 北京 :
中信出版社 , 2025. 4（2025. 6 重印）. -- ISBN 978-7-5217-7365-1

I. G898.2

中国国家版本馆 CIP 数据核字第 2025V1J423 号

妙探寻凶

著者：　[美] G.T. 卡伯

译者：　吴非

出版发行：中信出版集团股份有限公司

（北京市朝阳区东三环北路 27 号嘉铭中心　邮编　100020）

承印者：　河北鹏润印刷有限公司印刷

开本：880mm × 1230mm　1/32　　印张：10.25　　字数：351 千字

版次：2025 年 4 月第 1 版　　印次：2025 年 6 月第 8 次印刷

京权图字：01-2025-0167　　书号：ISBN 978-7-5217-7365-1

定价：58.00 元

献给丹和达妮

目录

游戏指南

欢迎阅读《妙探寻凶》，这是一本正式出版的案件卷宗，卷宗的主角是世界上最伟大的解谜大师图威利 · 洛基克。

与那些记录打击犯罪的职业生涯回忆录不同，本书中的杀人事件不仅仅是一个个故事，还是可供您解答的谜题。要破解这些案件，您只需要一支削尖的铅笔，再加一个比笔头更敏锐的头脑。

为了证明这一点，让我们回顾一下图威利 · 洛基克人生中经历的第一个案件吧。这个案子是他在推理学院读大三时破的。当时，学生会主席被谋杀了，洛基克确定凶手就在以下三人当中：

霍尼市长

他知道尸体都埋在哪里，而且他总有办法让市民们给他投票。

6 英尺整 · 左撇子 · 淡褐色眼睛 · 浅棕色头发

格劳库斯系主任

推理学院某系系主任。他的工作是什么呢？好吧，职责之一是管钱……

5 英尺 6 英寸 · 右撇子 · 浅棕色眼睛 · 浅棕色头发

托斯卡纳校长

作为推理学院校长，她很具体地推断出有钱的父母愿意花多少钱让他们的孩子获得一个逻辑学学位。

5 英尺 5 英寸 · 左撇子 · 绿眼睛 · 灰发

年轻的图威利 · 洛基克还知道，他们每个人都到过下列地点中的某一处，并拥有下列凶器中的某一件。

运动场
户外

球场上的假草皮绝对是用钱能买到的最高质量的假草皮。

书店
室内

校园里最赚钱之处。教材上贴着“2本套装售价500美元”的促销标签。

旧主楼
室内

校园里的第一幢建筑，却维护得最差。墙上的油漆都剥落了！

一支锋利的铅笔
轻量级

当时，铅笔笔芯是用真正的铅制造而成的。被捅一下您就会死于铅中毒。

一个沉甸甸的背包
重量级

终于，那些逻辑学教材有了用武之地（用来打人）。

一根毕业绶带
轻量级

被这种东西勒死是一种很高的学术荣誉。

图威利 · 洛基克知道，他不能仅凭这些线索就做出推断！有时市长会背着沉甸甸的背包，有时老师会到运动场去。根据生活经验推理可行不通，只有研究线索与证据的关系，才能知道案发时他们分别在哪里，手头持有什么凶器。

洛基克了解到的以下事实绝对可靠：

- 在运动场里的人是右撇子。
- 持有锋利铅笔的嫌疑人对身在旧主楼的人怀恨在心。
- 持有毕业绶带的嫌疑人有一双漂亮的淡褐色眼睛。
- 格劳库斯系主任似乎随身携带了很多逻辑学教材。
- **尸体蹭到了剥落的油漆。**

最后，他拿出侦探笔记本，画了一个工工整整的网格，在每列和每行表头都标上了代表嫌疑人、凶器和地点的图片。地点被标注了两次——一次在上方，一次在侧面，这样每个方格都代表了一种独一无二的潜在组合。

这个工具——推理网格——是推理学院教授的一项强大技术。它可以帮助您理清思路，锚定结论。

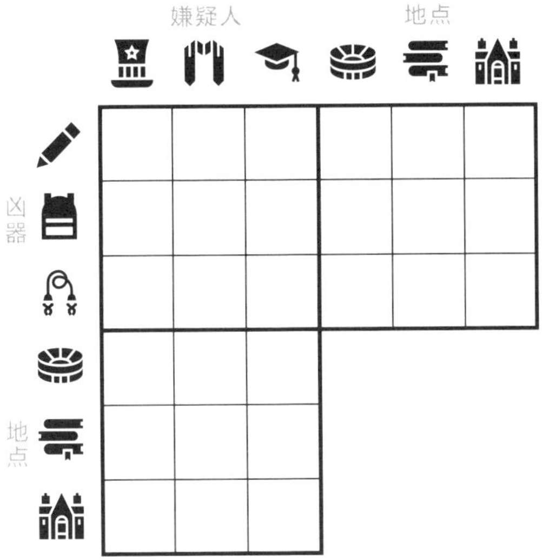

但在此之前，它从未被用来破解命案！在推理学院，人们只把逻辑作为一种抽象的应用，比如“假设所有的甲都变成乙，所有的乙都变成丙”这种。洛基克在本案中所做的尝试前所未见，因此令人兴奋，同时又充满危险！

画好推理网格后，就来到洛基克最喜欢的部分：推理！他顺着线索清单，把每一条线索都填入网格内。

第一条线索是：**在运动场里的人是右撇子。**

根据洛基克有关嫌疑人的笔记，只有格劳库斯系主任是右撇子。因此，格劳库斯系主任在运动场里。

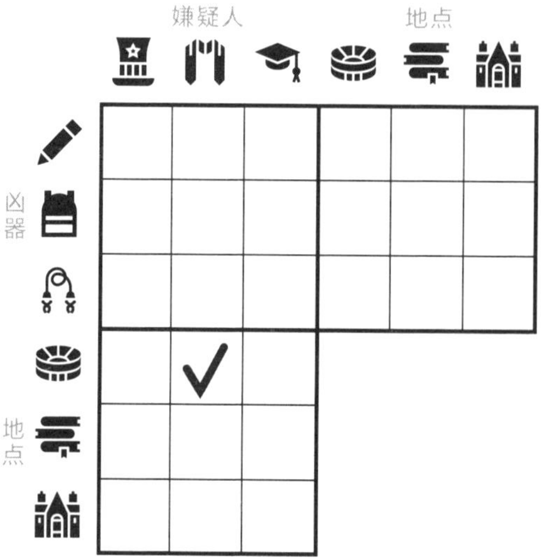

洛基克在他的网格里记下了这一点，如左图所示。这并不是洛基克从该条线索中了解到的全部信息。

如果格劳库斯系主任在运动场，那么他就不可能在书店或旧主楼，而且由于每个地点只有一名嫌疑人，所以托斯卡纳校长和霍尼市长都不在运动场。

洛基克在网格中用 X 表示这一点。这说明了一个原理：当您确定了某人的位置或凶器后，您就可以划掉该行和该列中其他的可能性。

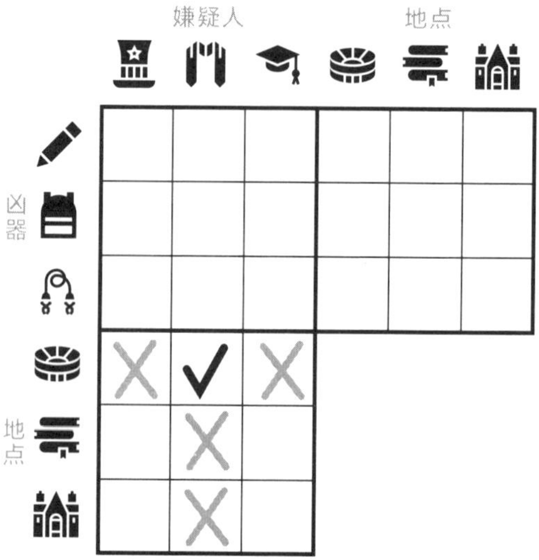

洛基克继续破译下一条线索：**持有锋利铅笔的嫌疑人对身在旧主楼的人怀恨在心。**

这条线索似乎在告诉我们嫌疑人之间的关系。不过洛基克只关心事实。这条线索告诉他的唯一事实就是，拿着锋利铅笔和在旧主楼的嫌疑人是两个不同的人。因此，锋利的铅笔不会出现在旧主楼。

洛基克也在他的网格中记下了这一点。

然后，他继续分析下一条线索：**持有毕业绶带的嫌疑人有一双漂亮的淡褐色眼睛。**

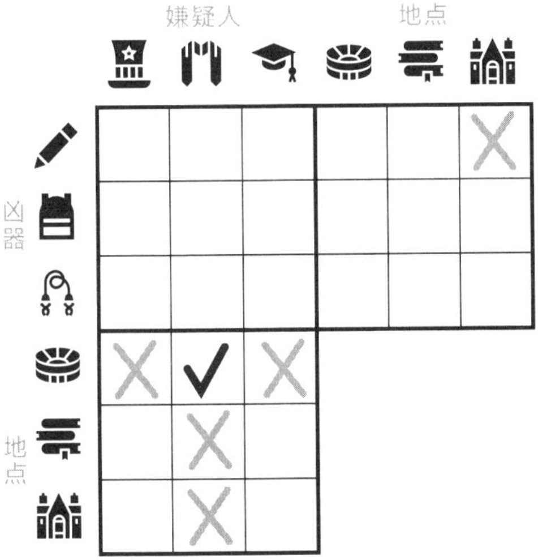

他略过“眼睛很漂亮”这个信息，而把注意力集中在他认为重要的事情上：只有霍尼市长有一双淡褐色的眼睛。因此，霍尼市长持有毕业绶带。

这样一来，洛基克又可以排除很多选项！毕竟，如果毕业绶带为霍尼市长所有，那么托斯卡纳校长和格劳库斯系主任持有这一凶器的可能性就可以排除了。而且由于每个嫌疑人只有一件凶器，因此沉甸甸的背包或锋利的铅笔就不可能属于霍尼市长 。

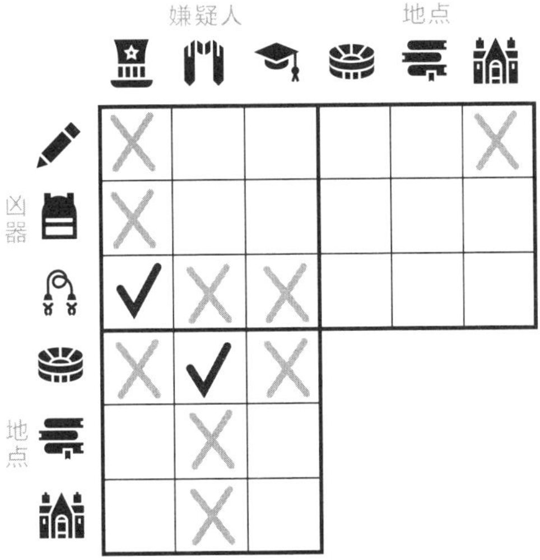

洛基克继续分析下一条线索：**格劳库斯系主任似乎随身携带了很多逻辑学教材。**

这是什么意思？逻辑学教材似乎算不上是凶器！但是，如果您阅读了对每种凶器的描述，就会注意到沉甸甸的背包一栏里写着:“终于,那些逻辑学教材有了用武之地(用来打人)。”也就是说,如果格劳库斯系主任随身携带了许多逻辑学教材,那么他就有可能用背包来行凶!

在解谜时,您不需要跳跃性的逻辑思维:您需要的一切线索都清楚地出现在关于谜题的描述中。难道格劳库斯系主任不背沉甸甸的背包也能随身携带逻辑学教材吗?对图威利·洛基克来说,这不可能!

洛基克记下了格劳库斯系主任有一个沉甸甸的背包,然后他叉掉了这一行和这一列中的其他可能性。做完这些,洛基克笑了。既然霍尼市长有毕业绶带,而沉甸甸的背包属于格劳库斯系主任,那么锋利铅笔的主人就一定是托斯卡纳校长了。他把这个也记了下来。

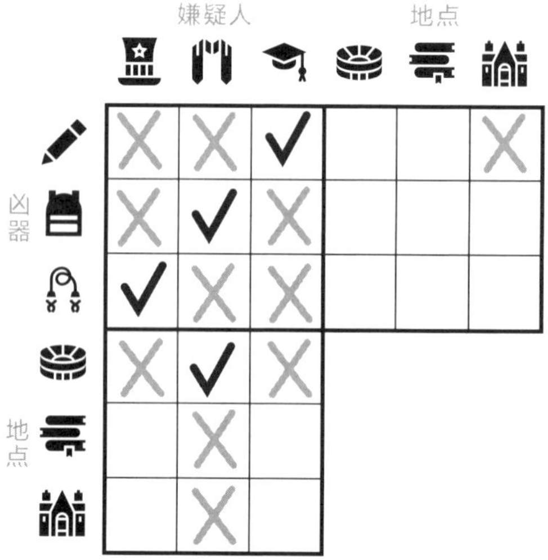

下一步是解开本书中所有谋杀谜团的关键:托斯卡纳校长有一支锋利的铅笔,而铅笔不在旧主楼。因此,*托斯卡纳校长不可能在旧主楼*。于是,托斯卡纳校长只可能在书店,因为那是唯一剩下的地方。既然锋利的铅笔是她的,那么铅笔也一定在书店。

洛基克在推理网格上标出了这一点,并在同一行和同一列的其他空白方框里打叉。由此,他推断出当时在旧主楼的是霍尼市长,并做了相应的标记。

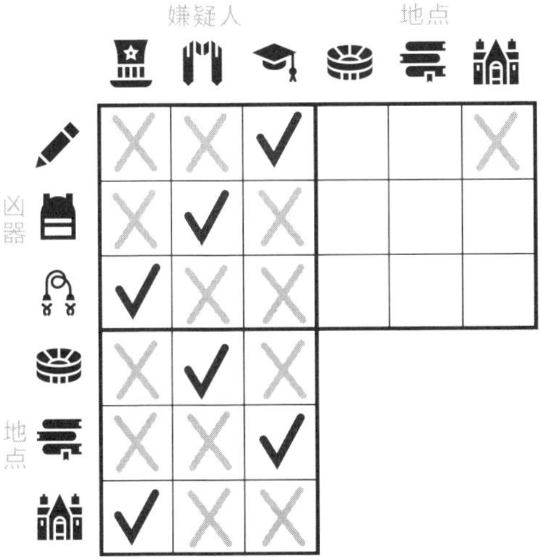

既然霍尼市长持有毕业绶带，那么毕业绶带肯定也在旧主楼。而背包的主人是格劳库斯系主任，他人在运动场，因此沉甸甸的背包便在运动场。

“太棒了！”洛基克看着完成的网格心里想。现在，他准备解读最后一条线索：**尸体蹭到了剥落的油漆**。

最后这条线索很特别。它没透露谁在哪里，持有什么凶器，而是提供了和谋杀案本身相关的信息！

通过查阅笔记，洛基克知道该线索意味着谋杀案发生在旧主楼，因为关于旧主楼的描述中提到了剥落的油漆。因此，身处旧主楼的嫌疑人霍尼市长就是凶手。

洛基克对自己的结论充满信心。他来到校长办公室，自信满满地宣布：“**凶手是霍尼市长，他是在旧主楼用毕业绶带行凶的！**”

托斯卡纳校长被他寻求真相的努力打动，给了他一个 A+ 的成绩。然而，霍尼市长却以压倒性的优势赢得了连任，这要归功于他迎合民粹主义发表的长篇激烈演说。在演说中，

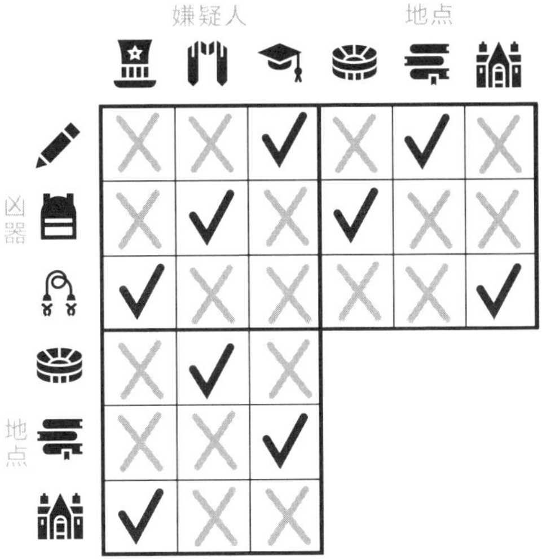

他号召抵制过度强调逻辑和推理。但这些并不重要，因为对洛基克来说，结果无所谓，重要的是推理的过程本身。

年轻的图威利 · 洛基克就这样成了侦探洛基克，这是他首次将大学学到的理论应用于解决现实世界的问题。毕业后，他搬到了市区，逐渐成为业内唯一运用纯推理来破案的侦探。

本书收录了 100 道谜题，都是洛基克通过逻辑演绎破解的案件。书中包括需要破解的密码、待检视的证人证词，还伴随着很多需要您亲自解开的谜团。随着解谜的不断进行，谜题的难度将越来越大，您会发现自己的推理能力正在经受考验。更多因素使案情更加复杂，您可以掌握新的技巧，并以此展开新的推理。

要是您卡住了，也别放弃！您可以翻阅《妙探真相手册》中的“提示”。当您准备好指控真凶时，可以翻到《妙探真相手册》中的“解答篇”，看看自己的推理是否正确。每解开一个谜题，更丰富的故事就会浮出水面。因此，在解谜过程中请仔细阅读。您还要记住：对于一个仰仗推理的侦探来说，每个案子都可以仅凭逻辑来破解。

如果您需要更多帮助，或者想与他人一起解开更多谜团，不妨前往 Murdle.com，加入侦探俱乐部。当然，您也可以选择孤军奋战！

祝您好运，侦探！

MURDLE

入门级

经过接下来 25 个谜案的洗礼，图威利 · 洛基克走上了一条无法回头的人生之路。刚迈出推理学院校园大门的他，脸上还挂着青涩，如今，他已是饱经沧桑的推理神探。

他学会了质疑一切，哪怕是自己从未怀疑过的东西，也看到了他永远无法忘怀的事物。

值得庆幸的是，他总是随身携带逻辑推理所需要的智慧与他的侦探工具箱（参见一号物证）。因此，无论案件多么扑朔迷离，他总能找到真相。

您可以做到吗？分析嫌疑人、凶器和地点，仔细阅读线索，展开逻辑推理，最后，揪出凶手，并查清楚行凶的工具和案发之所。

有些人（尤其是那些拥有推理学院认证学位的人）可能会觉得这前 25 个案子太简单了，那就参加侦探俱乐部的“入门级谜题挑战赛”吧：看看您能以*多快的速度*解开所有入门级谋杀谜团，而且一个*错都不出*。我们目前的纪录是 36 分钟，这是由俱乐部的一位成员在本书出版之前创造的。

您能打破这个纪录吗？

1. 好莱坞杀人事件

当图威利 · 洛基克受邀参加好莱坞山庄豪宅的高级晚宴时，他以为自己终于出人头地了。遗憾的是，他并不是主宾：他之所以被邀请，是为了破解主宾遇害的案子。

嫌疑人：

神奇的奥瑞林

一名魔术师，完美地表演了将丈夫锯成两半的魔术。然后，她把他的尸体变没了。

5 英尺 6 英寸 · 左撇子 · 绿眼睛 · 金发

米德耐特三世

米德耐特电影制片厂创始人的孙子，自称是白手起家。

5 英尺 8 英寸 · 左撇子 · 深棕色眼睛 · 深棕色头发

奥比斯迪亚夫人

推理小说家，其作品销量超过《圣经》和莎士比亚作品的总和。

5 英尺 4 英寸 · 左撇子 · 绿眼睛 · 黑发

地点：

巨大的浴室

室内

比图威利 · 洛基克的房子还大。

卧室

室内

一尘不染的白色房间内摆放着一张加州特大号床，床铺尚未整理。

放映室

室内

红色天鹅绒座椅和爆米花机使这里成为看电影的最佳场所。

凶器：

一把餐叉
轻量级

您仔细琢磨琢磨，这玩意儿其实比刀可怕得多。

一根铝管
重量级

铝比铅安全，可要是对着您的脑袋来一下就不一定了。

一支颇有分量的蜡烛
重量级

重量足够杀人，不过本职是用来给房间照明的。

线索与证据：

- 神奇的奥瑞林信任持有餐叉的嫌疑人。
- 洛基克赶到时，米德耐特三世还在挥舞铝管。
- 卧室里没发现颇有分量的蜡烛。
- 奥比斯迪亚夫人被发现躲在红色天鹅绒座椅下。
- **尸体是在一个大理石浴缸内被发现的。**

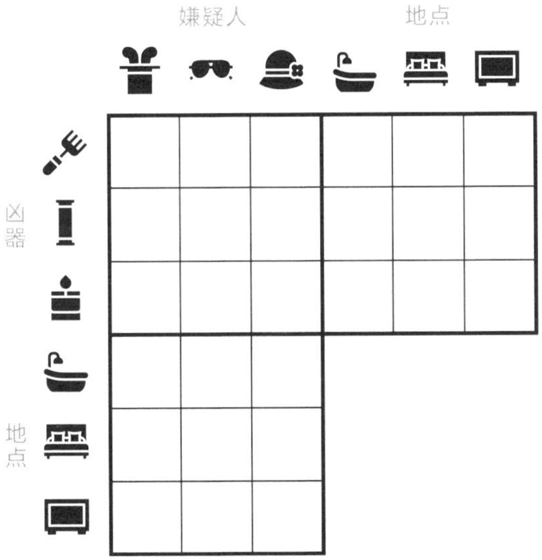

凶手是谁？

凶器是什么？

案发现场在哪里？

2. 有人生还

当图威利·洛基克听说一位老人在一个僻静的小岛上遇害时，他激动坏了。当然，这不是什么好事，但图威利·洛基克一直想破解一桩孤岛杀人案，这正是个大好机会。

嫌疑人：

意大利贵族
埃默拉尔德

埃默拉尔德先生是来自意大利的著名珠宝商，他周游世界，寻找稀有而珍贵的石头，这些宝石总是从他的口袋里掉出来。

5 英尺 8 英寸·左撇子·浅棕色眼睛·黑发

曼戈神父

他发誓甘于清贫，却开着一辆宝马。他发誓顺从，却有二十五名手下。他还发誓禁欲，所以他在度假。

5 英尺 10 英寸·左撇子·深棕色眼睛·光头

萨芙伦小姐

美丽迷人，不过脑子可能不太好使。这也许是她故意立的人设。或者，她就是想让您觉得她是故意为之。

5 英尺 2 英寸·左撇子·淡褐色眼睛·金发

地点：

悬崖
户外

虽然峭壁高耸，但嶙峋的岩石能提供一些缓冲。

古代遗迹
户外

有一些古老的立石，上面刻着奇怪的象形文字。

码头
户外

又老又破的码头，已经不复往昔的繁荣。小心鲨鱼！

凶器：

一个捕熊器

重量级

如果您觉得这玩意儿用在人身上太可怕，不妨想想熊的感受！

一块普通的砖

中量级

就是块平平无奇的砖头。一块砖而已，没什么花头。

一把捕鲸叉

重量级

可以用来杀鱼，或者（说句实话）杀任何动物。

线索与证据：

- 持有一块普通砖头的嫌疑人是曼戈神父的教区居民。
- 萨芙伦小姐的手袋里有一个捕熊器。
- 有位嫌疑人的家族公司生产了洛基克使用的放大镜（参见一号物证），该嫌疑人当时正位于悬崖之上。
- 淡褐色眼睛的嫌疑人站在古代遗迹旁，此人似乎被遗迹催眠了。
- **当洛基克赶到时，老人的尸体已被鲨鱼啃食。**

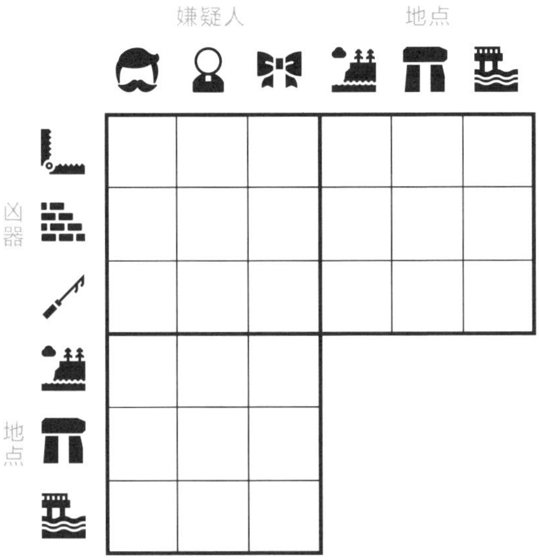

凶手是谁？

____

凶器是什么？

____

案发现场在哪里？

____

3. 杀人的艺术

图威利·洛基克参观了一家艺术博物馆，他感到非常困惑：没有哪桩杀人事件比馆里的某些画作更令人费解。因此，当一位实验艺术家死于一场神秘的谋杀时，他松了一口气：终于有他能理解的事情了。

嫌疑人：

斯莱特船长

在现实生活中是一名宇航员。她是第一位环绕月球背面旅行的女性，也是第一位涉嫌谋杀飞船副驾驶员的女性。

5 英尺 5 英寸 · 左撇子 · 深棕色眼睛 · 深棕色头发

阿祖尔主教

作为当地教堂的主教，她因同时为朋友和敌人祈祷而知名。当然，她祈祷的是完全相反的东西……

5 英尺 4 英寸 · 右撇子 · 浅棕色眼睛 · 深棕色头发

布莱克斯通律师

在律师最重要的技能上堪称天才：收律师费。

6 英尺整 · 右撇子 · 黑眼睛 · 黑发

地点：

屋顶花园
户外

一个屋顶花园！这里有鸽子！您还可以喂它们！是一个很酷的地方。

入口大厅
室内

根据墙上的牌匾来看，就连入口大厅的建筑本身都是艺术。

艺术工作室
室内

位于博物馆后方，里面摆满了艺术课的宣传册。

凶器：

一杯毒酒
轻量级

一杯典型的毒酒，您肯定不陌生。这是推理小说里的经典工具。

一座抽象派雕塑
重量级

不管盯着看多久，图威利·洛基克都不明白其中的含义。

一个稀有的花瓶
重量级

洛基克想到，理论上说，每个手工制作的花瓶都是稀有的，因为它们都是独一无二的。

线索与证据：

- 布莱克斯通律师怀疑凶手是那个拥有抽象派雕塑的嫌疑人。
- 斯莱特船长带了一杯毒酒。
- 抽象派雕塑不在艺术工作室里。（有时，学生们的艺术作品看起来很抽象，但那只是因为它们的水平太差。）
- 要么是布莱克斯通律师曾把艺术课的宣传册踩在脚下，要么是斯莱特船长曾在屋顶花园出没。
- **实验艺术家的尸体是在墙上的牌匾下方被发现的。**

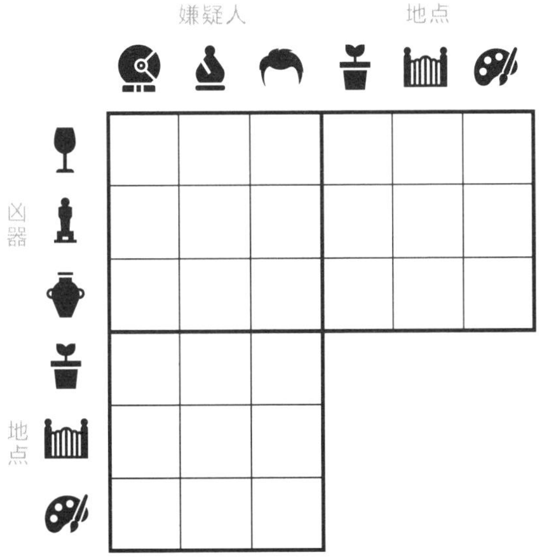

凶手是谁？

____

凶器是什么？

____

案发现场在哪里？

____

4. 最后一列杀人火车

回到大陆后，图威利 · 洛基克坐上了一列火车。不幸的是，又一名凶手夺走了列车长的生命。此时，火车在铁轨上飞驰，众人都无所适从，只有洛基克清楚：他必须破案。

嫌疑人：

毛威副总裁

泰科未来股份有限公司副总裁。如果她邀请您进入她的元宇宙，婉言谢绝即可。

5 英尺 8 英寸 · 右撇子 · 深棕色眼睛 · 黑发

奥博金主厨

据说她曾经杀了自己的丈夫，把他煮熟后端上自己餐厅的餐桌。这不是事实，不过这样的传言也能让我们对她有所了解。

5 英尺 2 英寸 · 右撇子 · 蓝眼睛 · 金发

哲学家博恩

一位皮肤黝黑、风度翩翩的哲学家，开创了一种道德理论：他无须为自己的行为负责，而且有权利得到相应的报酬。

5 英尺 1 英寸 · 右撇子 · 浅棕色眼睛 · 光头

地点：

火车头

室内

蒸汽机震耳欲聋，让图威利 · 洛基克无法思考。

列车员车厢

室内

位于火车尾部，在这里您能看到列车驶来之处与被甩在身后的一草一木。

车顶

户外

风呼呼地刮着，烟囱里冒出滚滚浓烟，您很难在这儿辨别方向。

凶器：

一把意大利进口的匕首

轻量级

看上去是无价之宝。理论上是这样，然而它一分钱都卖不了。

一只皮行李箱

重量级

这只行李箱难看得要死。牛皮还是在牛身上好看。

一张卷起来的报纸（当中藏了一根撬棍）

中量级

您以为这只是一张报纸，可实际上……啪！

线索与证据：

- 在蒸汽机的锅炉房里发现了一页分类广告。
- 奥博金主厨和带着皮行李箱的人有一段交情。
- 个子最高的嫌疑人从未进入过列车员车厢。
- 有人看到哲学家博恩在外面晃来晃去。
- **列车长是被刺死的。**

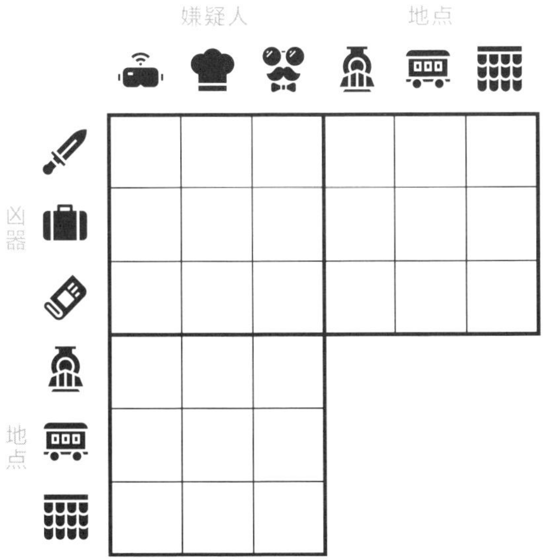

凶手是谁？

____

凶器是什么？

____

案发现场在哪里？

____

5. 医生，治愈我自己!

图威利 · 洛基克在一家私人医院醒来，看一眼账单上的金额，他觉得自己病得更重了。不过克里姆森医生提出一个交易方案：如果他能侦破另一个病人的谋杀案，医院就给他打个九八折。他立马同意了。

嫌疑人：

科珀警官

女警本人作案最大的优势就是她可以略过中间人调查自己，然后让自己脱罪。

5 英尺 5 英寸 · 右撇子 · 蓝眼睛 · 金发

克里姆森医生

她自称没见过比自己更聪明的医生，她可能说得没错。是的，她抽烟，不过要是得了癌症，她也有办法痊愈。

5 英尺 9 英寸 · 左撇子 · 绿眼睛 · 红发

拉皮斯修女

她是一名周游世界的修女，用上帝的钱为上帝服务。她热衷于消费，修道服是羊绒的。

5 英尺 2 英寸 · 右撇子 · 浅棕色眼睛 · 浅棕色头发

地点：

停车场
户外

一个超大停车场，身着制服的侍应生会为客人停放豪华轿车。

天台
户外

被巨大的空调和其他工业设备覆盖，提供了许多绝佳的藏身之处。

礼品店
室内

这家医院真高档，可以买到珠宝。不过别担心，店里也有打折货架。

凶器：

一小瓶酸性溶液
轻量级

标签显示，这玩意儿绝对不能口服，别管它看上去有多好喝。

一台很沉的显微镜
重量级

切片很小，但显微镜却很有分量。

一把手术刀
轻量级

不知为何，身材越苗条，看着越危险。

线索与证据：

- 装有酸性溶液的小瓶肯定不在天台（那里有酸性溶液传感探测器）。
- 礼品店里的嫌疑人有一双浅棕色眼睛。
- 科珀警官的凶器上贴着“请勿饮用”的标签。
- 令人惊讶的是，克里姆森医生没带她的手术刀（或者任何其他类型的手术刀）。
- **病人的尸体是在一辆豪华轿车下被发现的。**

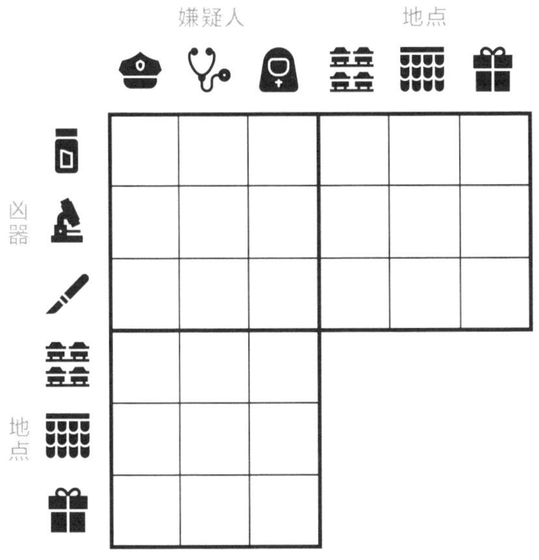

凶手是谁?

______

凶器是什么?

______

案发现场在哪里?

______

6. 小巷杀人事件

图威利·洛基克走在回家的路上，在一条小巷内被一个黑影拦了下来，对方说奥比斯迪亚夫人有罪：她陷害了一个不完全无辜的魔术师（参见 1 号案件：好莱坞杀人事件）。话音未落，黑影就倒下了。

嫌疑人：

咖啡将军

一位意式浓缩咖啡鉴赏家，曾为了采摘一颗咖啡豆而让手下死在丛林中。

6 英尺整 · 右撇子 · 深棕色眼睛 · 光头

宇航员布鲁斯基

前苏联宇航员，流淌的血液是红色的。这当然很正常，但对他来说这是爱国的象征。

6 英尺 2 英寸 · 左撇子 · 深棕色眼睛 · 黑发

米德耐特三世

他认为电影制片厂的工作重点应该回归以谋杀案为主题的侦探电影，以重现昔日的辉煌。

5 英尺 8 英寸 · 左撇子 · 深棕色眼睛 · 深棕色头发

地点：

金属栅栏
户外

典型的铁丝网栅栏，没什么花样。

大垃圾箱
户外

不太好闻。不，不止如此。应该说，简直臭气熏天。

令人分心的涂鸦
户外

墙上的涂鸦图案是一条骑摩托车的龙，打破了周围的晦暗氛围。

凶器：

一根钢琴琴弦
轻量级

不知何处有架钢琴少了一根琴弦，这估计要毁掉一场音乐会。

一根撬棍
中量级

说实话，这玩意儿在犯罪场合出现的频率远超其他场合。

一支有毒的飞镖
轻量级

可一击致命。

线索与证据：

- 米德耐特三世脸上印着的铁丝网痕迹很眼熟。
- 宇航员布鲁斯基总是为外太空之旅打包行李：他有一件轻便的凶器。
- 侦探俱乐部向洛基克发送了一条用侦探代码编写的信息：pz uvr qrzmt qfm nvr blf jrzl tfm。（参见一号物证。）*
- 宇航员布鲁斯基没带钢琴琴弦：他是个音盲。
- 惹人分心的涂鸦旁有一件凶器，不是撬棍就是毒飞镖。
- **尸体周围弥漫着一股难闻的气味，比尸体还难闻！**

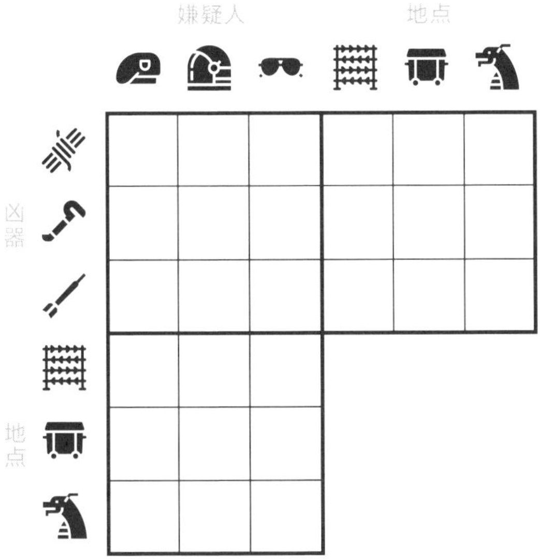

凶手是谁？

____

凶器是什么？

____

案发现场在哪里？

____

7. 小古村杀人事件

图威利 · 洛基克造访了奥比斯迪亚夫人所在的小古村，他刚到那里就学到了一个新词：教区牧师（vicar）。他不知道这个词是什么意思，但他知道怎么用它造句，比如：“教区牧师被谋杀了，我要查出真凶。”

嫌疑人：

奥比斯迪亚夫人

她最出名的一本书讲的是一位推理小说家陷害一个无辜魔术师的故事。非常可疑！

5 英尺 4 英寸 · 左撇子 · 绿眼睛 · 黑发

维尔迪格里斯执事

教堂执事。她负责处理教区居民的捐款，有时也会倾听他们的秘密。

5 英尺 3 英寸 · 左撇子 · 蓝眼睛 · 灰发

格雷伯爵

他出身于没有那么源远流长（但仍然算得上历史悠久）的伯爵世家。是的，就是伯爵茶的那个伯爵世家。不过，他不会给您签名的。但如果您开口，他会送您一个免费的茶包。

5 英尺 9 英寸 · 右撇子 · 浅棕色眼睛 · 白发

地点：

庄园大宅
室内

奥比斯迪亚夫人的家。到处都是已故有钱白人的巨幅肖像，好几代人在上面。

小教堂
室内

里面有很多彩绘玻璃窗，也有很多秘密。

古代遗迹
户外

同样的立石又出现了！每一块石头侧面都刻着奇怪的迷宫图案。

凶器：

一瓶氰化物
轻量级

苦杏仁味儿的毒药，也能用于缓解头疼（也适用于您的丈夫）。

一把园艺剪
中量级

园艺是个好爱好。不过说实话，您真想吃好的西红柿的话，有更容易的方法。

一卷纱线
轻量级

有时，当您在缝纫中发现漏针时，恨不得找个人勒死。

线索与证据：

- 洛基克在一扇彩绘玻璃窗下闻到了杏仁味。
- 奥比斯迪亚夫人不在她的庄园大宅里。而且，她也不在任何一座庄园大宅里。
- 格雷伯爵确实拥有一个茶叶王国，不过他从不做园艺工作，您绝不会撞见他拿着一把剪子的。
- 维尔迪格里斯执事在参观古代遗迹，他正在为撰写文章进行调研，文章主题是“教会到来之前当地的异教习俗”。
- **教区牧师是被勒死的，最尴尬的是，凶器是一卷纱线。**

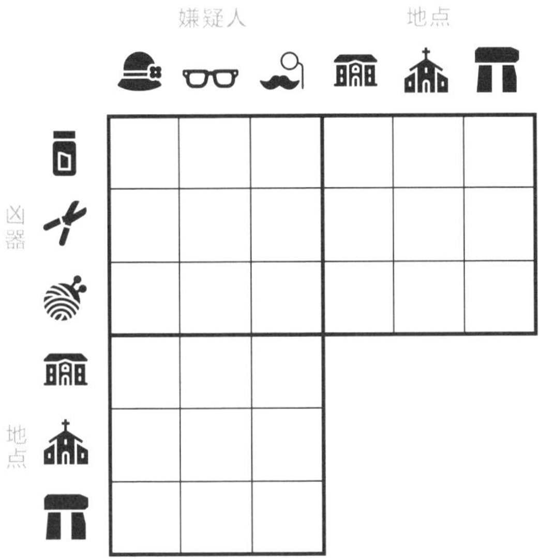

凶手是谁？

____

凶器是什么？

____

案发现场在哪里？

____

8. 都是管家惹的祸（他死了）

上一个案件告破后，奥比斯迪亚夫人家里紧接着又发生了一起命案！洛基克觉得她的嫌疑更大了。更何况，死者正是她的管家。毕竟谁会杀害别人的管家呢？

嫌疑人：

奥比斯迪亚夫人

补充一点背景信息：奥比斯迪亚夫人的第二任丈夫失踪一周后，她铺设了自家花园的小径。报纸对此大肆报道，而她的图书销量翻了一番。

5 英尺 4 英寸 · 左撇子 · 绿眼睛 · 黑发

鲁莱恩爵士

如果您相信他随身携带的伪造文件，那么他就是一位颇有修养的绅士，刚被册封为爵士。

5 英尺 8 英寸 · 右撇子 · 蓝眼睛 · 红发

萨芙伦小姐

美丽迷人，不过脑子可能不太好使。这也许是她故意立的人设。或者，她就是想让您觉得她是故意为之。

5 英尺 2 英寸 · 左撇子 · 淡褐色眼睛 · 金发

地点：

闹鬼的阁楼
室内

除了蜘蛛网、传家宝和闹鬼的画，别的什么都没有。

主卧
室内

床这么大，仿佛卧室是围绕着这张床而建的。

草坪
户外

精心维护的两英寸厚草坪，植株为单一品种。

凶器：

一个放大镜
中量级

您可以用它来寻找线索和阅读小号印刷字，或是生起一小撮火。

一座古董钟
重量级

嘀嗒，嘀嗒。严格说起来，时间在慢慢杀死我们每一个人。

一把斧头
中量级

既能砍树，也能砍人！

线索与证据：

- 斧头不在萨芙伦小姐那里，就在主卧里。
- 鲁莱恩爵士一直在躲避拿斧头的人。
- 古董钟肯定不在草坪上：那是个室内钟。
- 有人看到萨芙伦小姐用某件凶器阅读八卦杂志上的广告。
- **管家的血溅到了一件传家宝上。**

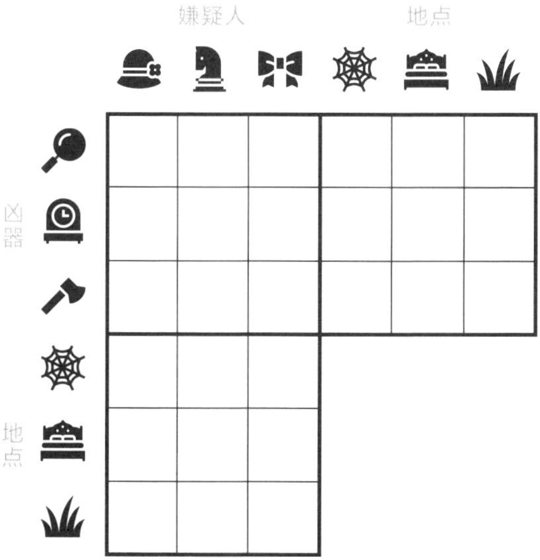

凶手是谁？

______

凶器是什么？

______

案发现场在哪里？

______

9. “别在一棵树上吊死”，警官大喊

洛基克还在怀疑奥比斯迪亚夫人是否真的无辜，就听到树篱迷宫里传来一声尖叫。他冲进迷宫，却在里面绕晕了，等他搞清楚方向后，才找到了奥比斯迪亚夫人。他现在确信她是无辜的，因为她已经死了。

嫌疑人：

科珀警官

科珀警官的同卵双胞胎姐妹。父母离婚后，她搬到了大洋彼岸。两人有很多相似之处：相同的身高，相同的工作，相同的暴力倾向。

5 英尺 5 英寸 · 右撇子 · 蓝眼睛 · 金发

拉文德议员

上议院保守派议员，也是《狗》和《大明星摩西先生》等音乐剧名曲的作曲家。

5 英尺 9 英寸 · 右撇子 · 绿眼睛 · 灰发

萨芙伦小姐

美丽迷人，不过脑子可能不太好使。这也许是她故意立的人设。或者，她就是想让您觉得她是故意为之。

5 英尺 2 英寸 · 左撇子 · 淡褐色眼睛 · 金发

地点：

喷泉
户外

位于迷宫中央，只要您别迷路就能找到。

瞭望塔
室内

从塔上俯瞰花园，可将一切尽收眼底。此外，墙上还有一张地图，揭示了迷宫的（部分）秘密。

古代遗迹
户外

同样的古代遗迹又出现了！它们是迷宫中最先建造的。

凶器：

一把园艺剪	一个花盆	一杯毒茶
中量级	中量级	轻量级
有点生锈，个别螺丝可能不见了。	如果要用这个东西杀人，请您先移栽盆中的鲜花。	美美喝一口，然后睡很久。

线索与证据：

- 毒茶肯定不在古代遗迹和喷泉中。
- 最高的嫌疑人和带园艺剪的人是旧相识。
- 古代遗迹里没有花盆。真的没有吗？没有。
- 萨芙伦小姐沉迷于她朋友格雷伯爵制造的茶，还往里面加了一点毒药。
- **奥比斯迪亚夫人的尸体是在一张血迹斑斑的地图旁发现的。**

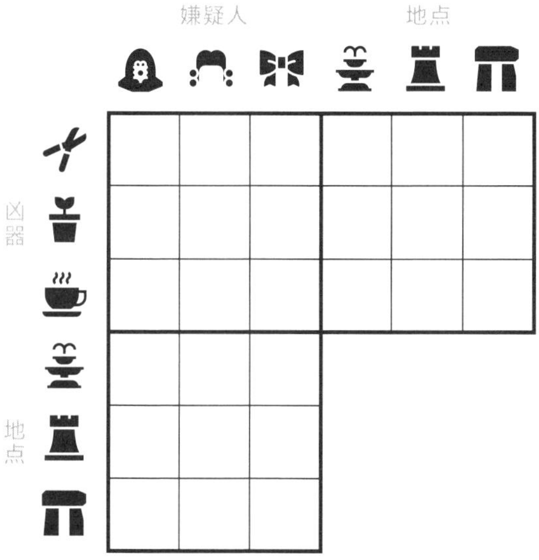

凶手是谁？

____

凶器是什么？

____

案发现场在哪里？

____

10. 及时行乐吧，因为刚死了一个浑蛋

由于搞错了时区（这是推理过程中最难的问题），洛基克错过了回家的航班。于是他来到村里的酒馆，看到人人都在庆祝一个爱吹牛的浑蛋的死亡。他们都想知道凶手是谁（这样他们就可以请他喝酒了），洛基克很乐意效劳。

嫌疑人：

布朗斯通修道士

将一生奉献给了教会，尤其是为教会赚钱。

5 英尺 4 英寸 · 左撇子 · 深棕色眼睛 · 深棕色头发

尚帕涅同志

一位富有的共产党员，最喜欢的事就是周游世界。

5 英尺 11 英寸 · 左撇子 · 淡褐色眼睛 · 金发

国际象棋大师罗斯

国际象棋大师，总在思考下一步棋该怎么走，比如如何打败下一个对手！（1. e4）*

5 英尺 7 英寸 · 左撇子 · 深棕色眼睛 · 深棕色头发

地点：

中央吧台
室内

为了庆祝浑蛋归西，这里正在派送免费饮品。

角落的雅座
室内

笼罩在阴影中，如果不想引人注目，可以坐在这里。

狭小的卫生间
室内

小得就像廉价航班上的厕所！

凶器：

一个开瓶器
轻量级

洛基克一认真起来，就觉得什么都是凶器。

一瓶红酒
中量级

小心酒渍，因为红色是洗不掉的。

一颗水晶球
重量级

如果您盯着它看，它会向您透露未来——只要您的未来是一颗水晶球。

线索与证据：

- 在一个极为狭小的空间内发现了一块红色污渍。
- 国际象棋棋手对红酒的主人产生了怀疑。
- 开瓶器肯定不在中央吧台。
- 拿开瓶器的嫌疑人是金发。
- **人们就在那个浑蛋还没凉透的尸体旁派发免费饮料！**

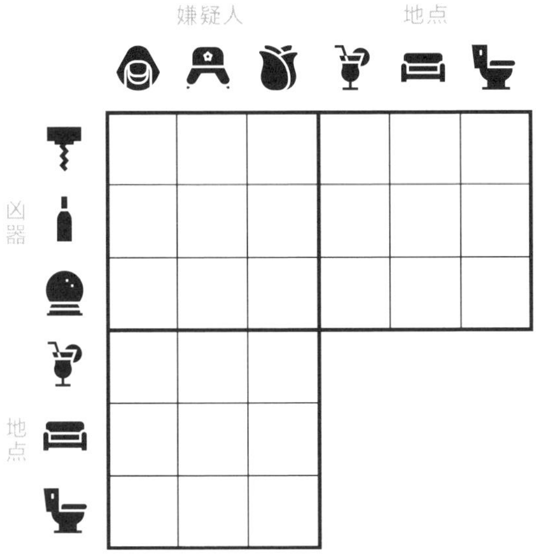

凶手是谁？

____

凶器是什么？

____

案发现场在哪里？

____

11. 咖啡店杀手疑案

图威利 · 洛基克一回到家，就去了他最喜欢的咖啡店，好好琢磨奥比斯迪亚夫人到底出了什么事。就在他陷入沉思之际，一位咖啡师失去了生命。他救不了她，但却可以查明真相。

嫌疑人：

咖啡将军

一位意式浓缩咖啡鉴赏家。他对咖啡的爱丝毫不逊色于对战争的热情，这份爱将持续到他生命的尽头。

6 英尺整 · 右撇子 · 深棕色眼睛 · 光头

拉斯伯里教练

无论您住密西西比河东边还是西边，他都是您这一边最好的教练之一。有人说他好赌博，但他说他只是热爱冒险。

6 英尺整 · 左撇子 · 蓝眼睛 · 金发

图书奖得主
甘斯伯勒

他会在见到您的两分钟之内告诉您，他的小说获得了布金顿奖。获奖图书长达 6000 页，讲了一个关于泥土的故事。

6 英尺整 · 左撇子 · 淡褐色眼睛 · 浅棕色头发

地点：

庭院
户外

阳光透过巨大的橡树洒在桌椅上，映出斑驳的影子。这是一个谈话……或杀人的好地方。

咖啡豆仓
室内

仓库里堆满了袋子，袋子里装满了咖啡豆。咖啡的气息是如此芬芳馥郁，令洛基克想囫囵吞豆。

柜台
室内

铃铛一响，就意味着有客人光顾。咖啡师们开始故作忙碌，把客人晾在一边。

凶器：

一块普通的砖
中量级

就是块平平无奇的砖头。一块砖而已，没什么花头。

一根金属吸管
重量级

比塑料的环保，但却更致命！

一杯毒咖啡
中量级

里头下了从蓖麻豆中提取的蓖麻毒素。所以严格来说，这是一份双豆汤。

线索与证据：

- 图书奖得主甘斯伯勒从没有去过庭院，也从没想过要去那儿。
- 拉斯伯里教练曾和毒咖啡的主人一起打过球。
- 洛基克在一袋咖啡豆下面发现一片普通的砖屑。
- 柜台旁的嫌疑人就是图威利·洛基克的咖啡杯（参见一号物证）的前主人。
- **金属吸管被用于行凶。**

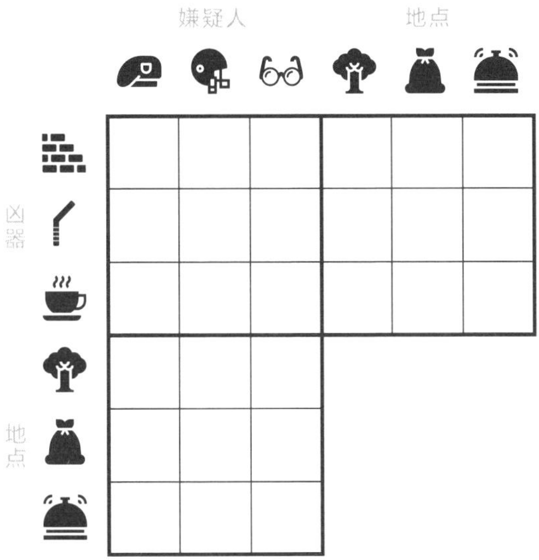

凶手是谁？

____

凶器是什么？

____

案发现场在哪里？

____

12. 神秘的推理书店之谜

图威利·洛基克决定通过研究奥比斯迪亚夫人的推理小说来查明她的身亡之谜，于是他来到了当地的一家推理书店。但他遇上的第一个身亡之谜却来自书店老板。

嫌疑人：

斯莱特船长

在现实生活中是一名宇航员。她是第一位环绕月球背面旅行的女性，也是第一位涉嫌谋杀飞船副驾驶员的女性。

5 英尺 5 英寸 · 左撇子 · 深棕色眼睛 · 深棕色头发

尚帕涅同志

一位富有的共产党员，最喜欢的事就是周游世界。

5 英尺 11 英寸 · 左撇子 · 淡褐色眼睛 · 金发

达斯蒂导演

一位真正的电影制作人。无论发生什么，他唯一关心的事就是把他的电影拍出来。

5 英尺 10 英寸 · 左撇子 · 淡褐色眼睛 · 光头

地点：

打折书书架

室内

这里有很多好书，很快还会多一本做了一半的《妙探寻凶》。

前台

室内

在这里您可以买书，也可以买书店出售的任何小玩意儿。

珍本书室

室内

一本奥比斯迪亚夫人的首版书，价格比洛基克父亲一辈子赚的钱还要多。

凶器：

一个托特包
中量级

黑手党藏书家们用这种帆布做的包打人。您也可以用它来装书。

一把骨刀
轻量级

是的，它是用动物骨头制作的，不过杀生这件事不需要延续。

一本平装书
中量级

如果用来攻击头部，它的分量太轻，不过上面的廉价油墨可是有毒的。

线索与证据：

- 在打折书书架上没发现托特包。
- 前台旁发现了一抹有毒油墨的墨渍。
- 一面防窃镜照出了珍本书室内嫌疑人的眼睛：深棕色的。
- 打折书书架上没有任何与电影有关的书，所以达斯蒂导演不在那儿。
- **在书店老板的尸体内发现了一块动物骨头碎片。**

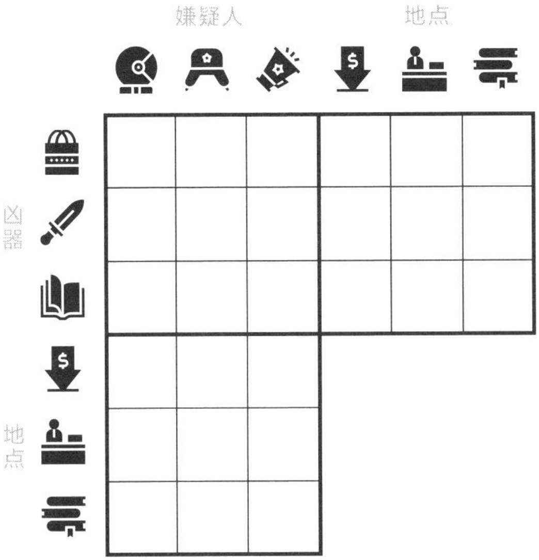

凶手是谁？

____

凶器是什么？

____

案发现场在哪里？

____

13. 牧场主被杀案

奥比斯迪亚夫人笔下的推理案件发生在各个地区和不同的时期，洛基克决定把这些作品都读一遍。她的处女作是西部小说，充满了误导线索、黑帽子 * 和令人拍案的反转。书中一位牧场主被害，嫌疑人似乎都有真人原型。

嫌疑人：

拉斯伯里牛仔

无论您住密西西比河东边还是西边，他都是您这一边最好的牛仔之一。有人说他总偷窃牲口，但他说他只是热爱冒险。

6 英尺整 · 左撇子 · 蓝眼睛 · 金发

派因法官

乡村法院法官，无比坚信自己独特的司法理念。

5 英尺 6 英寸 · 右撇子 · 深棕色眼睛 · 黑发

咖啡下士

在那个时代，如果您喜欢咖啡，就一定会选黑咖啡。下士也喜欢喝咖啡。

6 英尺整 · 右撇子 · 棕色眼睛 · 光头

地点：

酒吧
室内

来过的人都说这是他们去过的最差劲的酒吧。

水井
户外

您可以在这里喝到西部最干净的水——水是深棕色的。

“旅馆”
室内

提供某些“令人愉快之事物”，包括按“小时”收费的那种。

凶器：

一把匕首
中量级

那种最适合捅人的刀。

一棵仙人掌
中量级

小心上面的刺，还有用它来袭击您的家伙。

不洁的私酿威士忌
中量级

肯定能让人一命呜呼。光是闻一下味道都很危险。

线索与证据：

- 一些刺浸泡在深棕色的水中。
- 派因法官怀疑怀揣匕首之人。（这个怀疑很合理。）
- 咖啡下士从没去过“旅馆”。
- 仙人掌的主人有一双蓝眼睛。
- **不洁的私酿威士忌是杀死牧场主的凶器。**

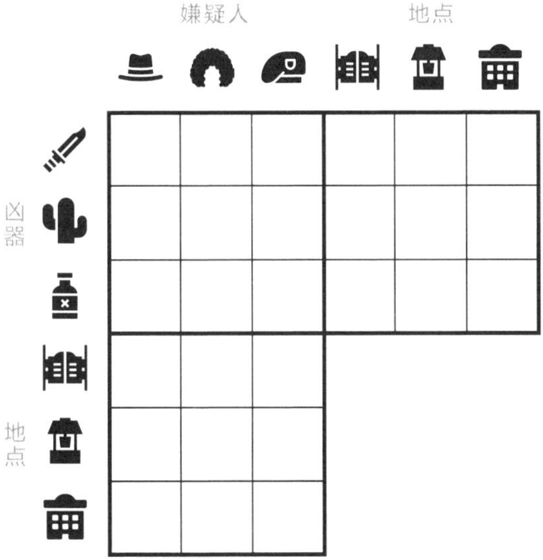

凶手是谁？

____

凶器是什么？

____

案发现场在哪里？

____

14. 正当谋杀

接下来，洛基克读了一部以侦探小说之都——维多利亚时代的伦敦——为背景的作品！这本书显然是在翔实的调研基础之上写成的，奥比斯迪亚夫人把所有的线索都串了起来：带血的信件、雪地上的一枚鞋印以及镇上最有钱的人——千万富翁拉文德勋爵谋杀案。

嫌疑人：

马伦男爵

一个非常傲慢、记仇的人。没人愿意得罪男爵。反正得罪过他的人没有一个还活着。

6 英尺 2 英寸 · 右撇子 · 淡褐色眼睛 · 红发

格雷伯爵

他出身于历史悠久的伯爵世家。这位格雷伯爵愿意给您签名，不过他的茶包可是要收费的。

5 英尺 9 英寸 · 右撇子 · 浅棕色眼睛 · 白发

艾明斯子爵

可谓您见过的最高寿的人。据说他比自己所有的儿子都活得久，甚至比自己父亲还早出生。

5 英尺 2 英寸 · 左撇子 · 灰眼睛 · 深棕色头发

地点：

案件调查局
室内

一个新近成立的调查灵异及其他相关现象的组织。

可能闹鬼的大宅
室内

人们总是在这里看到鬼魂，尤其是在地下室的火炉周围。

咖啡馆
室内

您可以在这里一边喝咖啡，一边讨论最近发生的恐怖事件。

凶器：

一把刀
中量级

普普通通，并非名刀。不过，说不定它很快就会出名哦！

一种瘟疫病毒
轻量级

放心，不是黑死病，而是当地流行的某种传染病。

一根镶嵌着宝石的权杖
重量级

一种皇室珠宝。和大多数皇室珠宝一样，它是从另一个国家偷来的。

线索与证据：

- 在最近成立的某组织总部内发现了一把刀。
- 子爵大人讨厌鬼，所以他没靠近过那幢可能闹鬼的大宅。
- 马伦男爵与携带瘟疫病毒的人之间有一段风流韵事，这是奥比斯迪亚夫人这本书最大的支线剧情。
- 镶嵌着珠宝的权杖上的指纹证明，其主人是左撇子。
- **拉文德勋爵的尸体是在一杯摔碎的咖啡旁被发现的。**

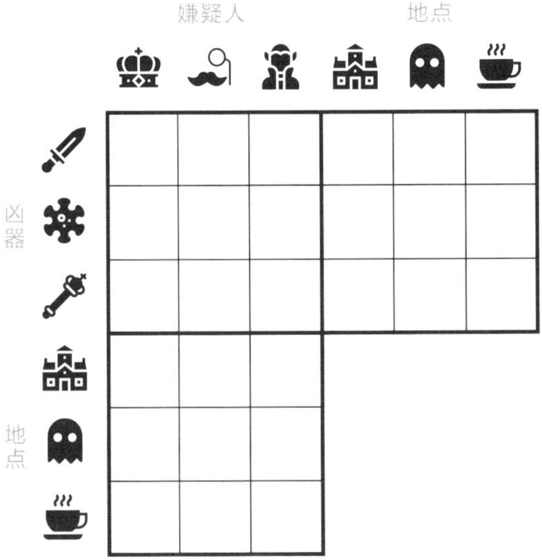

凶手是谁？

______

凶器是什么？

______

案发现场在哪里？

______

15. 难解的鹦鹉之谜

哎哟喂！奥比斯迪亚夫人的下一部小说以海盗世界为背景，书中充满了惊险、刺激的情节和各种颜色的大胡子。洛基克被第一幕的转折所吸引：黑胡子海盗的鹦鹉被杀了。“哦，天哪，”洛基克想，“无论是谁，敢冒犯黑胡子的人都要有麻烦了！”

嫌疑人：

黑胡子

因留胡子而闻名，人们对他又敬又怕。

7 英尺整 · 右撇子 · 黑眼睛 · 黑发

蓝胡子

实际上是个法国杀妻犯，根本不是海盗。

6 英尺 6 英寸 · 左撇子 · 蓝眼睛 · 蓝发

没胡子

他以前叫红胡子，后来剃了胡子。兼职海盗。

5 英尺 9 英寸 · 右撇子 · 绿眼睛 · 红发

地点：

大漩涡

户外

海里一定有个大洞，所以水都流走了。

海盗湾

户外

所有的海盗都聚在此地饮酒，并商量在哪里埋藏他们的财宝（也许就埋在那些古代遗迹旁……）

海盗船

户外

哟～嗬～嗬～

作为一名海盗，我的人生在这里开始，也注定在这里结束。

凶器：

一门火炮
重量级

一般是用来杀一群人（或者一群鹦鹉）的，但也有例外。

一把短弯刀
中量级

理论上，这是一把弯曲的剑，但叫短弯刀听起来更酷。

一张假的藏宝图
轻量级

这张地图会直接把傻瓜们带进坑里。

线索与证据：

- 不是蓝胡子带了一把短弯刀，就是海盗船上有假的藏宝图。
- 个子第二高的嫌疑人出现在海盗们度过一辈子的地方。
- 假的藏宝图在巨大的漩涡中转圈圈，最终消失在海水中。
- 个子最矮的嫌疑人对火炮的主人产生了怀疑。
- **鹦鹉被发现时，漂浮在海盗湾的海面上。**

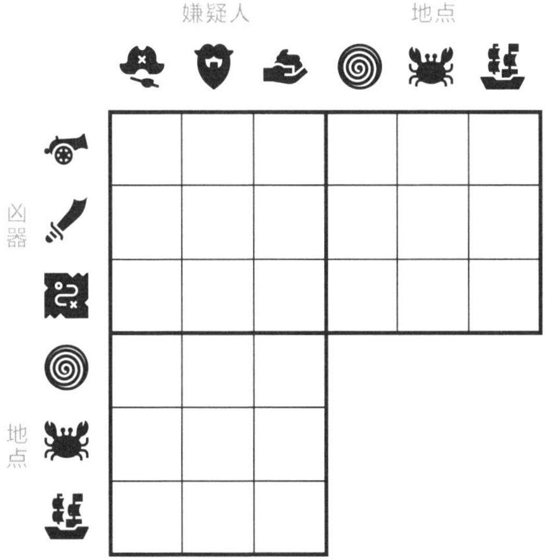

凶手是谁？

____

凶器是什么？

____

案发现场在哪里？

____

16. 版权公司杀人事件

图威利·洛基克去奥比斯迪亚夫人的版权经纪公司找尸体。他发现了一具，但不是奥比斯迪亚夫人，而是一名孔武有力的经纪人——他死在了自己的办公室。

嫌疑人：

艾沃丽编辑

有史以来最伟大的爱情小说编辑。她开创了“由恨生爱”这一流派，也是第一个把裸男照片放在图书封面上的人。

5 英尺 6 英寸 · 左撇子 · 浅棕色眼睛 · 灰发

艾普格林助理

父亲是一位校长，她赢得了父亲对自己足够多的骄傲。但您知道她什么不够多吗？钱。

5 英尺 3 英寸 · 左撇子 · 蓝眼睛 · 金发

经纪人英克

她有一颗金子般的心，同时也很爱金子。对她来说，杀人和赚钱一样简单。

5 英尺 5 英寸 · 右撇子 · 深棕色眼睛 · 黑发

地点：

阳台
户外

站在这里，可以将您每日奔波的这座城市尽收眼底。

最好的办公室
室内

每个月业绩最好的经纪人可以使用这间办公室，而垫底的则会被解雇。

主动投稿室
室内

此地又名焚化炉。

凶器：

一台古董打字机
重量级

可以用来精心编造故事，也可以用来打爆别人的头。

一大摞书
重量级

推倒它，能把人死死压在下面。不过很难随身携带。

一令纸
中量级

这些白纸能割出上千道伤口，也能给人猛地一击。

线索与证据：

- 艾沃丽编辑和那个抱来一大摞书的人已经认识很多年了。
- 艾普格林助理被禁止到阳台上去。
- 洛基克从侦探俱乐部收到了一条线索，是用他们的代码写的：qrmt qr ivm brmt pv blf br ormt asr。（参见一号物证。）*
- 主动投稿室里的人必然是右撇子，否则就会被烧伤。
- **死在自己办公室的那位经纪人当月收入最高。**

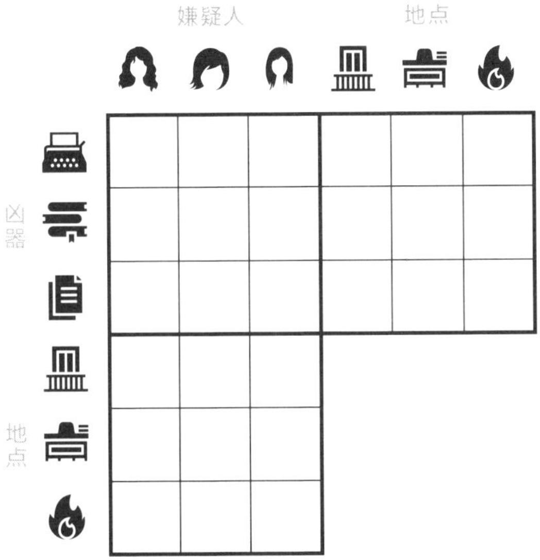

凶手是谁？

____

凶器是什么？

____

案发现场在哪里？

____

17. 合同与船长谜案

在赫赫有名的出版社老板乔克的游艇上，洛基克签订了一份系列图书的出版合同，然后就着手侦破一起水手谋杀案，这样他的书就有了一个素材。换句话说，他只要一破案，就可以把这起案子写进书里。

嫌疑人：

图书奖得主
甘斯伯勒

他会在见到您的两分钟之内告诉您，他的小说获得了布金顿奖。获奖图书长达 6000 页，讲了一个关于泥土的故事。

6 英尺整 · 左撇子 · 淡褐色眼睛 · 浅棕色头发

乔克老板

他多年前就摸清了出版业的门道，此后事业便蒸蒸日上。他称电子书为“新风尚”，但至今仍拥有一部使用拨号盘的电话。身家十亿美元。

5 英尺 9 英寸 · 右撇子 · 蓝眼睛 · 白发

经纪人英克

她有一颗金子般的心，同时也很爱金子。对她来说，杀人和赚钱一样简单。

5 英尺 5 英寸 · 右撇子 · 深棕色眼睛 · 黑发

地点：

甲板
户外

可以探出身去眺望大海，但幅度别太大，要小心后面有人推您一把。

机舱
室内

这是一艘环保游艇，由核反应堆提供动力。铀棒用完后，扔进海里就行。

餐厅
室内

雇了一位得过奖的厨师，价格便宜，因为他被禁止在陆地上工作。

凶器：

一个古董船锚
重量级

锚身上覆盖着青苔，链条也生锈了。看着挺吓人的。

一支金笔
轻量级

连墨水都是由金子做的。签合同或者刺杀竞争对手都好使。

一条小鲨鱼
中量级

把它扔向您的敌人，然后观赏小鲨鱼的表演就行了。

线索与证据：

- 个子第二高的嫌疑人从未进过机舱。
- 一个晕船严重的人简单写下这条线索：K 板上的人是左丿子。*
- 图书奖得主甘斯伯勒嫉妒拿金笔的人。他心想："我怎么没带一支金笔呢?"
- 餐厅里有严格的禁锚规定，没有人会违反这项规定，即使是谋杀时也不例外。
- 最高的嫌疑人不是古董船锚的主人。
- **一颗小小的尖牙咬进了水手的尸体。**

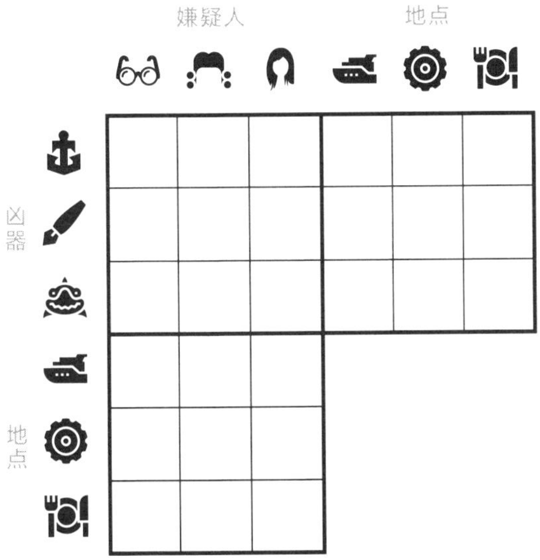

凶手是谁?

____

凶器是什么?

____

案发现场在哪里?

____

18. 用书（获奖图书）砸他们！

那一年，在第 138 届布金顿颁奖典礼上，图威利 · 洛基克被提名了最负盛名的奖项之一：由真实故事改编的谋杀解谜类图书最佳处女作。不幸的是，获奖名单刚刚公布，布金顿协会会长就被杀害了。到底是谁干的？获奖者又是谁？

嫌疑人：

哲学家博恩

一位皮肤黝黑、风度翩翩的哲学家，开创了一种道德理论：他无须为自己的行为负责，而且有权利得到相应的报酬。

5 英尺 1 英寸 · 右撇子 · 浅棕色眼睛 · 光头

图威利 · 洛基克

他最终还是卷入一起真实的谋杀案，这意味着他也有嫌疑。

6 英尺整 · 右撇子 · 深棕色眼睛 · 黑发

传奇演员西尔维顿

黄金时代的著名演员，如今已步入晚年。

6 英尺 4 英寸 · 右撇子 · 蓝眼睛 · 银发

地点：

舞台
室内

台上颁奖，台下众人纷纷拍手，掌声震耳欲聋 。

提名者的桌子
室内

几位提名者坐在一起（为了制造戏剧效果）。

后台
室内

实习生和助理们面对绳索、操作杆和控制面板时手忙脚乱。

凶器：

一尊小布
中量级

出版界最负盛名的奖杯——布金顿奖奖杯——的可爱昵称。奖座上的假镀金涂层正在剥落。

一本厚书
重量级

甘斯伯勒围绕泥土写的 6000 页的书。

一支钢笔
轻量级

签支票和捅人脖子皆宜，可惜会漏墨。

线索与证据：

- 哲学家博恩讨厌获奖者。
- 一位狂热粉丝塞给图威利 · 洛基克一张纸，上面有她胡乱写下的一条线索：眼圆不想信有厚书的人。*
- 无论谁坐在提名者的桌前，他都有一件中量级凶器。
- 传奇演员西尔维顿要么带了一本厚书，要么站在舞台的讲台后。
- **尸体倒在一块控制面板上。**

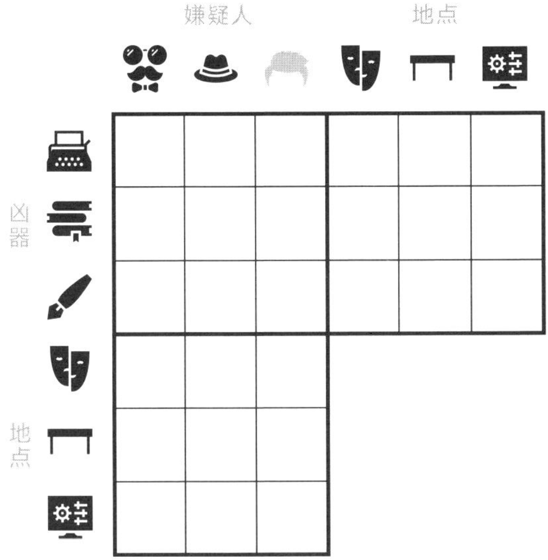

凶手是谁？

____

凶器是什么？

____

案发现场在哪里？

____

19. 巡回售书途中的命案

图威利·洛基克的出版商请他去巡回售书，宣传《妙探寻凶》，但他们不得不取消其中一站，因为那家书店的老板被他们的另一位作者谋杀了。出于出版从业者的职业道德，他们不能透露被取消的是哪一站。洛基克只能自己想办法查明。

嫌疑人：

托斯卡纳校长（Tuscany）

作为推理学院校长，她最清楚杀人后该怎么做才能逍遥法外。当然，一切只是纸上谈兵！

5 英尺 5 英寸 · 左撇子 · 绿眼睛 · 灰发

塞拉登部长（Celadon）

国防部长，需要对许多战争承担罪责的家伙，一些恶行现在仍以她的名字命名。

5 英尺 6 英寸 · 左撇子 · 绿眼睛 · 浅棕色头发

毛威副总裁（Mauve）

泰科未来股份有限公司副总裁。如果她邀请您进入她的元宇宙，婉言谢绝即可。

5 英尺 8 英寸 · 右撇子 · 深棕色眼睛 · 黑发

地点：

好莱坞
户外

浮华之地、天使之城、极乐世界、梦工厂。

泰托邦
户外

一位亿万富翁在沙漠里建造了一座全自动化城市。他的目标是颠覆食品行业。他会成功的。

德拉库尼亚共和国
户外

曾经的德拉库尼亚神圣共和国，如今的德拉库尼亚自由共和国。

凶器：

一台笔记本电脑
中量级

要用它来工作，却也因它连接的各种内容而分心。

一支有毒的蜡烛
中量级

把它点上后，整个房间的人都会死。不过它很好闻，是薰衣草香味的。

一台六分仪
中量级

请收起您下流的想法，并像个水手一样思考。

线索与证据：

- 梦工厂里的每个人都有一台笔记本电脑。
- 德拉库尼亚共和国没有六分仪——是的，整个国家都没有。
- 塞拉登部长拒绝访问好莱坞，除非他们的电影把军人形象拍得更好。
- 持六分仪者的姓氏以图威利·洛基克的侦探俱乐部会员编号中的一个字母开头。（参见一号物证。）
- **尸体身上有薰衣草的气味。**

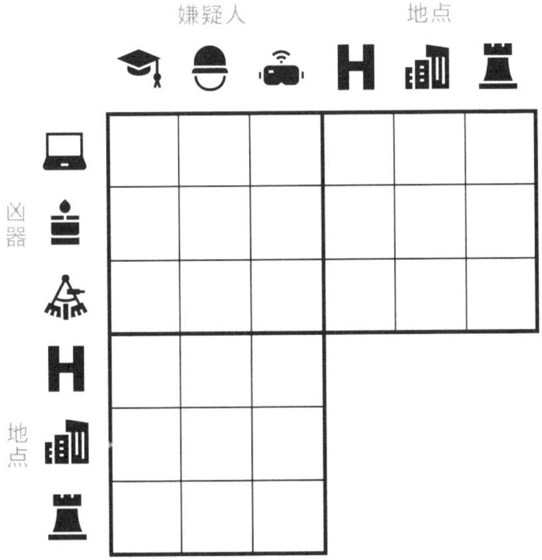

凶手是谁？

______

凶器是什么？

______

案发现场在哪里？

______

20. 累死了

巡回售书活动一结束，图威利 · 洛基克就跌跌撞撞地回到了自己的办公室。办公室不算大，不过因为他打理得井然有序，所以看起来比实际面积要大。不幸的是，有四样东西打乱了这种条理：三个等待他的访客以及他们中间的一具尸体。

嫌疑人：

宇航员布鲁斯基

前苏联宇航员，流淌的血液是红色的。这当然很正常，但对他来说这是爱国的象征。

6 英尺 2 英寸 · 左撇子 · 深棕色眼睛 · 黑发

克里姆森医生

她自称没见过比自己更聪明的医生，她可能说得没错。是的，她爱跳伞，但要是装备出了什么故障，她会盘算如何进行自由落体。

5 英尺 9 英寸 · 左撇子 · 绿眼睛 · 红发

咖啡将军

一位意式浓缩咖啡鉴赏家，曾做了一壶超浓咖啡，喝死了一个人。

6 英尺整 · 右撇子 · 深棕色眼睛 · 光头

地点：

主办公室
室内

里面有一张桌子、几个放着逻辑学图书的书架和一扇面向砖墙的窗户。

衣橱
室内

洛基克的所有衣服都从 A 到 Z 细心地分类排列好。

候客室
室内

没有专门的接待员，只有一个呼叫铃和一个写着“请稍候”的牌子。

凶器：

一张推理学院的文凭证书

重量级

橡木框很结实，当凶器使可不是闹着玩的。有人说，逻辑学的学位没什么用。

一副牛皮手套

轻量级

当心戴牛皮手套的人。他们已经杀了一头牛：接下来轮到谁了？

一个放大镜

中量级

您可以用它来寻找线索和阅读小号印刷字，或是生起一小撮火。

线索与证据：

- 宇航员布鲁斯基讨厌带放大镜的人。
- 在能看到一面砖墙的窗景附近有一个放大镜。
- 有人看到克里姆森医生在按字母顺序排列的夹克后面。
- 候客室里肯定没有牛皮手套。
- **逻辑学学位证书被用于谋杀。**

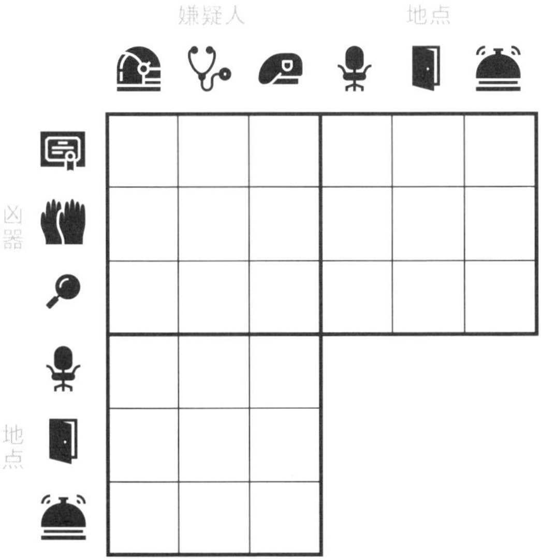

凶手是谁？

____

凶器是什么？

____

案发现场在哪里？

____

21. 人为油亡

图威利 · 洛基克按照那张古老的海盗藏宝图找到了海洋边缘的油田。当他到达藏宝点时，看到奥比斯迪亚夫人已经在那里了，和她一道的还有另外两个人，或者说三个人——如果算上尸体的话。

嫌疑人：

乔克老板

他多年前就摸清了出版业的门道，此后事业便蒸蒸日上。他称电子书为“新风尚”，但至今仍拥有一部使用拨号盘的电话。身家十亿美元。

5 英尺 9 英寸 · 右撇子 · 蓝眼睛 · 白发

米德耐特三世

也许只有他才能让米德耐特电影制片厂重现昔日辉煌。

5 英尺 8 英寸 · 左撇子 · 深棕色眼睛 · 深棕色头发

奥比斯迪亚夫人

她起死回生了！洛基克还记得，当一位采访者问她作品中的各种完美谋杀的灵感从何而来时，她笑了整整两分钟。

5 英尺 4 英寸 · 左撇子 · 绿眼睛 · 黑发

地点：

石油井架
户外

他们正在用这座巨大的井架开掘另一口油井。

办公室
室内

空调温度之低，快把油田产出的电力用光了。

古代遗迹
户外

您可以从油田的边缘看到它们在夕阳余晖中的剪影。

凶器：

一根撬棍

中量级

说实话，这玩意儿在犯罪场合出现的频率远超其他场合。

一根钢筋

中量级

长条状金属。如果这都不算凶器，世上便没有凶器了。通常与粉末状水泥一起使用。

一个油桶

重量级

与其说是鼓，不如说是个巨大的罐子：您肯定没见过有哪个乐队用它表演。*

线索与证据：

- 从来不会有人把油桶放在古代遗迹附近。这是一种迷信。
- 要么是乔克老板带来了一个油桶，要么就是石油井架里有一根撬棍。
- 一位值得信赖的线人递给图威利 · 洛基克一张纸，上面用他所谓的“下一个拼音字母代码”写着一条信息：fd yh yth zh cd whzm xh qdm at yzh ft czh xh ih ozmf。**
- 米德耐特三世和奥比斯迪亚夫人都没来过办公室。
- **受害者身边发现了一些粉末状水泥。**

嫌疑人　　地点

凶器

地点

凶手是谁？

____

凶器是什么？

____

案发现场在哪里？

____

22. 死亡账单

奥比斯迪亚夫人与世界上最昂贵的律师事务所——布莱克斯通兄弟合伙有限公司——签订了合同，其中一名合伙人（布莱克斯通）要求洛基克到他办公室提供证词。不幸的是，当他赶到那里时，布莱克斯通已经身体抱恙（死亡）。

嫌疑人：

奥比斯迪亚夫人

奥比斯迪亚夫人有一支律师队伍。这就是她创作《我的律师大军》一书的灵感来源。

5 英尺 4 英寸 · 左撇子 · 绿眼睛 · 黑发

毛威副总裁

泰科未来股份有限公司副总裁。如果她邀请您进入她的元宇宙，赶紧闪人即可。

5 英尺 8 英寸 · 右撇子 · 深棕色眼睛 · 黑发

布莱克斯通律师

活着的那个布莱克斯通。在律师最重要的技能上堪称天才：收律师费。

6 英尺整 · 右撇子 · 黑眼睛 · 黑发

地点：

大堂

室内

有一个巨大的喷泉、一张大理石办公桌和一位随时准备报警的前台。

助理律师办公室

室内

狭小、拥挤、杂乱，说是一个储藏室也不为过。在这里工作的人干得很多，赚得很少。

合伙人办公室

室内

这间办公室的特色是有公司合伙人与每位在世美国总统的合影，即便他们中有些人严重不称职。

凶器：

一尊大理石半身像
重量级

这是一位杰出律师的半身像，但别去搜他的信息，您不会喜欢查到的结果的。

一份令人困惑的合同
轻量级

法律条文之晦涩，可能会让您患上动脉瘤。

一个有毒的墨水瓶
轻量级

死者是怎么被下毒的？好问题。

线索与证据：

- 律师经常使用“下一个拼音字母代码”给自己做笔记，而洛基克从中发现了一条线索：ygt kh ku rgh azm fnmf rgh kh cd whzm xh qdm xnt ku rd cd xzm ihmf。*
- 有元宇宙的嫌疑人从未进过合伙人办公室。
- 个子最高的嫌疑人暗恋有毒墨水瓶的主人。
- 拿到很难理解的合同的人是左撇子。
- **受害者身边发现了一个有争议人物的半身像。**

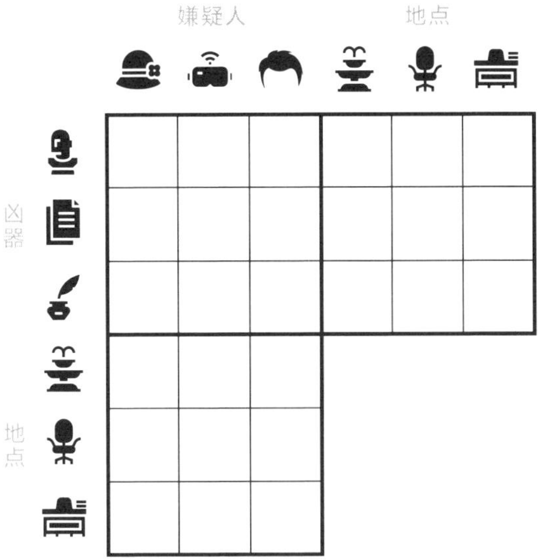

凶手是谁？

____

凶器是什么？

____

案发现场在哪里？

____

23. 法院杀人事件

终于到了奥比斯迪亚夫人受审的日子，洛基克穿着他的最好的一件雨衣来到法院。他希望见证正义得到伸张。但事与愿违，他目击了一场谋杀。这位职员的死与奥比斯迪亚夫人有关吗？还是说，这只是又一起日常杀人事件？

嫌疑人：

拉斯伯里教练

无论您住密西西比河东边还是西边，他都是您这一边最好的教练之一。

6 英尺整 · 左撇子 · 蓝眼睛 · 金发

科珀警官

自从她杀了人以后，就一直在休“行政假”。换句话说，她转去做行政工作了。

5 英尺 5 英寸 · 右撇子 · 蓝眼睛 · 金发

曼戈神父

他发誓甘于清贫，却开着一辆宝马。他发誓顺从，却有二十五名手下。他还发誓禁欲，所以他在度假。

5 英尺 10 英寸 · 左撇子 · 深棕色眼睛 · 光头

地点：

真实的法庭
室内

奥比斯迪亚夫人将在这里接受审判。

停车场
户外

这里的警车比洛基克被堵在警察游行队伍后面那次还多。

法官办公室
室内

有一张漂亮的办公桌，窗外景色宜人，衣柜里放满了黑色长袍。

凶器：

一个公证用印章
中量级

典型的公证用印章，任何东西上都可以盖，从文件到额头。

一个正义之秤
重量级

正义也许是盲目的，不过仅仅在有人用这个天秤把她打晕过去的时候。

一大沓文书
重量级

一张纸太轻，杀不了人，但厚厚一沓就可以。问题来了：是哪张纸将这沓文书变成了致命凶器呢?

线索与证据：

- 有人用颤颤巍巍的手给洛基克写下一条线索：氵 去广廷的人足右扌 敝子。*
- 正义之秤当然不在停车场：那是停车的地方。
- 由于科珀警官犯了谋杀罪，因此被分配做公证工作。
- 曼戈神父带来了一大沓文书。
- **尸体是在法官办公室被发现的。**

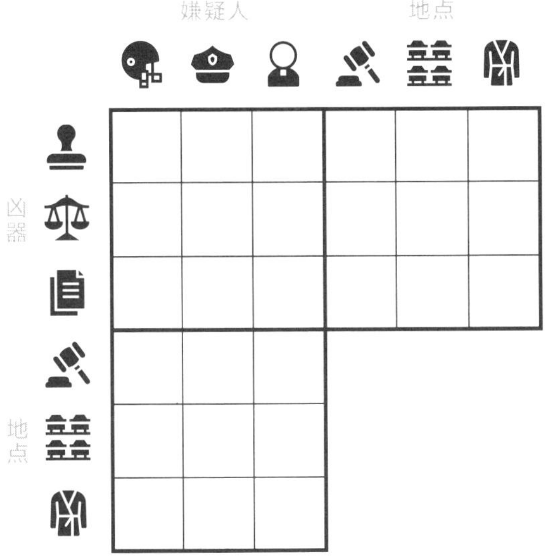

凶手是谁?

____

凶器是什么?

____

案发现场在哪里?

____

24. 首席陪审员杀人事件

终于迎来了世纪审判，奥比斯迪亚夫人表现得十分精彩。然而，就在陪审团即将进行审议时，首席陪审员却被杀害了。显然，大家都认为是奥比斯迪亚夫人干的。凶手是她吗？

嫌疑人：

派因法官

主宰法庭的人，正义的坚定信徒，而何为正义由她自己说了算。

5 英尺 6 英寸 · 右撇子 · 深棕色眼睛 · 黑发

科珀警官

女警本人作案最大的优势就是她可以略过中间人调查自己，然后让自己脱罪。

5 英尺 5 英寸 · 右撇子 · 蓝眼睛 · 金发

奥比斯迪亚夫人

在审判过程中不卑不亢，而她写的书销量激增。

5 英尺 4 英寸 · 左撇子 · 绿眼睛 · 黑发

地点：

旁听席

室内

在这儿，家属身旁总是坐着一个真实犯罪播客爱好者。

审判席

室内

一看就知道法官说了算，因为她的座位最高。

陪审席

室内

从某种意义上说，整个审判过程就是呈现给十二位观众的一场秀。

凶器：

一根警棍
中量级

让无辜群众吃苦头的好工具。

一个法槌
中量级

咱们直说了吧：让法官拿大槌子肯定是有原因的。（恐吓。）

一面旗帜
重量级

在“为暴力服务”这件事情上，旗帜拥有光荣而悠久的历史。

线索与证据：

- 法槌不在真实犯罪爱好者旁边。
- 图威利 · 洛基克收到了侦探俱乐部用侦探代码编写的一条信息：kzr brm uz tfzm afl azr hsvm kzm cr hszmt。（参见一号物证。）*
- 奥比斯迪亚夫人偷偷带了一根警棍，说是“为了自卫”——这个理由很可疑。
- 要么是科珀警官带了法槌，要么是派因法官坐在旁听席。
- **历史第无数次重演，这起谋杀案的凶器也是一面旗帜。**

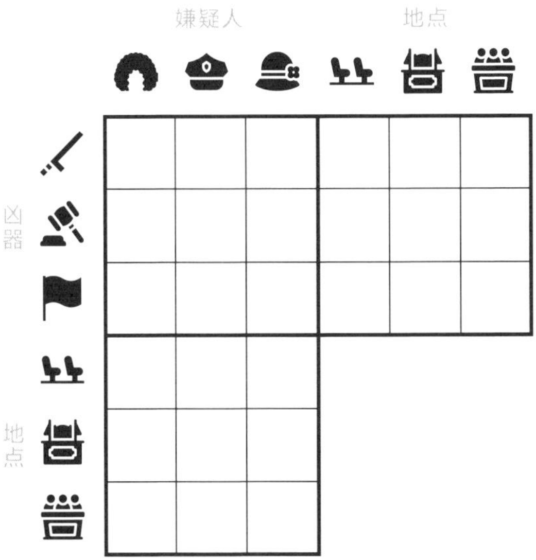

凶手是谁？

____

凶器是什么？

____

案发现场在哪里？

____

25. 正义之死

就在奥比斯迪亚夫人入狱后不久，洛基克接到来自她服刑的豪华白领监狱的电话，得知了奥比斯迪亚夫人被害的消息。这到底是正义，还是命运呢？他只知道，这是一个谜。

嫌疑人：

塞拉登部长

国防部长，需要对许多国际事件承担责任的家伙，其中一些事件现在仍以她的名字命名。

5 英尺 6 英寸 · 左撇子 · 绿眼睛 · 浅棕色头发

神奇的奥瑞林

她把自己入狱归咎于奥比斯迪亚夫人，这倒也说得通，因为奥比斯迪亚夫人陷害了她。

5 英尺 6 英寸 · 左撇子 · 绿眼睛 · 金发

萨美伦小姐

她也把自己入狱归咎于奥比斯迪亚夫人，不过她的处境不太值得同情，因为她的确有罪。

5 英尺 2 英寸 · 左撇子 · 淡褐色眼睛 · 金发

地点：

水疗馆
室内

由囚犯待遇协会出资建造，不过采暖费是由税款支付的。

停车场
户外

犯人们服刑期间可以在这里付费停放他们的豪车。

私人套房
室内

要是您有足够的钱，还可以升级到私人套房，里面有大屏幕电视、热水浴缸和开放式酒吧。

凶器：

一位代理费为二十五万美元的律师
重量级

最危险的凶器。（也是最贵的。）

一根由名牌服装制作而成的绳子
中量级

当您需要一根绳子，而手头只有一些名牌服装时……

一副货真价实的黄金手铐
重量级

看似诱人，实则束缚人。

线索与证据：

- 有人递给洛基克一张纸条，上面是一条杂乱无章的线索：内室看到我们都在律师。*
- 塞拉登部长有一副定制的黄金手铐。
- 侦探俱乐部给洛基克寄来了一张用侦探代码编写的卡片，上面的内容是：afr zr wv crzm br ivm zm uz jr qrzm asvmt azr hsfr orzl tfzm aslmt。（参见一号物证。）**
- 神奇的奥瑞林作为魔术师，负担不起私人套房。
- **奥比斯迪亚夫人被发现时，脖子上挂着一根用名牌服装做的绳子。**

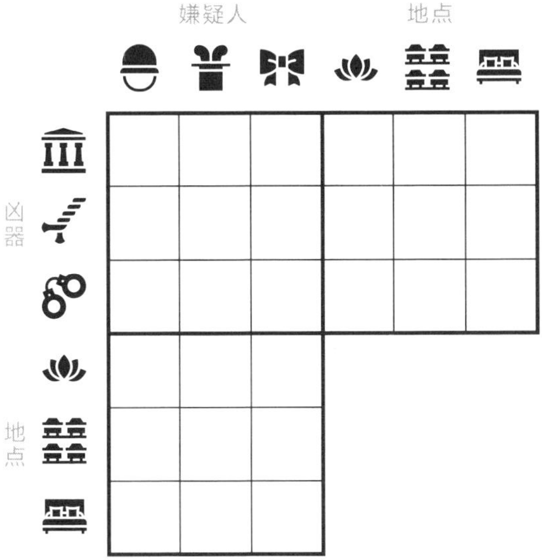

凶手是谁？

____

凶器是什么？

____

案发现场在哪里？

____

MURDLE

进阶级

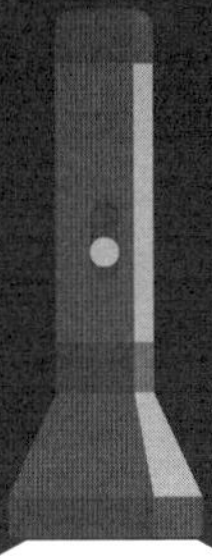

在接下来的 25 个谜案中，图威利 · 洛基克调查了世界上最奇怪的一些现象，包括占星术、炼金术和外星人。但有一点始终不变：洛基克走到哪里，谋杀似乎就跟到哪里。

在破解下面 25 个令人不安的谜案时，那份“占星术和炼金术入门指南”（参见二号物证）给了洛基克一些帮助，为他提供了一些关键信息，使他总能想明白那些不可思议之处。

洛基克不相信神秘学，但也不排斥送上门的帮助，毕竟案子的难度也越来越大了。

在这些案件中，除了线索与证据之外，您还必须琢磨嫌疑人的证词。这可能会令您十分头疼，但幸运的是，您有一个诀窍可以使用：

凶手总是会撒谎，而其他嫌疑人说的永远是实话。

有时，您能马上识破谎言。有时，您可能需要思考某人撒谎背后蕴含的意味。还有些情况下，您可能需要测试每个嫌疑人的证词，看看其他人都说真话时，他们是否在撒谎。

唯一的说谎者一直都是凶手。

如果您想挑战更高难度，可以参加侦探俱乐部的“纯心算”挑战赛：试着不用笔，完全在脑子里解开这 25 道谜题，并且一次都不出错。

在本书出版前，我们还没找到任何一位能做到这一点的侦探。您能成功吗？

26. 邮差被杀事件

图威利 · 洛基克查看邮箱，没有找到《妙探寻凶》的版税支票，反而得知一名邮递员被杀，整个区域都被封锁了。洛基克心想，刮风下雨他们从不管，但只要一有谋杀迹象，他们就会来这一招……

嫌疑人：

克里姆森医生

她自称没见过比自己更聪明的医生，她可能说得没错。是的，她饮食一点都不健康，但要是心脏病发作，她能给自己动手术。

5 英尺 9 英寸 · 左撇子 · 绿眼睛 · 红发 · 水瓶座

霍尼市长

他知道尸体都埋在哪里，而且他总有办法让市民们给他投票。

6 英尺整 · 左撇子 · 淡褐色眼睛 · 浅棕色头发 · 天蝎座

咖啡将军

一位意式浓缩咖啡鉴赏家。比起弹药味，他早上更喜欢咖啡的香味。

6 英尺整 · 右撇子 · 深棕色眼睛 · 光头 · 射手座

地点：

邮政车
室内

这车着实耐造，要是油钱由别人承担的话，那么用来兜风再合适不过了。

长长的队伍
户外

人们排成长队，等着寄信。

分拣室
室内

邮政工作人员用一台大型机器分拣垃圾邮件、账单和产品目录册。

凶器：

一把拆信刀	一枚印章	一个沉甸甸的包裹
轻量级	中量级	重量级
有人拆信不用手撕，而是用一把锋利的小刀。	用于在邮票上盖戳。	包裹外面有一根漂亮的红丝带，可以隐匿血渍。

线索与证据：

- 自从“意外”发生以来，拆信刀是不允许被带入分拣室的，这个规矩至今依然要遵守。
- 拿着沉甸甸包裹的嫌疑人很在意自己的光头，希望不要提及这件事。

证词：

（凶手总是会撒谎，而其他嫌疑人说的永远是实话。）

克里姆森医生： 盖邮戳的印章在我这里。

霍尼市长： 克里姆森医生不在邮政车上。

咖啡将军： 邮政车里有一把拆信刀。

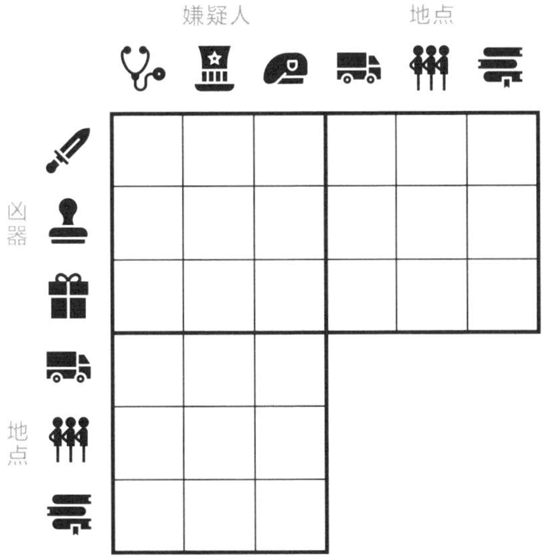

凶手是谁？

____

凶器是什么？

____

案发现场在哪里？

____

27. 神秘森林里的神秘谋杀

图威利·洛基克驱车穿过神秘森林时打了个寒战，而这可能只是因为车载空调开到了最大。他很快就被迫靠边停车，一是为了解决一位搭车者的命案，二是因为他的车熄火了。

嫌疑人：

拉斯伯里教练

无论您住密西西比河东边还是西边，他都是您这一边最好的教练之一。有人说他好赌博，但他说他只是热爱冒险。

6 英尺整 · 左撇子 · 蓝眼睛 · 金发 · 白羊座

科珀警官

女警本人作案最大的优势就是她可以略过中间人调查自己，然后让自己脱罪。

5 英尺 5 英寸 · 右撇子 · 蓝眼睛 · 金发 · 白羊座

国际象棋大师罗斯

国际象棋大师，总在思考下一步棋该怎么走，比如如何击退下一个对手！（1...e5）

5 英尺 7 英寸 · 左撇子 · 深棕色眼睛 · 深棕色头发 · 天蝎座

地点：

骷髅岩
户外

一块形似骷髅的岩石，不知是天然形成还是人工雕琢的。

古代遗迹
户外

无论在哪里发现这些石头，都意味着附近出了命案。

唯一的路
户外

一条只铺了一半，蜿蜒穿过森林的曲折小路。

凶器：

一把铲子
中量级

多功能工具：可以一条龙完成杀人和埋尸。

一把仪式匕首
中量级

由某种古老的金属制作而成，金属种类超出了洛基克的知识储备范围。

一只毒蜘蛛
轻量级

不寻常的织网方式证明它并非本地物种。

线索与证据：

- 洛基克瞥见了那个拿铲子的嫌疑人，那人的眼睛不是蓝色的。
- 毒蜘蛛并不在唯一的路上。

证词：

（凶手总是会撒谎，而其他嫌疑人说的永远是实话。）

拉斯伯里教练：天哪，铲子放在古代遗迹中了。

科珀警官：我的证词？我带了一只毒蜘蛛。

国际象棋大师罗斯：您必须钻研每颗棋子的行动轨迹。举个例子，科珀警官就在骷髅岩！

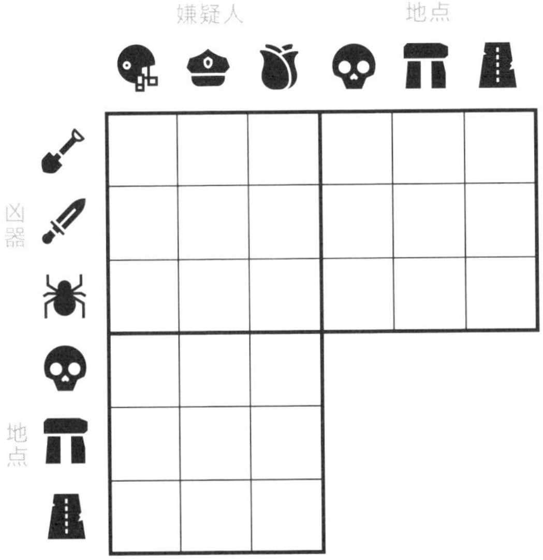

凶手是谁？

____

凶器是什么？

____

案发现场在哪里？

____

28. 在案件调查局中展开调查

来到案件调查局，图威利·洛基克被其豪华程度震惊了。院子里有一个篱笆迷宫、一个天文台，甚至还有一个迷你高尔夫球场！这里雇得起世界上的半数侦探，为什么偏偏选中了洛基克？杀死园丁的凶手又是谁？

嫌疑人：

隐栖动物学家
克劳德

他知道每一起大脚怪、雪人和大脚野人的目击事件，也知道它们之间的区别。

5英尺7英寸·右撇子·灰眼睛·白发·天蝎座

草本植物学家
欧尼克斯

她在自己的温室里种植了烹饪、施魔法和下毒所需的各种植物。

5英尺整·右撇子·深棕色眼睛·黑发·处女座

奥博金主厨

据说她曾经杀了自己的丈夫，把他煮熟后端上自己餐厅的餐桌。这不是事实，不过这样的传言也能让我们对她有所了解。

5英尺2英寸·右撇子·蓝眼睛·金发·天秤座

地点：

走不出去的
篱笆迷宫
户外

由大名鼎鼎的M. C. 埃舍尔（荷兰空间艺术大师）设计，祝您好运。

天文台
室内

可用于观星或度过一个浪漫的夜晚，也可用于一次谋杀。

迷你高尔夫球场
户外

标准十八洞，以风车、咖啡馆和环形轨道为特色，堪称杰作！

凶器：

一台类永动机
重量级

无法一直运行下去，这一台最多运行三分钟。

一根占卜棒
中量级

可以用来勘探水源、石油和容易上当的傻瓜。

一瓶超级致敏油
轻量级

字面意思。每个接触它的人都会因过敏而死。

线索与证据：

- 个子第二高的嫌疑人带了超级致敏油。
- 谋杀发生时，天秤座嫌疑人位于第十七洞附近。

证词：

（凶手总是会撒谎，而其他嫌疑人说的永远是实话。）

隐栖动物学家克劳德： 占卜棒不在篱笆迷宫里。
草本植物学家欧尼克斯： 类永动机不在天文台里。
奥博金主厨： 类永动机是草本植物学家欧尼克斯带来的。

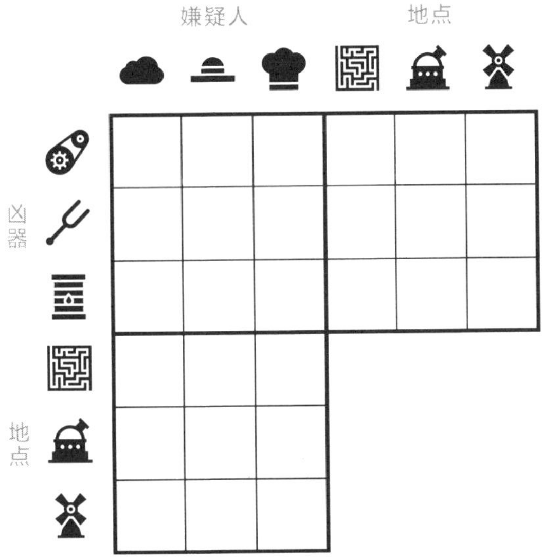

凶手是谁？

____

凶器是什么？

____

案发现场在哪里？

____

29. 住手，别在城堡里杀人!

“喂！”洛基克喊道，“我是来见局长的！”他环顾四周，没人回应。这座城堡似乎也是埃舍尔设计的。楼梯和走廊彼此缠绕在一起，每一个落脚之处都堆满了书。最出人意料的是，一具尸体躺在里面。

嫌疑人：

社会学家安泊尔

作为硬科学的代表，她总是要求人们质疑自己的先验知识，并自问是否读过韦伯 * 的书。

5 英尺 4 英寸 · 左撇子 · 蓝眼睛 · 金发 · 狮子座

语言学家弗林特

您可以从一个词的词源中了解很多信息，比如它的来源以及曾经有什么含义。

5 英尺 2 英寸 · 左撇子 · 绿眼睛 · 金发 · 水瓶座

命理学家奈特

精通数学和奥义的神童。不仅知晓 *X* 对应的数值，还明白其含义。

5 英尺 9 英寸 · 左撇子 · 蓝眼睛 · 深棕色头发 · 双鱼座

地点：

正门车道
户外

通往城堡，两旁立有各种动物造型的巨大石雕。

奥术阁楼
户外

传言这里闹鬼。有没有鬼不知道，但肯定有年代久远的破烂儿。

舞厅
室内

举行盛大派对和篮球比赛的地方。

凶器：

一把被诅咒的匕首	一根月亮石法杖	一枚专属胸针
中量级	中量级	轻量级
一位公爵夫人用它自杀，临死前对它下了咒。	可用于施法，也可以用来击打颅骨。	如果某人衣襟上别着这个，那么他就是某个秘密社团的成员。

线索与证据：

- 水瓶座嫌疑人站在篮球架旁边。
- 命理学家奈特推算出，月亮石法杖对应一个不吉利的数字，所以不会碰它。

证词：

（凶手总是会撒谎，而其他嫌疑人说的永远是实话。）

社会学家安泊尔：我只知道我带了一把被诅咒的匕首。

语言学家弗林特：从词源角度，可以这样说：我佩戴着一枚专属胸针。

命理学家奈特：根据数字透露的信息，奥术阁楼里有一枚专属胸针。

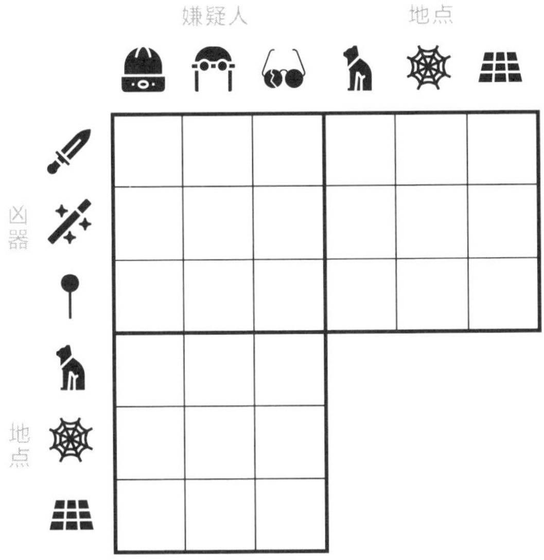

凶手是谁？

____

凶器是什么？

____

案发现场在哪里？

____

30. 局长死亡事件

图威利·洛基克来到局长办公室，他说：“我是来见局长的。”不幸的是，对方告诉他：“局长死了。”但房间的人都没离开。所以他改变计划，转而解决局长谋杀案。

嫌疑人：

命理学家奈特

精通数学和奥义的神童。不仅知晓 Z 对应的数值，还明白其含义。

5 英尺 9 英寸 · 左撇子 · 蓝眼睛 · 深棕色头发 · 双鱼座

草本植物学家
欧尼克斯

她在自己的温室里种植了烹饪、施魔法和下毒所需的各种植物。

5 英尺整 · 右撇子 · 深棕色眼睛 · 黑发 · 处女座

高级炼金术士雷文

有个老掉牙的笑话戏称，所有炼金术士都是高级炼金术士。雷文讨厌这个笑话。

5 英尺 8 英寸 · 右撇子 · 浅棕色眼睛 · 深棕色头发 · 双鱼座

地点：

取书的梯子
室内

可以爬上去拿书，或哇哇叫喊着从上面滑下来。

沙发
室内

一张人造革的沙发，是白天打瞌睡的好地方。

书桌
室内

桌上摆放着许多重要文件和一台 20 世纪 80 年代的电脑。

凶器：

一块催眠怀表
轻量级

如果您深深凝视这块表，就会知道现在几点了。

一叠塔罗牌
轻量级

这些谋杀主题的塔罗牌可以帮您了解自己未来的命数。

一台伪科学仪器
重量级

它能测量出量子电流，以评估您内心的悸动。

线索与证据：

- 伪科学仪器的主人生于 9 月 7 日。（参见二号物证。）
- 经过详细搜查，发现一张算命卡牌夹在两个人造革坐垫之间。

证词：

（凶手总是会撒谎，而其他嫌疑人说的永远是实话。）

命理学家奈特：高级炼金术士坐在他的书桌后。

草本植物学家欧尼克斯：命理学家奈特在取书的梯子上。

高级炼金术士雷文：从炼金术士的角度来看，一台伪科学仪器被置于取书的梯子上。

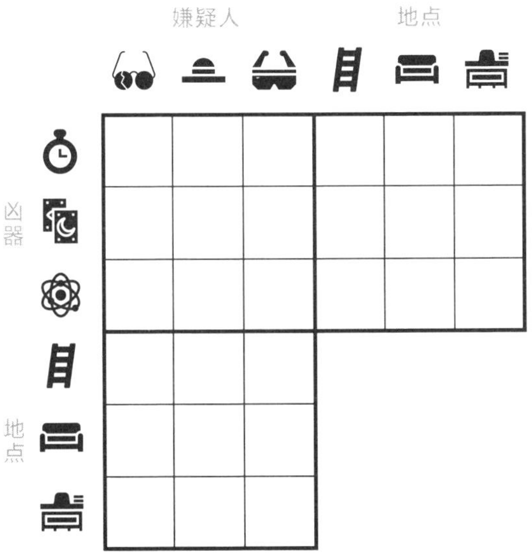

凶手是谁？

______

凶器是什么？

______

案发现场在哪里？

______

31. 新月杀人事件

在和案件调查局合作的第一个案子中，图威利 · 洛基克被派往最黑暗的森林，这地方他闻所未闻。他躲在暗处观察女巫们的安息日仪式，以为自己藏得天衣无缝。因此，当三名女巫停止仪式，走到他身边，请他解决一名女巫姐妹的谋杀案时，他惊呆了。

嫌疑人：

维奥莱特女士

世界上最大的法外之地维奥莱特群岛的女继承人。

5 英尺整 · 右撇子 · 蓝眼睛 · 金发 · 处女座

毛威副总裁

泰科未来股份有限公司副总裁。如果她邀请您进入她的元宇宙，赶快逃走。

5 英尺 8 英寸 · 右撇子 · 深棕色眼睛 · 黑发 · 金牛座

弗米利恩公爵夫人

一位高挑、上了年纪的女人，心里尘封着惊天秘密。如果她是凶手，肯定不是初犯。

5 英尺 9 英寸 · 左撇子 · 灰眼睛 · 白发 · 双鱼座

地点：

中央火堆
户外

用火堆占卜吧，修道士。语速要是平时的三倍。

古代遗迹
户外

青苔遍布，但仍能辨认出它是我们多次见过的那片废墟。

茂密的森林
户外

美丽、幽暗、深邃的森林，不过对于一只猫头鹰来说很有趣。

凶器：

一口大锅
重量级

如果您举得动，可以用它来砸人。当然，您也可以和人分享锅里煮的汤。

一块原木
重量级

一块又大又重的橡树原木。有人夺走了树的生命，于是树也可以以牙还牙。

一把扫帚
中量级

有人说女巫骑着这玩意儿飞翔，但是洛基克只用它来扫地。

线索与证据：

- 处女座嫌疑人站在一只猫头鹰下面，大概在整理什么东西——处女座的习惯。
- 令人惊讶的是，那口大锅并没有被放在中央火堆上。

证词：

（凶手总是会撒谎，而其他嫌疑人说的永远是实话。）

维奥莱特女士：弗米利恩公爵夫人带了一把扫帚。
毛威副总裁：好吧，我没带扫帚。
弗米利恩公爵夫人：原木不是我拿来的。

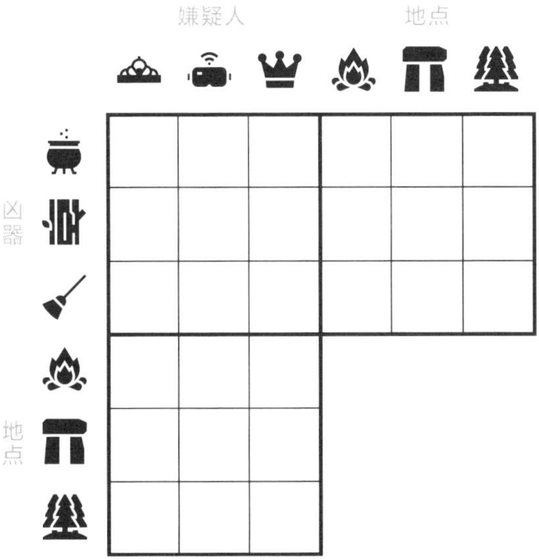

凶手是谁？

______

凶器是什么？

______

案发现场在哪里？

______

32. 陷入法律纠纷的实验室案件

接下来，案件调查局派图威利 · 洛基克去了一位疯狂科学家的实验室。需要说明的是，这位科学家并没有疯：他只是很愤怒。他的助手被杀了，他的研究也暂停了。

嫌疑人：

毛威副总裁

泰科未来股份有限公司副总裁。如果她邀请您进入她的元宇宙，马上离开！

5 英尺 8 英寸 · 右撇子 · 深棕色眼睛 · 黑发 · 金牛座

艾普格林校长

除了给自己洗清谋杀罪名，他是一位凡事都极有原则的校长。他的双手总是沾满粉笔灰。

5 英尺 11 英寸 · 右撇子 · 蓝眼睛 · 金发 · 天秤座

斯莱特船长

在现实生活中是一名宇航员。她是第一位环绕月球背面旅行的女性，也是第一位涉嫌谋杀飞船副驾驶员的女性。

5 英尺 5 英寸 · 左撇子 · 深棕色眼睛 · 深棕色头发 · 水瓶座

地点：

屋顶

户外

一根巨大的避雷针与无数根松散的电线在此相连。

巨大的操纵杆

室内

所有疯狂科学家的实验室里都有一个巨大的操纵杆，您可以把它从“关”拨到“开”。

手术台

室内

台子上的皮带可以束缚住一个人，或者一头怪物。

凶器：

广口瓶中的一颗大脑
重量级

最糟糕的是，里面的黏液渗出来了，搞得到处都是。

一块巨型磁铁
中量级

请让它远离任何填料，因为它会产生强大的电磁场。

一只长柄汤勺
轻量级

即使是一位疯狂的科学家也爱喝汤，尤其是番茄浓汤。

线索与证据：

- 个子最矮的嫌疑人被人看到在写着“关”的标识下出没。
- 毛威副总裁从未靠近过手术台。

证词：

（凶手总是会撒谎，而其他嫌疑人说的永远是实话。）

毛威副总裁： 斯莱特船长带来了一块巨型磁铁。
艾普格林校长： 装在广口瓶里的大脑不在屋顶。
斯莱特船长： 明眼人都知道，艾普格林校长带来了一颗装在广口瓶里的大脑。

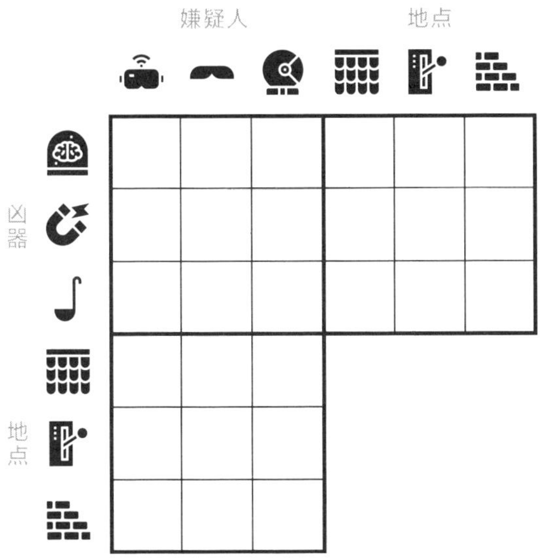

凶手是谁？

____

凶器是什么？

____

案发现场在哪里？

____

33. 古庙又添新死者

案件调查局一直在资助一座古庙的发掘工作，然而在此过程中，一位考古学家被杀了——他是被古老的魔法杀死的吗？调查局坚持要菲利希英探长陪同洛基克，以确保他不会戴着有色眼镜看待魔法。

嫌疑人：

菲利希英探长

一名神秘侦探。洛基克只相信他能证明的东西，而菲利希英只相信他无法证明的东西。

6 英尺 2 英寸 · 左撇子 · 绿眼睛 · 深棕色头发 · 水瓶座

阿祖尔主教

作为当地教堂的主教，她因同时为朋友和敌人祈祷而知名。当然，她祈祷的是完全相反的东西……

5 英尺 4 英寸 · 右撇子 · 浅棕色眼睛 · 深棕色头发 · 双子座

托斯卡纳校长

作为推理学院校长，她推理出了榨干校友身家的最佳手段（勒索）。

5 英尺 5 英寸 · 左撇子 · 绿眼睛 · 灰发 · 天秤座

地点：

宏伟的入口
户外

由于时间的摧残，这里如今更像是一座危房的入口。

圣密室
室内

谁知道这一扇扇沉重的铁门后曾发生了什么呢？

高台祭坛
室内

一个巨大的石祭坛，上面覆盖着已经腐烂的织物。

凶器：

一个水晶骷髅
中量级

完全由水晶制成。也许是古老的外星人的头骨，也许只是一件趣味艺术品。

一条骷髅手臂
中量级

死人身上的骨头可以夺走活人的性命。

一把仪式匕首
中量级

由某种古老的金属制作而成，金属种类超出了洛基克的知识储备范围。

线索与证据：

- 托斯卡纳校长不信任拥有水晶骷髅的人。
- 洛基克遵循理性在户外搜索一无所获，直到被一块骨头绊倒才找到了线索。

证词：

（凶手总是会撒谎，而其他嫌疑人说的永远是实话。）

菲利希英探长：仪式匕首在高台祭坛上。
阿祖尔主教：仪式匕首是我带来的。
托斯卡纳校长：阿祖尔主教不在圣密室中。

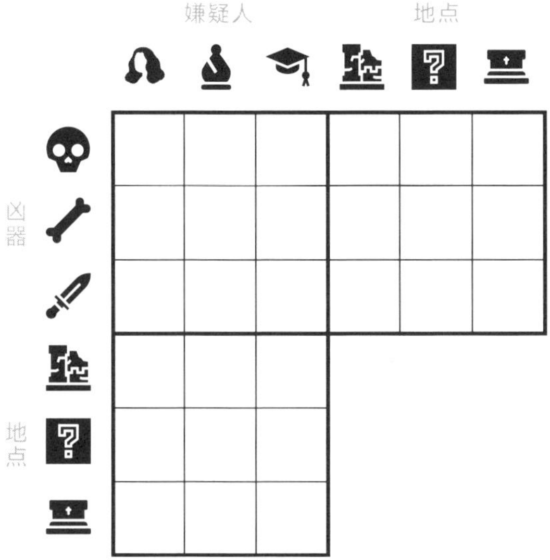

凶手是谁？

____

凶器是什么？

____

案发现场在哪里？

____

34. 墓地中的尸体

接下来，菲利希英探长想去往一个墓地，于是他用占星术来确定目的地。图威利 · 洛基克最讨厌这种方法。当他们赶到墓地时，守墓人刚刚遇害。菲利希英探长用胳膊肘碰了碰图威利 · 洛基克：“瞧！”

嫌疑人：

鲁莱恩爵士

如果您相信他随身携带的伪造文件，那么他就是一位颇有修养的绅士，刚被册封为爵士。

5 英尺 8 英寸 · 右撇子 · 蓝眼睛 · 红发 · 狮子座

艾明斯子爵

可谓您见过的最高寿的人。据说，当老人们还年轻的时候，他看起来已经是现在的年纪了。

5 英尺 2 英寸 · 左撇子 · 灰眼睛 · 深棕色头发 · 双鱼座

布朗斯通修道士

将一生奉献给了教会，尤其是为教会赚钱。

5 英尺 4 英寸 · 左撇子 · 深棕色眼睛 · 深棕色头发 · 摩羯座

地点：

骨灰阁
室内

存放骨灰的保险柜或墙壁。（现在您掌握了一个新词汇。）

大型陵墓
室内

富有的米德耐特家族成员们都被葬在这个金字塔造型的墓穴中。

礼品店
室内

您可以在这里买到墓碑造型的装饰品，或者墓地吉祥物骷髅先生的毛绒玩具。

凶器：

一条骷髅手臂
中量级

死人身上的骨头可以夺走活人的性命。

一小瓶致命毒药
轻量级

别担心，这玩意儿被安全密封在——嘿，等等，软木塞呢?!

一串祈祷念珠
轻量级

象牙制作的祈祷念珠，上面雕刻着一些微小的符号。

线索与证据：

- 图威利·洛基克的法医团队在大金字塔内发现一滴毒药。
- 菲利希英探长在骨灰阁内发现的一根指骨泄露了隐情！

证词：

（凶手总是会撒谎，而其他嫌疑人说的永远是实话。）

鲁莱恩爵士：我带了一串祈祷念珠。
艾明斯子爵：好吧，骷髅手臂是我带来的。
布朗斯通修道士：我以名誉发誓，我不在礼品店里。

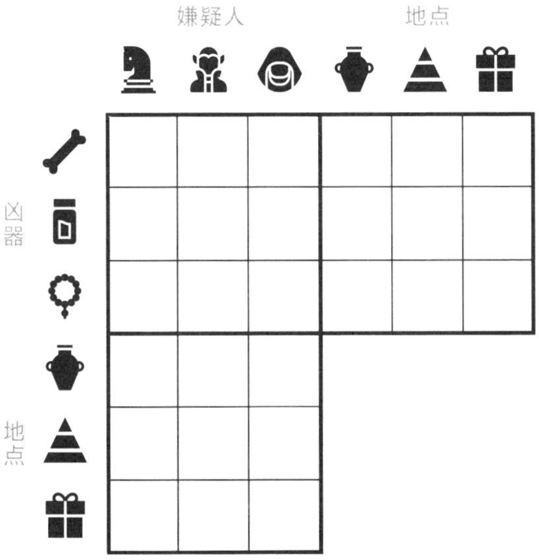

凶手是谁？

______

凶器是什么？

______

案发现场在哪里？

______

35. 公社杀人事件：一部真实罪案纪录片

菲利希英探长和图威利·洛基克坐火车前往州北部的一家公社，这家公社是菲利希英在一本杂志上看到的。到达后，他们发现这是一个无领导的社会，因为他们的最高领袖刚刚被谋杀了。

嫌疑人：

艾普格林助理

退出了出版行业，加入这家公社。父亲不再为她感到骄傲。

5 英尺 3 英寸 · 左撇子 · 蓝眼睛 · 金发 · 处女座

语言学家弗林特

您可以从一个词的词源中了解很多信息，比如它的来源以及曾经有什么含义。

5 英尺 2 英寸 · 左撇子 · 绿眼睛 · 金发 · 水瓶座

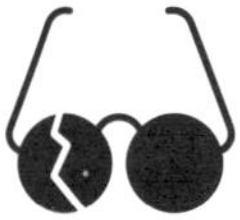

命理学家奈特

精通数学和奥义的神童。不仅知晓 *E* 对应的数值，还明白其含义。

5 英尺 9 英寸 · 左撇子 · 蓝眼睛 · 深棕色头发 · 双鱼座

地点：

宿舍
室内

所有人都在这里睡觉，领导除外。（领导从不睡觉。）

图书馆
室内

从没见过这么多书。（不过作者都是同一位。）

古代遗迹
室内

这些东西似乎能催眠。身处其中，您会开始头昏脑涨。

凶器：

一根月亮石法杖
中量级

可用于施法，也可以用来击打颅骨。

一只长柄汤勺
轻量级

用于给公社居民盛汤。

一台伪科学仪器
重量级

哇！您心灵的悸动幅度已经超过了有效测量范围！

线索与证据：

- 个子最高的嫌疑人不会在图书馆，因为图书馆的天花板很低。
- 宿舍里的人有一双绿眼睛。

证词：

（凶手总是会撒谎，而其他嫌疑人说的永远是实话。）

艾普格林助理： 月亮石法杖不是我带来的。
语言学家弗林特： 伪科学仪器不在古代遗迹旁边。
命理学家奈特： 我根据数字的启示，带来了一根月亮石法杖。

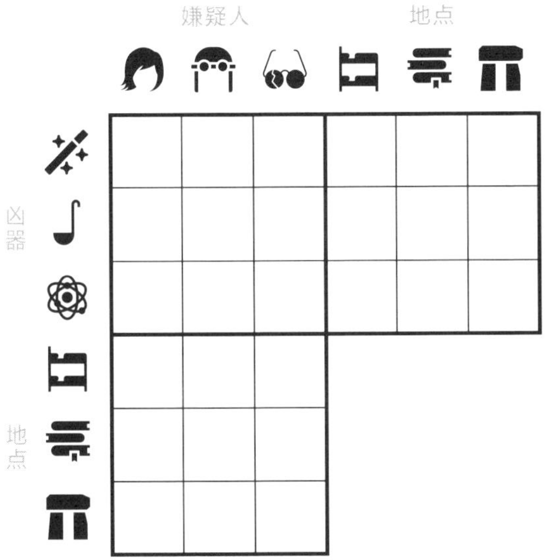

凶手是谁？

____

凶器是什么？

____

案发现场在哪里？

____

36. 死亡游轮

图威利 · 洛基克得知要搭乘游轮非常兴奋，结果却发现游轮正在驶往百慕大三角！大副死后，菲利希英探长欣喜若狂：终于有证据证明这里发生超自然现象了！

嫌疑人：

跨性别者唐格莱

他的存在证明非二元性别者也可能是杀人犯。唐格莱是艺术家、诗人和犯罪嫌疑人。

5 英尺 5 英寸 · 左撇子 · 淡褐色眼睛 · 金发 · 双鱼座

海军上将那威

爷孙三代都是海军上将，和他爸一样都是家中长子。

5 英尺 9 英寸 · 右撇子 · 蓝眼睛 · 浅棕色头发 · 巨蟹座

斯莱特船长

在现实生活中是一名宇航员。她是第一位环绕月球背面旅行的女性，也是第一位涉嫌谋杀飞船副驾驶员的女性。

5 英尺 5 英寸 · 左撇子 · 深棕色眼睛 · 深棕色头发 · 水瓶座

地点：

船长舱室
室内

室内贴满了船长最爱的海浪图案的海报。

货舱
室内

存放了数百万磅的货物，大部分是廉价电子产品和快时尚产品。

船舷外
户外

在这里您有可能命丧鲨口。

凶器：

一瓶毒朗姆酒
中量级

哟嚯嚯，这宛如一瓶砒霜。

一根水手绳
中量级

纤维被磨得有点发白了。

一颗信号弹
轻量级

射击目标可以是天空，也可以是人头。

线索与证据：

- 太尴尬了，海军上将落水后拼命呼救。
- 和唐格莱身高相同的另一名嫌疑人被目击到在摆弄信号弹。

证词：

（凶手总是会撒谎，而其他嫌疑人说的永远是实话。）

跨性别者唐格莱：我不在货舱。
海军上将那威：船长舱室内有一条水手绳。
斯莱特船长：您想问什么？我当时在船长舱室里。

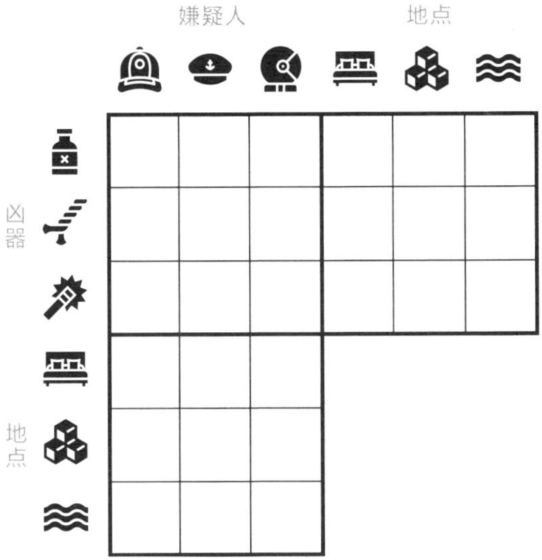

凶手是谁？

____

凶器是什么？

____

案发现场在哪里？

____

37. 洛基克回家

图威利·洛基克接到姨妈的电话：一位叔叔去世了。他们必须想办法支付所有的丧葬费用。另外，还得找到谋杀他的凶手。于是，图威利·洛基克多年来第一次回家了。幸运的是，菲利希英与他同行。

嫌疑人：

曼戈神父

他发誓甘于清贫，却开着一辆宝马。他发誓顺从，却有二十五名手下。他还发誓禁欲，所以他在度假。

5 英尺 10 英寸 · 左撇子 · 深棕色眼睛 · 光头 · 金牛座

霍尼市长

这不是洛基克破解的第一起案件中的那位市长，而是他完全无辜的双胞胎兄弟。

6 英尺整 · 左撇子 · 淡褐色眼睛 · 浅棕色头发 · 天蝎座

科珀警官

女警本人作案最大的优势就是她可以略过中间人调查自己，然后让自己脱罪。

5 英尺 5 英寸 · 右撇子 · 蓝眼睛 · 金发 · 白羊座

地点：

连锁餐厅
室内

趁家庭餐馆付不起房租，这家连锁餐厅开张了。他们提供炸洋葱。

二手店
室内

所有的商品都像是三手的，连店里飞的蛾子都是。

二手车交易市场
户外

销售员表示，按现在的状态，这些车不会爆炸。

凶器：

一把古剑
重量级

在古代战争中，被坏家伙们用过。已经完全生锈了。

一把斧头
中量级

它成为杀人事件中的常客不是没有理由的。

一个放大镜
中量级

您可以用它来寻找线索和阅读小号印刷字。

线索与证据：

- 有人看到某位嫌疑人拿放大镜端详自己的光头。
- 科珀警官从不去连锁餐厅，因为那里不给她打折。

证词：

（凶手总是会撒谎，而其他嫌疑人说的永远是实话。）

曼戈神父：霍尼市长没带斧头。
霍尼市长：古剑在连锁餐厅里。
科珀警官：古剑不在二手车交易市场。

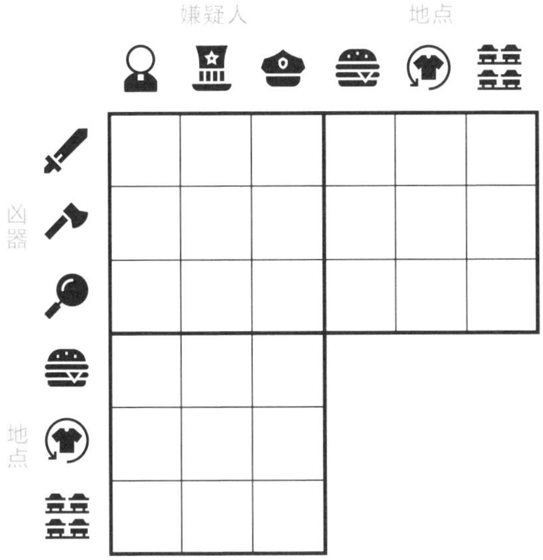

凶手是谁？

____

凶器是什么？

____

案发现场在哪里？

____

38. 菲利希英回家

在图威利·洛克基的家乡时，菲利希英收到了来自自己老家的传真。他必须立即赶回去——他的一位叔叔被谋杀了，需要找出凶手，解决遗嘱问题。

嫌疑人：

布朗斯通修道士

将一生奉献给了教会，尤其是为教会赚钱。

5 英尺 4 英寸 · 左撇子 · 深棕色眼睛 · 深棕色头发 · 摩羯座

弗米利恩公爵

和他的妻子一样，他也有很多秘密，其中有一些甚至他妻子都不知道。

5 英尺 9 英寸 · 左撇子 · 灰眼睛 · 白发 · 双鱼座

占星师阿祖尔

一名占星师，对人们确切的出生时间和地点充满了好奇和疑问。

5 英尺 6 英寸 · 右撇子 · 淡褐色眼睛 · 浅棕色头发 · 巨蟹座

地点：

草坪
户外

草又长又密，被打理得很好，就像菲利希英的头发。

能停五十辆车的车库
室内

菲利希英的曾祖父曾以此来炫耀自己的众多豪车。现在他们只买得起老爷车了。

巨大的卧室
室内

这间卧室比洛基克的公寓大楼还大。

凶器：

一块灵应盘
轻量级

这是您在玩具店能买到的法力最强大的法器。

一把水晶匕首
中量级

它也许是用于某种仪式的，也可能只是壁炉架上的装饰品。

一个厚密码本
重量级

写满了关键词和密码，您可以用它来解码或敲碎别人的头骨。

线索与证据：

- 能停五十辆车的车库里的嫌疑人没有水晶匕首。
- 摩羯座嫌疑人拥有一块灵应盘。（摩羯座就喜欢这种东西。）

证词：

（凶手总是会撒谎，而其他嫌疑人说的永远是实话。）

布朗斯通修道士：以上帝之名起誓，弗米利恩公爵带了一个厚密码本。
弗米利恩公爵：占星师阿祖尔不在草坪上。
占星师阿祖尔：看那些星星！它们指引我，厚密码本在草坪里。

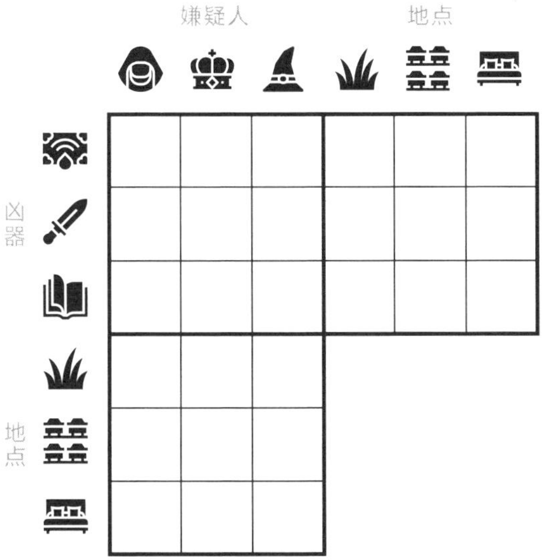

凶手是谁？

____

凶器是什么？

____

案发现场在哪里？

____

39. 闹鬼旅馆谜案

图威利 · 洛基克和菲利希英探长想入住一家旅馆，有传言这里闹鬼。他们到达后，发现这家旅馆尽管年代久远，却非常漂亮。真正的问题只有一个：管家被谋杀了。

嫌疑人：

拉文德议员

上议院保守派议员，也是《善良的继姐妹们》和《日出大道》等音乐剧名曲的作曲家。

5 英尺 9 英寸 · 右撇子 · 绿眼睛 · 灰发 · 处女座

萨芙伦小姐

美丽迷人，不过脑子可能不太好使。这也许是她故意立的人设。或者，她就是想让您觉得她是故意为之。

5 英尺 2 英寸 · 左撇子 · 淡褐色眼睛 · 金发 · 天秤座

维奥莱特女士

世界上最大的法外之地维奥莱特群岛的女继承人。

5 英尺整 · 右撇子 · 蓝眼睛 · 金发 · 处女座

地点：

正门入口
室内

入住登记本上显示有很多人办理入住，却没人退房。

锅炉房
室内

据说是闹鬼最厉害的房间。可以确定的是，这是一氧化碳含量最高的房间。

舞厅
室内

许多俊男靓女随着古典爵士乐翩翩起舞。

凶器：

一块毒松饼
轻量级

不仅有毒，而且硬得像一块石头，为凶手提供了两种作案方式。

一个装满刀的洗衣袋
重量级

有时候，刀也需要清洗。

一支金笔
轻量级

纯金打造（连墨水都是由金子做的），价值连城。

线索与证据：

- 拿着装满刀的洗衣袋的嫌疑人出生于 10 月 13 日。（参见二号物证。）
- 个子最高的嫌疑人被人看见在锅炉房里念某种咒语。

证词：

（凶手总是会撒谎，而其他嫌疑人说的永远是实话。）

拉文德议员：维奥莱特女士不在正门入口。
萨芙伦小姐：我不确定这个线索有没有用，不过舞厅里有一块毒松饼。
维奥莱特女士：作为一名淑女，我可以透露的是——金笔放在正门入口。

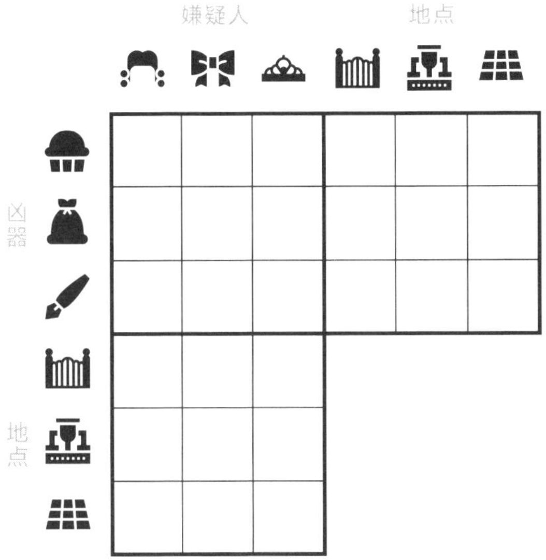

凶手是谁？

____

凶器是什么？

____

案发现场在哪里？

____

40. 大银行巨款谜案

“顺着钱查案准没错！”菲利希英探长一边说着，一边带领图威利 · 洛基克来到现场，这是他生平见过的最大的银行。“哪里有钱，哪里就有谋杀。”

出纳员的尸体证明，此言非虚。

嫌疑人：

弗米利恩公爵

他意识到妻子也藏着秘密，因为他的钱不见了。

5 英尺 9 英寸 · 左撇子 · 灰眼睛 · 白发 · 双鱼座

意大利贵族
埃默拉尔德

埃默拉尔德先生是来自意大利的著名珠宝商，他周游世界，寻找稀有而珍贵的石头，这些宝石总是从他的口袋里掉出来。

5 英尺 8 英寸 · 左撇子 · 浅棕色眼睛 · 黑发 · 射手座

艾明斯子爵

可谓您见过的最高寿的人。据说，他记得已被所有人遗忘的事。

5 英尺 2 英寸 · 左撇子 · 灰眼睛 · 深棕色头发 · 双鱼座

地点：

钟表房
室内

控制户外时钟的齿轮、发条和黄铜部件都在这里。自行操作，风险自担！

里屋
室内

这里有个印钞机，印出来的钞票看起来很有意思：上面的富兰克林留着胡子。*

保险库
室内

装满了现金、黄金和秘密。

凶器：

一台笔记本电脑
中量级

要用它来工作，却也因它连接的各种内容而分心。

一个地球仪
重量级

可用于谋划统治全世界或储藏饮料。

一副牛皮手套
轻量级

当心戴牛皮手套的人。他们已经杀了一头牛：接下来轮到谁了？

线索与证据：

- 保险库里有一副牛皮手套。
- 射手座嫌疑人在钟表房里。

证词：

（凶手总是会撒谎，而其他嫌疑人说的永远是实话。）

弗米利恩公爵： 我在里屋。
意大利贵族埃默拉尔德： 我向您保证——地球仪在里屋。
艾明斯子爵： 荒唐！地球仪不是我的！

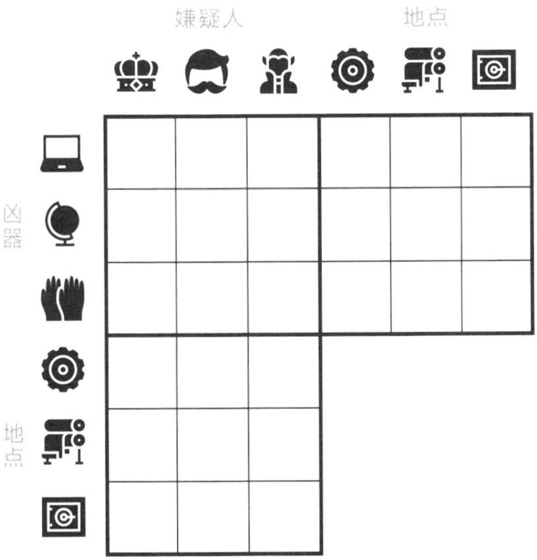

凶手是谁？

______

凶器是什么？

______

案发现场在哪里？

______

41. 无法预言自己死期的预言家

“调查局已经从 PRL 中得到了一些相当不错的数据，”菲利希英对洛基克说，他的话里包含一个后者不知道的单词缩写，“如果他们能证明这个灵媒是真的，我们就给他们一百万美元。”不幸的是，他们能证明的只有一件事：灵媒死了。

嫌疑人：

神奇的奥瑞林

目前，她正在参加一个“囚犯艺术”活动，活动内容是让被监禁的魔术师鉴定自称灵媒的人。

5 英尺 6 英寸 · 左撇子 · 绿眼睛 · 金发 · 白羊座

克里姆森医生

她自称没见过比自己更聪明的医生，她可能说得没错。是的，她喜欢驾驶单引擎飞机，不过要是坠机了，她也会给自己接骨。

5 英尺 9 英寸 · 左撇子 · 绿眼睛 · 红发 · 水瓶座

弗米利恩公爵夫人

一位高挑、上了年纪的女人，心里尘封着惊天秘密——和她给 PRL 的捐赠金额一样惊人。

5 英尺 9 英寸 · 左撇子 · 灰眼睛 · 白发 · 双鱼座

地点：

草坪
户外

地面有很多洞，是探测水源留下的痕迹。

屋顶
户外

这里成功进行了灵魂离体实验，但让人体悬浮的实验却都失败了。

禁闭室
室内

黑暗房间里的一个水箱。在里面，您可以回溯往事或单纯发呆。

凶器：

一台类永动机
重量级

无法一直运行下去，这一台可以运行两小时。

一根占卜棒
中量级

可以用来勘探水源、石油和容易上当的傻瓜。

一颗水晶球
重量级

如果您盯着它看，它会向您透露未来——只要您的未来是一颗水晶球。

线索与证据：

- 在一个刚挖掘出来的洞里发现了一台类永动机。
- 拿占卜棒的嫌疑人生于 2 月 1 日。（参见二号物证。）

证词：

（凶手总是会撒谎，而其他嫌疑人说的永远是实话。）

神奇的奥瑞林： 作为魔术师，我不能使用水晶球。
克里姆森医生： 相信我，神奇的奥瑞林站在屋顶上。
弗米利恩公爵夫人： 我在禁闭室里休息。

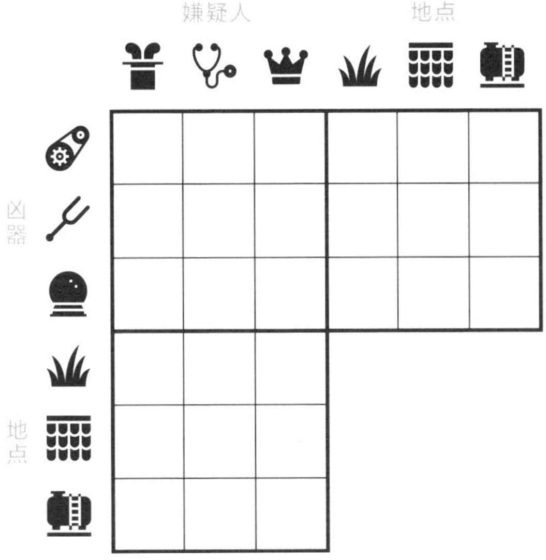

凶手是谁？

____

凶器是什么？

____

案发现场在哪里？

____

42. 咖啡馆杀手归来 🔍🔍

图威利 · 洛基克告诉菲利希英探长，他知道有间咖啡馆充满了神秘现象。但他们一到那里，就发现咖啡师已经死了。

嫌疑人：

拉皮斯修女

她是一名周游世界的修女，用上帝的钱为上帝服务。她热衷于消费，修道服是羊绒的。

5 英尺 2 英寸 · 右撇子 · 浅棕色眼睛 · 浅棕色头发 · 巨蟹座

国际象棋大师罗斯

国际象棋大师，总在思考下一步棋该怎么走，比如要点哪种拿铁。（2. Qh5）

5 英尺 7 英寸 · 左撇子 · 深棕色眼睛 · 深棕色头发 · 天蝎座

咖啡将军

一位意式浓缩咖啡鉴赏家，杀过几个人，但仍被允许来这家咖啡馆消费，只因为他给小费很慷慨。（学着点吧！）

6 英尺整 · 右撇子 · 深棕色眼睛 · 光头 · 射手座

地点：

停车场
户外

在这家高级咖啡馆，没有车辆购餐通道，人们必须下车才能喝咖啡。

卫生间
室内

咖啡馆里当然会有卫生间，不过卫生间总是缺纸。

庭院
户外

阳光透过巨大的橡树洒在桌椅上，映出斑驳的影子。这是一个谈话……或杀人的好地方。

凶器：

一把黄油刀	一根金属吸管	一个烧水壶
轻量级	重量级	重量级
说实话，死在这把刀下着实尴尬。	比塑料的环保，但却更致命！	又烫又沉！对凶手而言，可谓双重凶器。

线索与证据：

- 给小费很大方的嫌疑人坐在庭院里。
- 个子最高的嫌疑人怀疑黄油刀的主人是凶手。

证词：

（凶手总是会撒谎，而其他嫌疑人说的永远是实话。）

拉皮斯修女：国际象棋大师罗斯不在停车场。
国际象棋大师罗斯：卫生间里有一根金属吸管。
咖啡将军：嗯……黄油刀在庭院里。

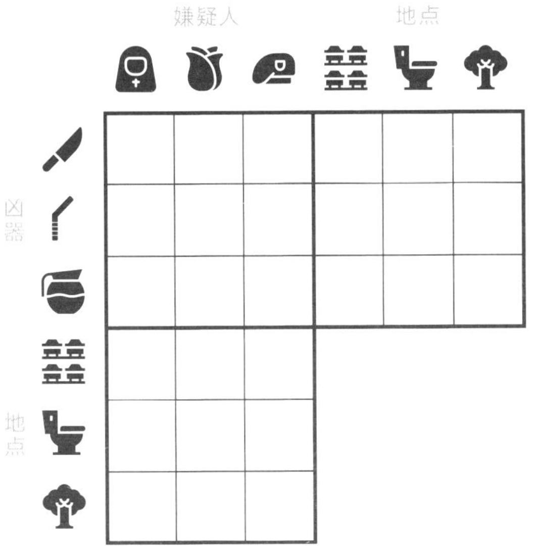

凶手是谁？

____

凶器是什么？

____

案发现场在哪里？

____

43. 令人发指的企鹅死亡事件

图威利 · 洛基克发现菲利希英探长在抽泣，于是问他发生什么事了。“一只濒临灭绝的企鹅被杀了！”说完，探长号啕大哭。洛基克抓着他的肩膀说：“我们会把凶手揪出来的。”

嫌疑人：

托斯卡纳校长

作为推理学院的校长，她因位高权重、知识渊博以及总能逃脱法网而备受尊敬。

5 英尺 5 英寸 · 左撇子 · 绿眼睛 · 灰发 · 天秤座

弗米利恩公爵夫人

一位高挑、上了年纪的女人，心里尘封着惊天秘密。您还要让我说几遍？

5 英尺 9 英寸 · 左撇子 · 灰眼睛 · 白发 · 双鱼座

跨性别者唐格莱

他的存在证明非二元性别者也可能是杀人犯。唐格莱是科学家、滑雪者和犯罪嫌疑人。

5 英尺 5 英寸 · 左撇子 · 淡褐色眼睛 · 金发 · 双鱼座

地点：

乒乓球室
室内

用来发泄情绪，或者（用更应景的话来说）用来社交破冰。而且这里还有零食供应！

封冻的荒原
户外

毫无生机的广袤荒原，不过您在这里至少可以拥有一段独处的时光。

宿舍
户外

所有人休息的地方，床上盖着无比舒适的毛毯。

凶器：

一杯有毒的热巧克力	一把冰镐	一把冰凌匕首
轻量级	中量级	轻量级
一饮而尽吧，这将会是您生命中的最后一杯暖人心脾的饮品。	可用于攀登和杀人，也可用于在任何地方开个小洞。	完美的凶器。把人捅死以后，只会留下一摊水。

线索与证据：

- 封冻荒原上的嫌疑人有一头白发。
- 科学家／滑雪者／犯罪嫌疑人没带冰凌匕首。

证词：

（凶手总是会撒谎，而其他嫌疑人说的永远是实话。）

托斯卡纳校长：作为拥有七个博士学位的校长，我只想说：我在乒乓球室里。
弗米利恩公爵夫人：您问我的看法？有毒的热巧克力是托斯卡纳校长带来的。
跨性别者唐格莱：如果一定要说些什么的话，我只能说宿舍里有一把冰镐。

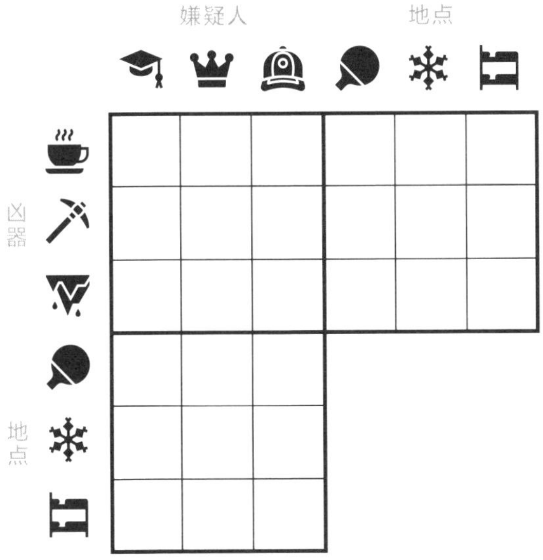

凶手是谁？

____

凶器是什么？

____

案发现场在哪里？

____

44. 舞台杀人事件

图威利 · 洛基克和菲利希英探长在森林中的一个剧场观看话剧。洛基克以为这是一出沉浸式互动推理剧，直到他被告知导演已经遇害，才震惊地发现，这实际上是一个犯罪现场。

嫌疑人：

格雷伯爵

他出身于历史悠久的伯爵世家。是的，就是伯爵茶的那个伯爵世家。不过，他不会给您签名的。但如果您开口，他会送您一个免费的茶包。

5 英尺 9 英寸 · 右撇子 · 浅棕色眼睛 · 白发 · 摩羯座

拉皮斯修女

她是一名周游世界的修女，用上帝的钱为上帝服务。她热衷于消费，修道服是羊绒的。

5 英尺 2 英寸 · 右撇子 · 浅棕色眼睛 · 浅棕色头发 · 巨蟹座

派因法官

主宰法庭的人，正义的坚定信徒，而何为正义由她自己说了算。

5 英尺 6 英寸 · 右撇子 · 深棕色眼睛 · 黑发 · 金牛座

地点：

舞台
户外

由四周的树搭建而成，原来的树林已经变成了木板。

树木前台
户外

一棵树被装饰成了前台的样子，您可以在这里签到。

森林后台
户外

阴森而幽暗，很适合搞惊喜式登台。

凶器：

一份有毒的节目单
轻量级

油墨有毒。

一桶有毒的爆米花
中量级

新鲜出炉，新鲜下毒。是苦杏仁味儿的！

一把道具剑
中量级

为了表演者的安全，剑刃做得比较钝，但还不够钝……

线索与证据：

- 格雷伯爵有黑暗恐惧症，因此他绝不会去森林后台。
- 金牛座嫌疑人拿着有一点钝的凶器。

证词：

（凶手总是会撒谎，而其他嫌疑人说的永远是实话。）

格雷伯爵：我以格雷家族尊贵的身份向您保证——毒爆米花位于树木前台。
拉皮斯修女：有毒的节目单在舞台上。
派因法官：拉皮斯修女在舞台上，这就是我所知道的全部。

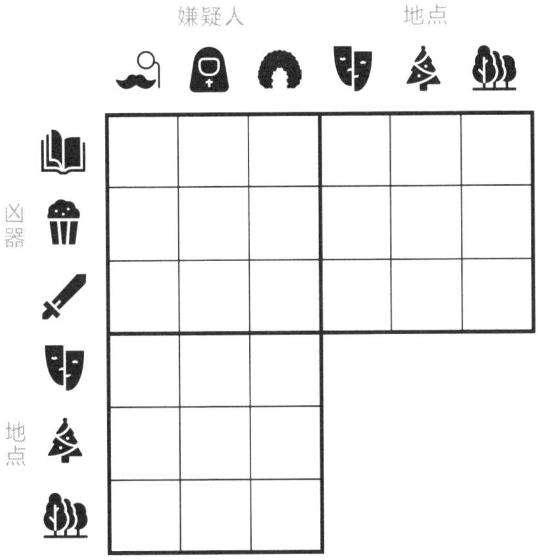

凶手是谁？

____

凶器是什么？

____

案发现场在哪里？

____

45. 渐入谋杀之谜

图威利·洛基克不想再看现场表演，于是菲利希英探长带他去汽车影院看了一场讲谋杀案的悬疑电影。据说这地方闹鬼，但在洛基克看来，这就是一家非常普通的汽车影院。如果非要说有什么和鬼有关的东西，也许就是检票员被杀了。

嫌疑人：

艾沃丽编辑

有史以来最伟大的爱情小说编辑。她开创了“由恨生爱”这一流派，也是第一个把裸男照片放在图书封面上的人。

5 英尺 6 英寸 · 左撇子 · 浅棕色眼睛 · 灰发 · 天蝎座

超级粉丝史莫基

他知道米德耐特电影制片厂的每部侦探片是在哪里取景的，却不知道该如何交朋友。

5 英尺 10 英寸 · 左撇子 · 黑眼睛 · 深棕色头发 · 处女座

传奇演员西尔维顿

黄金时代的著名演员，如今已步入晚年。

6 英尺 4 英寸 · 右撇子 · 蓝眼睛 · 银发 · 狮子座

地点：

大银幕
户外

您要是不喜欢这部电影，只要打开车大灯，银幕上的画面就会消失。

售货摊位
户外

常规商品一应俱全：汽水、卷心菜、生鸡蛋……真是应有尽有！

售票亭
户外

这是一个车辆购票通道，根据车的数量收费，所以每台车里都挤满了人。

凶器：

一个备胎	一把铲子	一桶有毒的爆米花
重量级	中量级	中量级
想象一下橡胶与您的脑袋亲密接触的瞬间！	多功能工具：可以一条龙完成杀人和埋尸。	新鲜出炉，新鲜下毒。是苦杏仁味儿的！

线索与证据：

- 一件重量级凶器被落在车辆购票通道。
- 超级粉丝史莫基曾经常常跟踪携带毒爆米花的人。

证词：

（凶手总是会撒谎，而其他嫌疑人说的永远是实话。）

艾沃丽编辑：好吧，传奇演员西尔维顿带了一把铲子。
超级粉丝史莫基：哇哦！艾沃丽编辑在售货摊位。
传奇演员西尔维顿：让我和您说实话吧：我当时在大银幕旁。

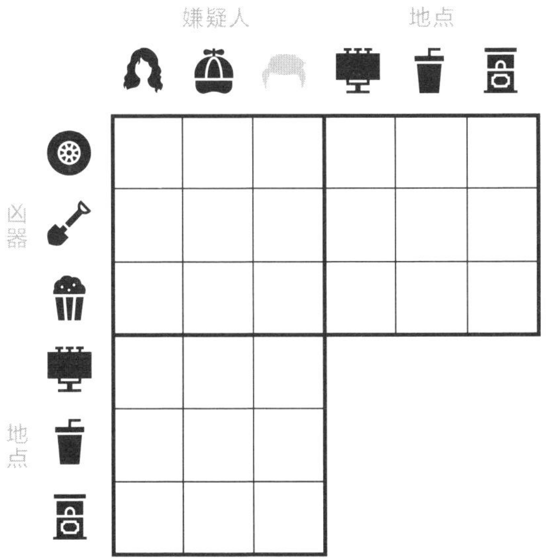

凶手是谁？

____

凶器是什么？

____

案发现场在哪里？

____

46. 死亡游轮第二季

菲利希英探长让案件调查局新来的命理学家用数字算了一卦，她的结论是：乘坐一次全价游轮的费用低于搭乘航班出行。于是，菲利希英带着图威利·洛基克坐上了那艘游轮。他们都对曾在游轮上破获的大副谋杀案津津乐道。

嫌疑人：

海军上将那威

爷孙三代都是海军上将，和他爸一样都是家中长子。

5 英尺 9 英寸 · 右撇子 · 蓝眼睛 · 浅棕色头发 · 巨蟹座

毛威副总裁

泰科未来股份有限公司副总裁。如果她邀请您进入她的元宇宙——天哪！马上离开！

5 英尺 8 英寸 · 右撇子 · 深棕色眼睛 · 黑发 · 金牛座

艾普格林校长

他女儿从出版行业离职，加入了一家公社，因此您可以认为他此次搭乘游轮是为了散心。

5 英尺 11 英寸 · 右撇子 · 蓝眼睛 · 金发 · 天秤座

地点：

甲板

户外

您可以在这里玩克里比奇纸牌，但似乎没人知道到底该怎么玩。

餐厅

室内

大概是整艘船上伙食最好的地方。

船长舱室

室内

船长一直关着门，还上了锁，所以没人知道他的房间有多大。

凶器：

一条有毒的河豚
（plowfish）
中量级

经过细致处理后，可以安全食用。经过更细致的处理后，可以取人性命。

一把鱼叉
（spear）
中量级

游客可以付钱让人事先把鱼叉上去。

一个船舵
（steering wheel）
中量级

用它杀人最坏的结果是船只触礁。

线索与证据：

- 案件调查局成功地向菲利希英传递了一条和本案有关的信息（参见二号物证）：♉ ♒ ♅ ☢ ♅ ♏ ⚴ ♈ ♆ ♐ ♓ 🜃 ♒ ☢ *
- 餐厅里不允许出现有毒的河豚。

证词：

（凶手总是会撒谎，而其他嫌疑人说的永远是实话。）

海军上将那威： 艾普格林校长在甲板上。
毛威副总裁： 船舵是海军上将那威拿来的。
艾普格林校长： 船舵在船长舱室里。

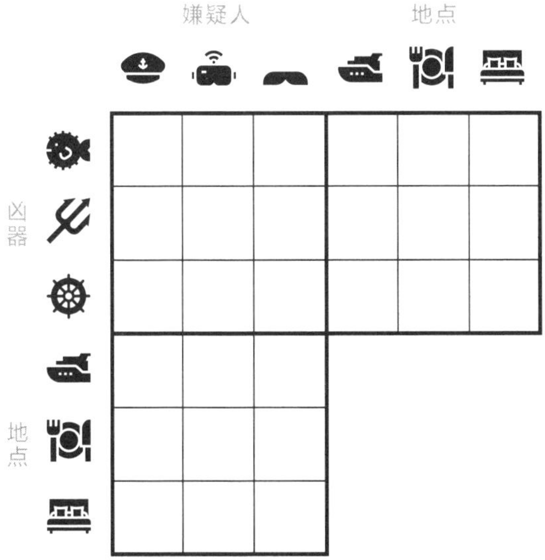

凶手是谁？

____

凶器是什么？

____

案发现场在哪里？

____

47. 神秘小岛之谜

这艘游轮撞上了一个小岛，此地疑云密布，比如：灯塔为什么没有点亮？如果不点亮灯塔，那灯塔还有什么意义？还有，刚才是谁在尖叫？又是谁杀了船长？

嫌疑人：

跨性别者唐格莱

他的存在证明非二元性别者也可能是杀人犯。唐格莱是海员、厨师和犯罪嫌疑人。

5 英尺 5 英寸 · 左撇子 · 淡褐色眼睛 · 金发 · 双鱼座

马伦男爵

一个非常傲慢、记仇的人。没人愿意得罪男爵。反正得罪过他的人没有一个还活着。

6 英尺 2 英寸 · 右撇子 · 淡褐色眼睛 · 红发 · 天蝎座

占星师阿祖尔

一名占星师，对人们确切的出生时间和地点充满了好奇和疑问。

5 英尺 6 英寸 · 右撇子 · 淡褐色眼睛 · 浅棕色头发 · 巨蟹座

地点：

死亡森林

户外

所有的树都死了，不过森林里仍然有活物。

悬崖边的灯塔

室内

灯塔不亮的原因找到了：看守人早已死去。

教堂遗迹

室内

屋顶塌陷，教堂已经废了。

凶器：

一把古剑
重量级

在古代战争中，被坏家伙们用过。已经完全生锈了。

一条变质的有毒河豚
中量级

现在变质了，以致原本无毒的部位也有毒了。

一把铲子
中量级

多功能工具：可以一条龙完成杀人和埋尸。

线索与证据：

- 悬崖边的灯塔内的凶器没有生锈。
- 一名可靠的线人递给洛基克一个匆忙写下的便条：天蝎→死亡森林 *

证词：

（凶手总是会撒谎，而其他嫌疑人说的永远是实话。）

跨性别者唐格莱：好吧，您要是问我的话，铲子是占星师阿祖尔带来的。
马伦男爵：有毒的河豚在教堂遗迹里。
占星师阿祖尔：看那些星星！它们启示我，有毒的河豚是唐格莱的东西。

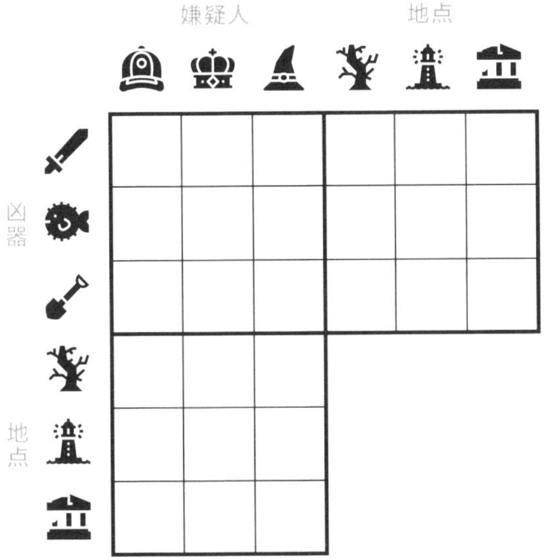

凶手是谁？

凶器是什么？

案发现场在哪里？

48. 月光照耀下，遗迹内的尸体

小岛夜幕降临，洛基克和菲利希英分头行动，寻找更多的线索，并试图修好无线电向外界求救。洛基克偶然发现了一座沐浴在月光下的破败教堂，接着又被一具尸体绊倒。死者又是一名大副。

嫌疑人：

哲学家博恩

一位皮肤黝黑、风度翩翩的哲学家，开创了一种道德理论：他无须为自己的行为负责，而且有权利得到相应的报酬。

5 英尺 1 英寸 · 右撇子 · 浅棕色眼睛 · 光头 · 金牛座

布朗斯通修道士

将一生奉献给了教会，尤其是为教会赚钱。

5 英尺 4 英寸 · 左撇子 · 深棕色眼睛 · 深棕色头发 · 摩羯座

拉皮斯修女

她是一名周游世界的修女，用上帝的钱为上帝服务。她热衷于消费，修道服是羊绒的。

5 英尺 2 英寸 · 右撇子 · 浅棕色眼睛 · 浅棕色头发 · 巨蟹座

地点：

被洪水淹没的教堂长椅

室内

木质座椅已经腐朽变形。

植物疯长的管风琴

室内

藤蔓和杂草遮住了管风琴，小虫子们从音管里扑腾着翅膀飞了出来。

破裂的祭坛

室内

一条巨大的裂缝贯穿石祭坛正中央。

凶器：

一块岩石

中量级

当您找不到其他凶器时，附近总能出现一块岩石。这块有缺口。

一串祈祷念珠

轻量级

象牙制作的祈祷念珠，上面雕刻着一些微小的符号。

一件圣物

中量级

它是某位早已被遗忘的神的图腾，面目狰狞。

线索与证据：

- 哲学家博恩从未坐过被洪水淹没的教堂座椅：他不愿意把脚弄湿。
- 出现在破裂祭坛的嫌疑人生于12月25日。（参见二号物证。）

证词：

（凶手总是会撒谎，而其他嫌疑人说的永远是实话。）

哲学家博恩： 岩石不是拉皮斯修女的。
布朗斯通修道士： 圣物不在植物疯长的管风琴里头。
拉皮斯修女： 岩石是哲学家博恩的。

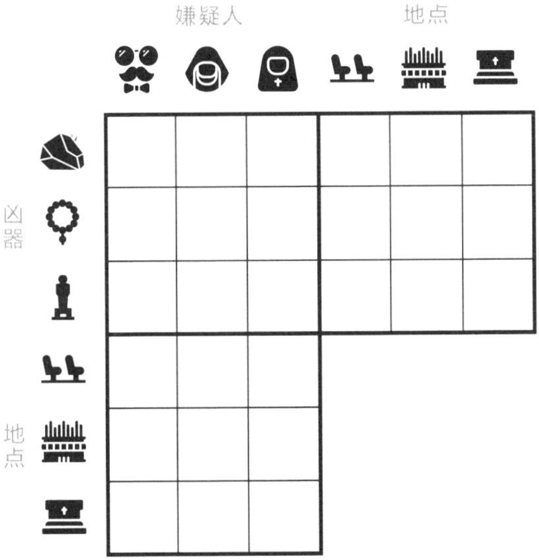

凶手是谁？

____

凶器是什么？

____

案发现场在哪里？

____

49. 死亡森林谋杀案

洛基克不喜欢这座小岛。这地方不太正常，而他们莫名其妙就被带到了这里。菲利希英也有些不对劲，他似乎对这些神秘事件并不感兴趣。洛基克溜达了一圈，看见有人飞快地冲进了死亡森林。他跟了过去，但当他追上那个人时，她已经死了！

嫌疑人：

托斯卡纳校长

作为推理学院校长，她很清楚人的每一种可能的死法，不过大部分都是纸上谈兵。

5 英尺 5 英寸 · 左撇子 · 绿眼睛 · 灰发 · 天秤座

鲁莱恩爵士

如果您相信他随身携带的伪造文件，那么他就是一位颇有修养的绅士，刚被册封为爵士。

5 英尺 8 英寸 · 右撇子 · 蓝眼睛 · 红发 · 狮子座

格雷伯爵

他出身于历史悠久的伯爵世家。是的，就是伯爵茶的那个伯爵世家。不过，他不会给您签名的。但如果您开口，他会送您一个免费的茶包。

5 英尺 9 英寸 · 右撇子 · 浅棕色眼睛 · 白发 · 摩羯座

地点：

古代遗迹

户外

似乎散发着某种难以言喻的灵气。

扭曲的怪树

户外

以不可能的角度弯曲着，枝干互相纠缠，看上去像一个女巫。

移动洞穴

室内

每次您找到这个洞穴时，它的位置似乎都不相同。

凶器：

一支祈祷者蜡烛
中量级

如果您对着它祈祷某人死去，那么您的愿望将会成真。

一只训练有素的猴子
重量级

他就潜伏在树林中……他此刻也许正在盯着我们。

一块岩石
中量级

一块普通岩石。不过奇怪的是，它并非来自这座小岛。有缺口。

线索与证据：

- 如果您认为猴子会在那棵扭曲的树上，那您可就错了。
- 有人给洛基克送来一条简略却重要的信息：托斯卡纳，岩石。*

证词：

（凶手总是会撒谎，而其他嫌疑人说的永远是实话。）

托斯卡纳校长：身为一名学者，我可以告诉您，祈祷者蜡烛是鲁莱恩爵士拿来的。

鲁莱恩爵士：祈祷者蜡烛在古代遗迹里面。

格雷伯爵：我不在古代遗迹里。

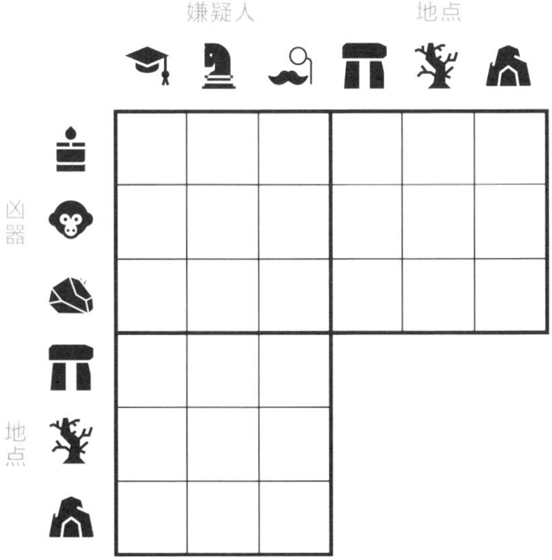

凶手是谁？

____

凶器是什么？

____

案发现场在哪里？

____

50. 菲利希英之死

当图威利 · 洛基克从死亡森林走回来时，看到有人点亮了灯塔！然后，他听到一声尖叫。他不会听错，那正是菲利希英探长！洛基克向灯塔狂奔，但已经来不及了。菲利希英昏迷不醒，伤势十分严重。趁着其他船难幸存者照顾他，洛基克努力破案。

嫌疑人：

马伦男爵

一个非常傲慢、记仇的人。没人愿意得罪男爵。反正得罪过他的人没有一个还活着。

6 英尺 2 英寸 · 右撇子 · 淡褐色眼睛 · 红发 · 天蝎座

鲁莱恩爵士

如果您相信他随身携带的伪造文件，那么他就是一位颇有修养的绅士，刚被册封为爵士。

5 英尺 8 英寸 · 右撇子 · 蓝眼睛 · 红发 · 狮子座

拉皮斯修女

她是一名周游世界的修女，用上帝的钱为上帝服务。她热衷于消费，修道服是羊绒的。

5 英尺 2 英寸 · 右撇子 · 浅棕色眼睛 · 浅棕色头发 · 巨蟹座

地点：

火光处
室内

此刻，可怕的火光仿佛在警告所有海员：离这里远点！

僻静的港湾
户外

在一个沙质海湾，人们将菲利希英抬上担架。他仍然昏昏沉沉的，无法开口说话。

发电机
室内

一台巨大的机器，通过烧煤给这座小岛供电。

凶器：

一块岩石（rock）
中量级

生平第一次杀人时用的工具，大概也是最后一次。

一瓶油（oil）
轻量级

分量足够维持火苗不灭，也可以对着某人当头泼下。

一根水手绳（rope）
中量级

很显然，绑人的家伙没有打水手结。

线索与证据：

- 鲁莱恩爵士向来不喜欢一瓶油的主人。
- 案件调查局的一名代表给图威利·洛基克又发来了一条消息：

*

证词：

（凶手总是会撒谎，而其他嫌疑人说的永远是实话。）

马伦男爵： 拉皮斯修女不在火光附近。
鲁莱恩爵士： 发电机里面有一瓶油。
拉皮斯修女： 岩石不在发电机里面。

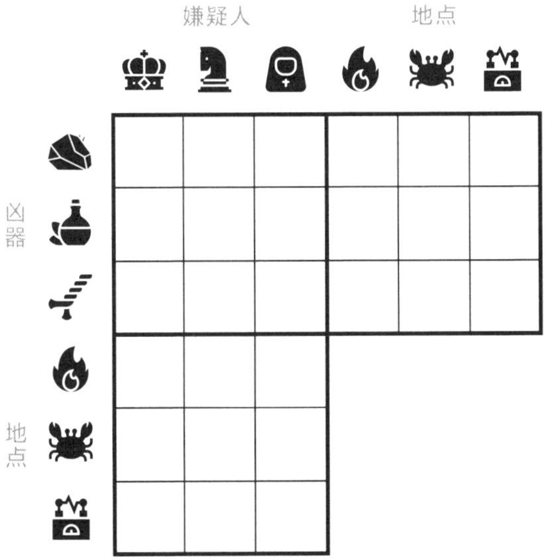

凶手是谁？

凶器是什么？

案发现场在哪里？

MURDLE

高阶级

图威利 · 洛基克失去了一切。

一个朋友、对手和金主——菲利希英探长对他的意义也许还不止于此。

菲利希英探长走了，留下他孤身一人对抗世界。但他是一个有使命的人，任何事都阻止不了他。

在接下来的 25 个案件中，洛基克将自己逼到了极限，以寻找菲利希英遇害的真相。嫌疑人的数量增加了，而他不再关注他们的证词，而是试图进入他们的内心世界。

在这些谜案中，您不仅要找到每起谋杀的凶手、凶器和案发现场，还要找出杀人动机。**每个人可能都有动机，但凶手只有一个。**

洛基克以前从不关心动机，但菲利希英却相反。也许这种转变就是洛基克对菲利希英表达怀念的方式。又或者，他现在只是将每个人都视为潜在的凶手吧。

洛基克是个有使命的人，他必须搞清楚这些古代遗迹是什么，遗迹上的符号又代表什么含义（参见三号物证）以及二者与菲利希英遇害之间的关系。

他知道，鲁莱恩爵士只是更大的棋盘上的一颗棋子。在他背后，还有其他人在发号施令。洛基克要找到那个人。

当他找出那个幕后黑手之时，就是复仇的时刻。

针对这一等级的案件，侦探俱乐部发起的更高难度的挑战是：在洛基克之前查明古代遗迹隐藏的真相。您能做到吗?

51. 逝于墓地

图威利 · 洛基克不相信菲利希英真的死了。但他亲眼看见了他的死亡，亲眼看见了他的下葬。一切已经尘埃落定，他死了。本该在葬礼上致辞的牧师也死了。

嫌疑人：

占星师阿祖尔

一名占星师，对人们确切的出生时间和地点充满了好奇和疑问。

5 英尺 6 英寸 · 右撇子 · 淡褐色眼睛 · 浅棕色头发 · 巨蟹座

格雷伯爵

他出身于历史悠久的伯爵世家。是的，就是伯爵茶的那个伯爵世家。不过，他不会给您签名的。但如果您开口，他会送您一个免费的茶包。

5 英尺 9 英寸 · 右撇子 · 浅棕色眼睛 · 白发 · 摩羯座

跨性别者唐格莱

他的存在证明非二元性别者也可能是杀人犯。唐格莱是掘墓人、抬棺人和犯罪嫌疑人。

5 英尺 5 英寸 · 左撇子 · 淡褐色眼睛 · 金发 · 双鱼座

**隐栖动物学家
克劳德**

他知道每一起泽西恶魔、天蛾人和沼泽怪物的目击事件，也知道它们之间的区别。

5 英尺 7 英寸 · 右撇子 · 灰眼睛 · 白发 · 天蝎座

地点：

古怪的棚屋 室内

位于墓地一角的一间木头小屋，您知道其中一定藏着秘密。

礼品店 室内

您可以在这里买到墓碑造型的装饰品，或者墓地吉祥物骷髅先生的毛绒玩具。

大型陵墓 室内

这个金字塔造型墓穴的主人是某个家族的有钱人。

入口大门 户外

一扇巨大的铁门，锈迹斑斑，给人一种不祥的感觉。

凶器：

一口大锅 重量级 · 由金属制成

如果您举得动，可以用它来砸人。当然，您也可以和人分享锅里煮的汤。

一个鬼魂探测器 中量级 · 由金属和科技制成

并不善于探测鬼魂，反倒是个能让人触电的利器。

一把扫帚 中量级 · 由木材和稻草制成

有人说女巫骑着这玩意儿飞翔，但是洛基克只用它来扫地。

一条骷髅手臂 中量级 · 由骨头制成

死人身上的骨头可以夺走活人的性命。

动机：

抢劫	看看自己有没有杀人的本事
隐瞒婚外情	偷窃尸体

线索与证据：

- 占星师阿祖尔没带扫帚。
- 格雷伯爵不想知道自己能否杀人，也不会隐瞒婚外情。
- 在铁栏杆之间发现了一个鬼魂探测器。
- 洛基克在一个毛绒玩具旁发现了一根扫帚的刷毛。
- 挥舞骷髅手臂的嫌疑人拼命隐瞒外遇。
- 跨性别者唐格莱一直想偷窃尸体，也许今晚正是一个好时机？
- 吃力地拖着大锅的嫌疑人想抢劫牧师。
- 有人看到隐栖动物学家克劳德在古怪的棚屋里四处窥探。
- **尸体是在一座巨大的金字塔内被发现的。**

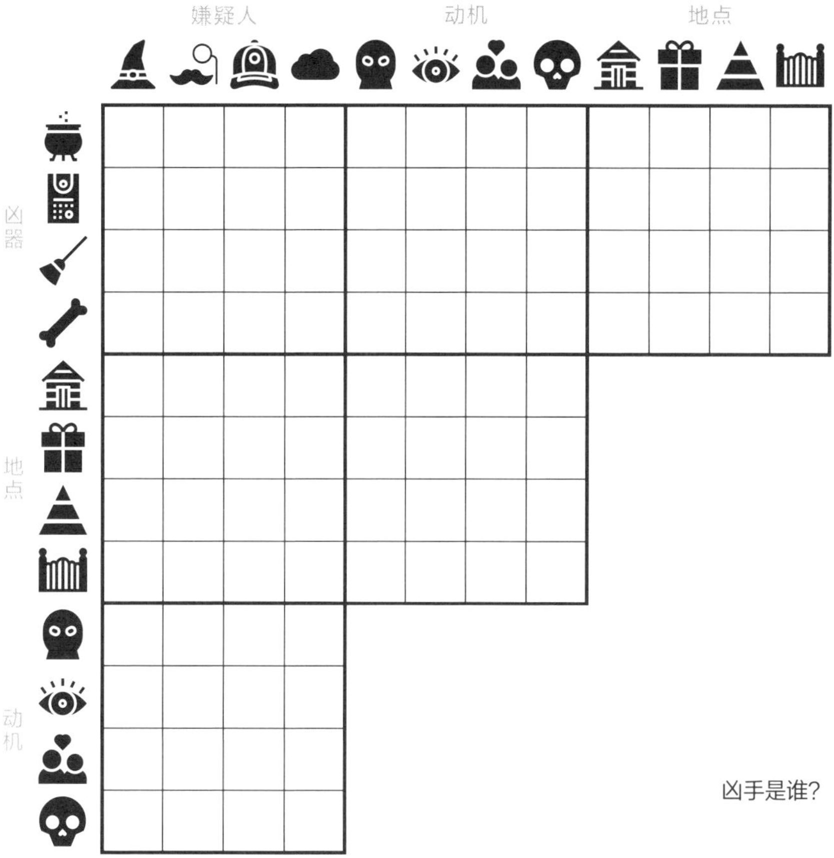

凶手是谁?

____

凶器是什么?

____

案发现场在哪里?

____

杀人动机是什么?

____

52. 返回案件调查局 🔍🔍🔍

图威利 · 洛基克回到案件调查局，发现院子里杂草丛生。菲利希英离开后，再无人打理。这里显得很安静，静得可怕。洛基克意识到，这是因为唯一的保安遇害了。

嫌疑人：

命理学家奈特

精通数学和奥义的神童。不仅知晓 V 对应的数值，还明白其含义。

5 英尺 9 英寸 · 左撇子 · 蓝眼睛 · 深棕色头发 · 双鱼座

高级炼金术士雷文

有个老掉牙的笑话戏称，所有炼金术士都是高级炼金术士。雷文讨厌这个笑话。

5 英尺 8 英寸 · 右撇子 · 浅棕色眼睛 · 深棕色头发 · 双鱼座

草本植物学家欧尼克斯

她在自己的温室里种植了烹饪、施魔法和下毒所需的各种植物。

5 英尺整 · 右撇子 · 深棕色眼睛 · 黑发 · 处女座

语言学家弗林特

您可以从一个词的词源中了解很多信息，比如它的来源以及曾经有什么含义。

5 英尺 2 英寸 · 左撇子 · 绿眼睛 · 金发 · 水瓶座

地点：

豪华大宅 室内

位于宅邸中央的树木已开始凋零。

高塔 室内

一座高耸入云的塔楼，专门用于高空坠物实验。

迷你高尔夫球场 户外

标准十八洞，以风车、咖啡馆和环形轨道为特色，但没人想在这里打球。

走不出去的篱笆迷宫 户外

走进篱笆迷宫里的人总是需要被救援。

凶器：

一根占卜棒 中量级 · 由木材制成

可以用来勘探水源、石油和容易上当的傻瓜。

一块催眠怀表 轻量级 · 由金属制成

如果您深深凝视这块表，就会知道现在几点了。

一台类永动机 重量级 · 由金属制成

无法一直运行下去，这一台可以运行一天。

一颗水晶球 重量级 · 由水晶制成

如果您盯着它看，它会向您透露未来——只要您的未来是一颗水晶球。

动机：

证明自己是个狠角色	继承遗产
为爱而战	能杀则杀

线索与证据：

- 个子最矮的嫌疑人用一根占卜棒寻物。
- 有人看到高级炼金术士雷文在比地面高很多的地方闲逛。
- 有类永动机的嫌疑人为了爱情不顾一切。
- 大宅内没有蓝眼睛的人。
- 在一座迷你风车旁发现了一个算命工具。
- 大宅里有一个杀人不眨眼的嫌疑人。
- 水瓶座嫌疑人想要继承一笔遗产。
- 时间工具的主人并不想证明自己是个狠角色。
- **保安的尸体是在弯弯绕绕的树篱间被发现的。**

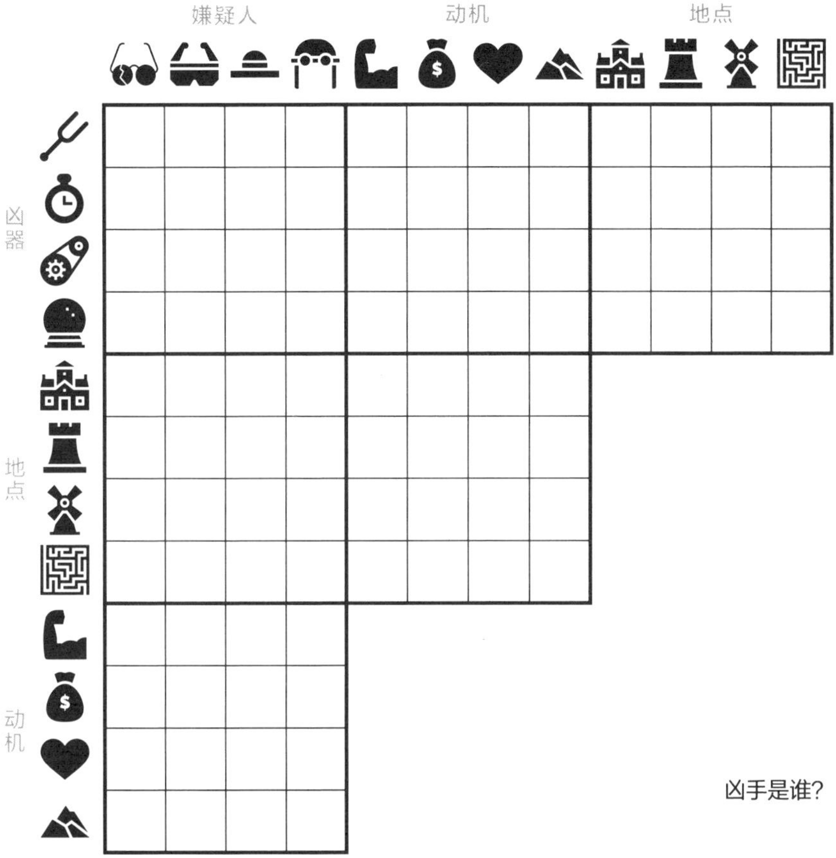

凶手是谁?

凶器是什么?

案发现场在哪里?

杀人动机是什么?

53. 走进神秘森林

图威利·洛基克离开了案件调查局，沿着小路一直走，孤独而寂寞。最后，他从小路进入了一片森林，在那里发现了一具穿着奇怪邪教长袍的女尸。

嫌疑人：

隐栖动物学家
克劳德

他知道每一起巴尔盖斯特 *、多巴尔楚 ** 和博德明荒原野兽 *** 的目击事件，也知道它们之间的区别。

5 英尺 7 英寸 · 右撇子 · 灰眼睛 · 白发 · 天蝎座

马伦男爵

一个非常傲慢、记仇的人。没人愿意得罪男爵。反正得罪过他的人没有一个还活着。

6 英尺 2 英寸 · 右撇子 · 淡褐色眼睛 · 红发 · 天蝎座

派因法官

主宰法庭的人，正义的坚定信徒，而何为正义由她自己说了算。

5 英尺 6 英寸 · 右撇子 · 深棕色眼睛 · 黑发 · 金牛座

社会学家安泊尔

作为硬科学的代表，她总是要求人们质疑自己的先验知识，并自问是否读过杜尔克姆 **** 的书。

5 英尺 4 英寸 · 左撇子 · 蓝眼睛 · 金发 · 狮子座

地点：

扭曲的怪树 户外

以不可能的角度弯曲着，枝干互相纠缠。这让洛基克想起了菲利希英思考问题的逻辑。

移动洞穴 室内

每次您找到这个洞穴时，它的位置似乎都不相同。

古代遗迹 户外

站在附近时，您的双脚看起来有些不稳，仿佛正不断陷入地面。

小山坡 户外

一个可爱的小山坡，适合坐下来享用午餐或为您的伴侣哀悼。

凶器：

一支颇有分量的蜡烛 重量级 · 由蜡制成

很沉，但还是能给房间照明。

一把古剑 重量级 · 由金属制成

在古代战争中，被坏家伙们用过。已经完全生锈了。

一块原木 重量级 · 由木材制成

一块又大又重的橡树原木。有人夺走了树的生命，于是树也可以以牙还牙。

一把斧头 中量级 · 由木材和金属制成

这把斧头可以砍倒一棵树。如果它也能砍去令人不快的记忆就好了。

动机：

吓跑一只熊	偷一本获奖图书
支持革命	复仇

线索与证据：

- 洛基克发现一根红头发缠在原木上。
- 拿着沉甸甸蜡烛的人想偷一本获奖图书。
- 想复仇的人是天蝎座。（典型的天蝎座。）
- 想把熊吓跑的人肯定是右撇子。
- 为了革命而杀人的嫌疑人被看到在室内密谋。
- 分析人员在社会学家安泊尔的衣服上发现了金属制凶器（至少部分是由金属制成）的痕迹。
- 似乎有人要砍倒一棵扭曲的怪树，因为一把斧头正靠在树旁。
- 在绝佳野餐地点的人显然需要把熊吓跑。
- 个子第二矮的嫌疑人从未上过小山坡。
- **在邪教徒身边发现了一柄生锈的利刃。**

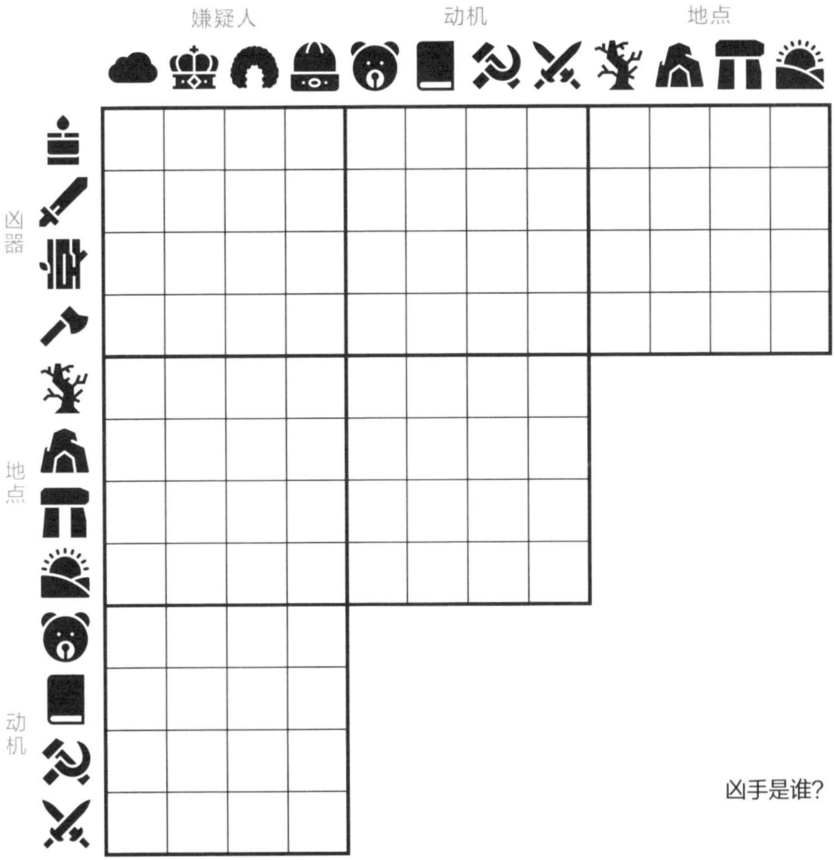

凶手是谁?

凶器是什么?

案发现场在哪里?

杀人动机是什么?

54. 再次有人丧生

图威利 · 洛基克回到了那个僻静的小岛，调查那里的古代遗迹。当他到达时，小岛的新任管理员已经被谋杀了。这似乎不是一份安全的工作。

嫌疑人：

毛威副总裁

泰科未来股份有限公司副总裁。如果她邀请您进入她的元宇宙，用尽全身的力气尖叫吧。

5 英尺 8 英寸 · 右撇子 · 深棕色眼睛 · 黑发 · 金牛座

海军上将那威

爷孙三代都是海军上将，和他爸一样都是家中长子。

5 英尺 9 英寸 · 右撇子 · 蓝眼睛 · 浅棕色头发 · 巨蟹座

经纪人英克

她有一颗金子般的心，同时也很爱金子。对她来说，杀人和赚钱一样简单。

5 英尺 5 英寸 · 右撇子 · 深棕色眼睛 · 黑发 · 处女座

国际象棋大师罗斯

国际象棋大师，总在思考下一步棋该怎么走，比如如何避免成为谋杀案的嫌疑人。(2... ke7??)

5 英尺 7 英寸 · 左撇子 · 深棕色眼睛 · 深棕色头发 · 天蝎座

地点：

码头 户外

又老又破的码头，已经不复往昔的繁荣。小心鲨鱼！

闹鬼的树丛 户外

小岛一角的一小丛树木。游客说在这里听到过有人窃窃私语。

古代遗迹 户外

新的假说认为，这是一种古代装置艺术。

悬崖 户外

虽然峭壁高耸，不过嶙峋的岩石能提供一些缓冲。

凶器：

一块普通的砖 中量级 · 由黏土制成

就是块平平无奇的砖头。一块砖而已，没什么花头。

一把斧头 中量级 · 由木材和金属制成

既能砍树，也能砍人！

一根船桨 重量级 · 由木材制成

可以用来划船，但要小心木头上的倒刺。

一个捕熊器 重量级 · 由金属制成

如果您觉得这玩意儿用在人身上太可怕，不妨想想熊的感受！

动机：

为父亲报仇	偷一份藏宝图
让一位女士印象深刻	毫无理智地杀人

线索与证据：

- 拿捕熊器的人并不想偷藏宝图。
- 想给一位女士留下深刻印象的嫌疑人拥有至少部分由金属制成的凶器。
- 只有杀人狂才会用普通的砖杀人。
- 有人看到毛威副总裁在研究可能是装置艺术的东西。
- 处女座嫌疑人拿着桨，因为处女座喜欢一切都井然有序。*
- 个子最高的嫌疑人有一件木制凶器（至少有部分材料是木头）。
- 想给一位女士留下深刻印象的人在悬崖上。
- 个子第二高的嫌疑人拥有一件至少部分由金属制成的凶器。
- 闹鬼树丛里的嫌疑人是左撇子。
- **管理员是被一把斧头杀害的。**

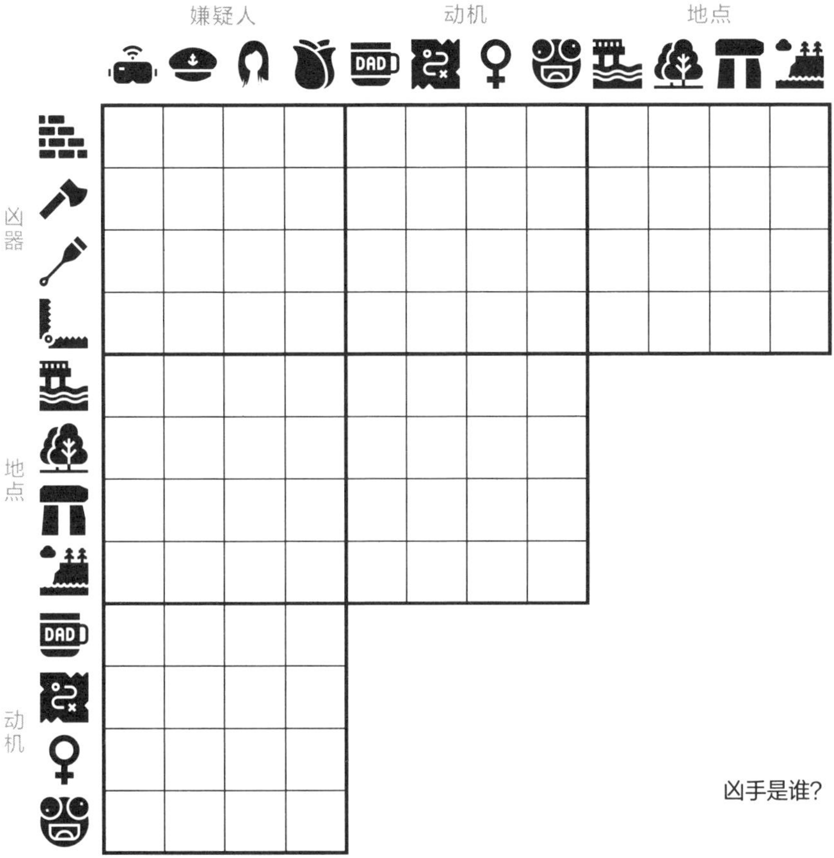

凶手是谁?

凶器是什么?

案发现场在哪里?

杀人动机是什么?

55. 不寻常的蜘蛛网，不寻常的谋杀案

图威利·洛基克独自一人在某国家公园露营，睡着后梦见了古代遗迹，还梦见一名护林员被谋杀了。当他醒来时，发现梦境成了现实。

嫌疑人：

霍尼市长

最近的丑闻（谋杀）发生后，他走进森林中闭关，重新评估自己的政治前景。

6 英尺整·左撇子·淡褐色眼睛·浅棕色头发·天蝎座

艾普格林校长

除了给自己洗清谋杀罪名，他是一位凡事都极有原则的校长。他的双手总是沾满粉笔灰。

5 英尺 11 英寸·右撇子·蓝眼睛·金发·天秤座

拉斯伯里教练

无论您住密西西比河东边还是西边，他都是您这一边最好的教练之一。

6 英尺整·左撇子·蓝眼睛·金发·白羊座

托斯卡纳校长

作为推理学院校长，她推断出了玩好学术圈权力游戏的最佳方式：党同伐异，杀伐果决。

5 英尺 5 英寸·左撇子·绿眼睛·灰发·天秤座

地点：

古代遗迹 户外

也许它们是外星人用来标识自己感兴趣地点的标记？

温泉水疗馆 室内

人们从数百英里外远道而来，只为了在这些温泉中拍照。

派对湖 户外

据说有人曾在湖中溺亡，因此也有人将尸体藏在这片冰冷的水底。

入口大门 户外

一扇巨大的门，广告语写着：您可以付费在这里远离现代世界的尘嚣。

凶器：

一只毒蜘蛛
轻量级 · 由一只活体动物制成

它的出现绝非偶然。不寻常的织网方式证明它并非本地物种。

一把园艺剪 中量级 · 由金属制成

锈迹斑斑，分量十足，很危险。可以用来修剪篱笆或取人性命。

一副弓箭
中量级 · 由陶瓷、亚麻和羽毛制成

看看这东西，多漂亮啊！当箭射向您的脑袋，记得欣赏上面的羽毛。

一把登山斧 重量级 · 由金属和木材制成

可用于登上险峰欣赏风光，也可用于杀人。

动机：

抢劫	房地产诈骗的一环
看看自己有没有杀人的本事	摆脱勒索

线索与证据：

- 洛基克在以前的案子里也见过毒蜘蛛，都是为了房地产诈骗。
- 艾普格林校长不在大门口。
- 最矮的嫌疑人有一把登山斧。
- 在古代遗迹中发现了由活体动物制成的凶器留下的痕迹。
- 想看看自己有没有杀人本事的嫌疑人有一件部分由陶瓷制成的凶器。
- 有人看到拉斯伯里教练在冰冷的湖水中游泳。
- 园艺剪被设计成右手持握。
- 有人看到想摆脱勒索的嫌疑人在户外活动。
- **在护林员身边发现了一些不寻常的网。**

凶手是谁?

____

凶器是什么?

____

案发现场在哪里?

____

杀人动机是什么?

____

56. 村庄遗迹

图威利 · 洛基克回到了最初跟随奥比斯迪亚夫人造访过的那个小古村。如今，这里有一半房子待售，另一半则空无一人。一个神秘人在村子里转来转去。没人知道商店店主在哪里。后来，洛基克发现了一件凶器，于是他明白了店主遭遇了什么。

<u>嫌疑人：</u>

夏朵先生

暗处的一抹剪影。他行动如风，与夜色融为一体。

[redacted] · 左撇子 · 绿眼睛 · [redacted] · 水瓶座

曼戈神父

他发誓甘于清贫，却开着一辆宝马。他发誓顺从，却有二十五名手下。他还发誓禁欲，所以他在度假。

5 英尺 10 英寸 · 左撇子 · 深棕色眼睛 · 光头 · 金牛座

拉文德议员

上议院保守派议员，也是《交响乐的阴影——天地俱灭》等音乐剧名曲的作曲家。

5 英尺 9 英寸 · 右撇子 · 绿眼睛 · 灰发 · 处女座

科珀警官

女警本人作案最大的优势就是可以略过中间人调查自己，然后让自己脱罪。

5 英尺 5 英寸 · 右撇子 · 蓝眼睛 · 金发 · 白羊座

地点：

一片新开发区 户外

这片新开发区不是社区的福祉就是灾难，而这要看您问的是谁。

古代遗迹 户外

这些废墟有没有可能是某种灯塔?

小教堂 室内

一个小教堂，教堂里有很多彩绘玻璃窗，也有很多秘密。

古色古香的花园 户外

一个种有草本植物和鲜花的古朴小花园，但最近似乎多了一些新鲜土堆，大小和形状都很可疑。

凶器：

一卷纱线 轻量级 · 由羊毛制成

有时，当您在缝纫中发现漏针时，恨不得找个人勒死。

一把古董燧发枪
中量级 · 由木材和金属制成

上膛仅需 25 分钟。

一根编织针 轻量级 · 由金属制成

可以织一件毛衣或一根绞刑绳。

一瓶氰化物
轻量级 · 由玻璃和化学物质制成

苦杏仁味儿的毒药，装在一个古色古香的小瓶子里。

动机：

剽窃灵感	房地产诈骗的一环
偷窃尸体	吓跑一只熊

线索与证据：

- 有纱线的人是右撇子。
- 拉文德议员没来过古色古香的花园。
- 剽窃灵感的人眼睛是绿色的。
- 有人看到曼戈神父在彩绘玻璃窗下闲逛。
- 想偷尸体的人在古代遗迹内。
- 身处新开发区的嫌疑人有一件中量级凶器。
- 为了完成房产骗局而不惜杀人的嫌疑人是水瓶座。
- 若要吓跑一只熊，您需要一件完全由金属制成的凶器。
- **洛基克发现了一根沾满血的编织针。**

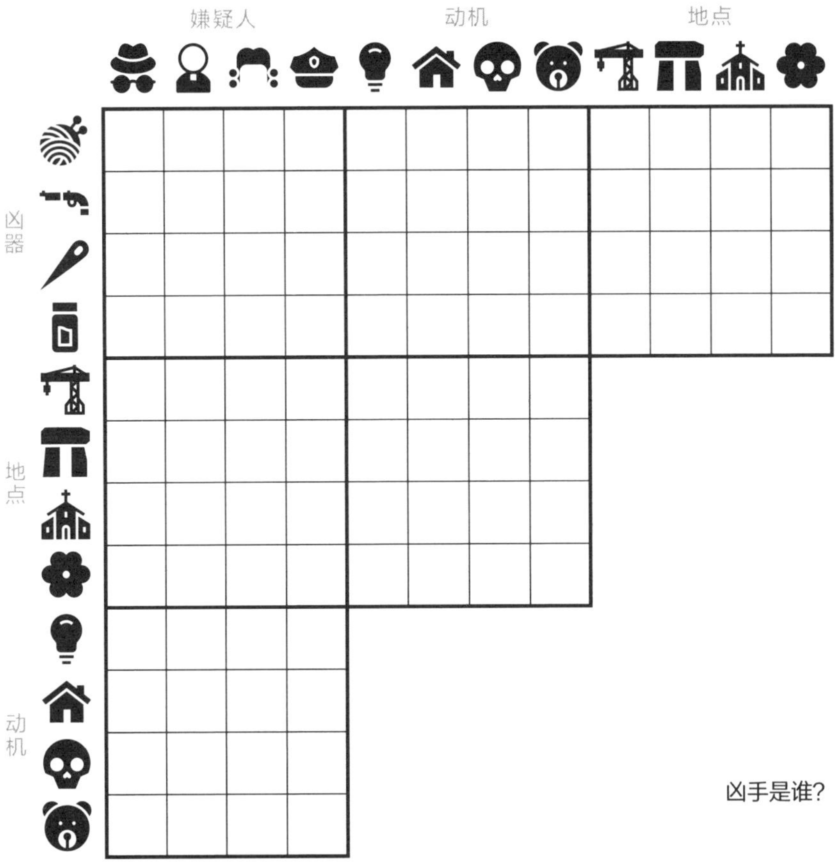

凶手是谁?

凶器是什么?

案发现场在哪里?

杀人动机是什么?

57. 唱首恐怖赞美诗

曼戈神父想把他的小教堂当作避难所，他把所有门都关上了。然而，几乎就在同一时间，一名教区内的居民遭到杀害。神父再度将门打开，并让洛基克找出凶手，这样他就能把另一个凶手赶出去。

嫌疑人：

曼戈神父

他发誓甘于清贫，却开着一辆宝马。他发誓顺从，却有二十五名手下。他还发誓不害人性命，却再次违背了誓言。

5 英尺 10 英寸 · 左撇子 · 深棕色眼睛 · 光头 · 金牛座

阿祖尔主教

作为当地教堂的主教，她因同时为朋友和敌人祈祷而知名。当然，她祈祷的是完全相反的东西……

5 英尺 4 英寸 · 右撇子 · 浅棕色眼睛 · 深棕色头发 · 双子座

维尔迪格里斯执事

教堂执事。她负责处理教区居民的捐款，有时也会倾听他们的秘密。

5 英尺 3 英寸 · 左撇子 · 蓝眼睛 · 灰发 · 狮子座

布朗斯通修道士

将一生奉献给了教会，尤其是为教会赚钱。

5 英尺 4 英寸 · 左撇子 · 深棕色眼睛 · 深棕色头发 · 摩羯座

地点：

唱诗台 室内

现在这里寂静无声。而当人们在此吟唱时，您一定会听见管风琴的演奏。

前门阶梯 户外

虽然上上下下有点麻烦，但却增添了一些氛围感。

墓地 户外

一个小小的墓地，紧邻教堂。大部分墓碑都有些年头了，不过，也许其中有一块是新立的……

门厅 室内

有很多扇门和一张桌子，桌上摆满了介绍教堂活动的宣传册。

凶器：

一把古董燧发枪
中量级 · 由木材和金属制成

可以发射子弹，射程长达 4 英尺（约 1.2 米），会喷您一身火药。

一瓶红酒 中量级 · 由玻璃和酒精制成

小心酒渍，因为红色是洗不掉的。

一件圣物 中量级 · 由骨头制成

这是一位容貌美丽的爱神的图腾。

一卷纱线 轻量级 · 由羊毛制成

有时，当您在缝纫中发现漏针时，恨不得找个人勒死。

动机：

模仿父母的行为	出于鬼使神差
练习行凶	出于宗教原因

线索与证据：

- 携带一瓶红酒的人是左撇子。
- 在教堂活动宣传册上发现了火药。
- 出于宗教原因杀人的嫌疑人不在墓地。
- 谋杀发生时，曼戈神父在户外。
- 想练习行凶的嫌疑人带了骨头做的凶器。
- 双子座嫌疑人站在前门阶梯上。
- 模仿父母行为的嫌疑人有双蓝眼睛。（就像她的父母一样！）
- 与阿祖尔主教身高相同的嫌疑人被看到带着纱线。
- **教区居民的尸体是在唱诗台被发现的。**

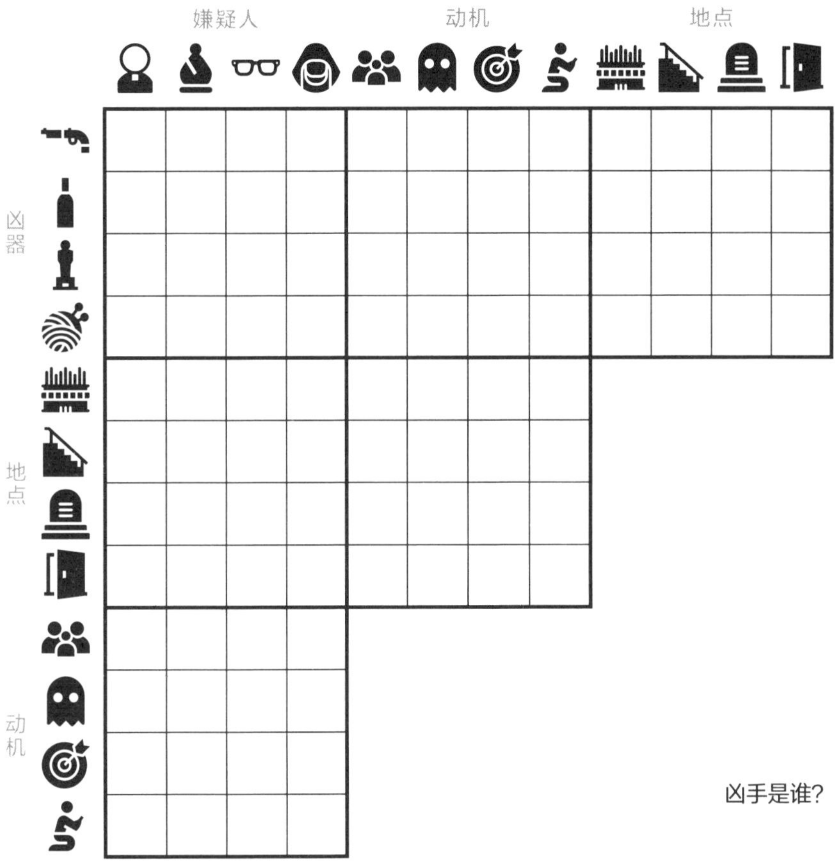

凶手是谁?

____

凶器是什么?

____

案发现场在哪里?

____

杀人动机是什么?

____

58. 篱笆迷宫内的死亡

图威利·洛基克步行穿过奥比斯迪亚夫人的废弃大宅内的树篱迷宫。这些树篱和案件调查局的一样，植物疯长，导致迷宫里的路也七扭八歪的。洛基克最终发现，园丁已惨遭毒手。

嫌疑人：

艾明斯子爵

可谓您见过的最高寿的人。据说，当您的祖父刚出生时，他就是个老人了，而当您的孙子孙女离开人世后，他依然健在。

5 英尺 2 英寸 · 左撇子 · 灰眼睛 · 深棕色头发 · 双鱼座

拉文德议员

上议院保守派议员，也是《玛丽和了不起的布莱克》和《白色女套装和米尔塔》等音乐剧名曲的作曲家。

5 英尺 9 英寸 · 右撇子 · 绿眼睛 · 灰发 · 处女座

弗米利恩公爵夫人

一位高挑、上了年纪的女人，心里尘封着惊天秘密。如果她是凶手，肯定不是初犯。

5 英尺 9 英寸 · 左撇子 · 灰眼睛 · 白发 · 双鱼座

马伦男爵

一个非常傲慢、记仇的人。没人愿意得罪男爵。反正得罪过他的人没有一个还活着。

6 英尺 2 英寸 · 右撇子 · 淡褐色眼睛 · 红发 · 天蝎座

地点：

瞭望塔 室内

从塔上俯瞰花园，可将一切尽收眼底。此外，墙上还有一张迷宫地图。

古代遗迹 户外

这些遗迹已开始倾颓，毁坏程度远超树篱迷宫。

喷泉 户外

位于迷宫中央的一座喷泉，已经干透了。

秘密花园 户外

迷宫中央的一座秘密花园，您叫得出名字的花这里都有，还有更多您叫不上名字的。

凶器：

一杯毒茶
轻量级 · 由陶瓷、水和茶叶制成

美美喝一口，然后睡很久。

一把园艺剪 中量级 · 由金属制成

可以用来修剪篱笆或取人性命。

一块普通的砖 中量级 · 由黏土制成

就是块平平无奇的砖头。一块砖而已，没什么花头。

一个花盆 中量级 · 由陶土制成

如果要用这个东西杀人，请您先移栽盆中的鲜花。

动机：

保守一个秘密	偷一本获奖图书
想尝尝杀人的滋味	进行一次科学实验

线索与证据：

- 法医人员在古代遗迹旁发现了金属制凶器留下的痕迹。
- 想偷一本获奖图书的人是左撇子。
- 想尝尝杀人滋味的家伙是深棕色头发。
- 在秘密花园里找到了一根红色的头发。
- 利用杀人进行科学实验的人是处女座。
- 一名线人告诉洛基克："室内有一个茶包。"这消息说得再明白不过了。
- 和弗米利恩公爵夫人身高相同的嫌疑人不在瞭望塔里。
- 弗米利恩公爵夫人带了一块她几乎拿不动的砖头。
- **杀死园丁的凶器是一个花盆。**

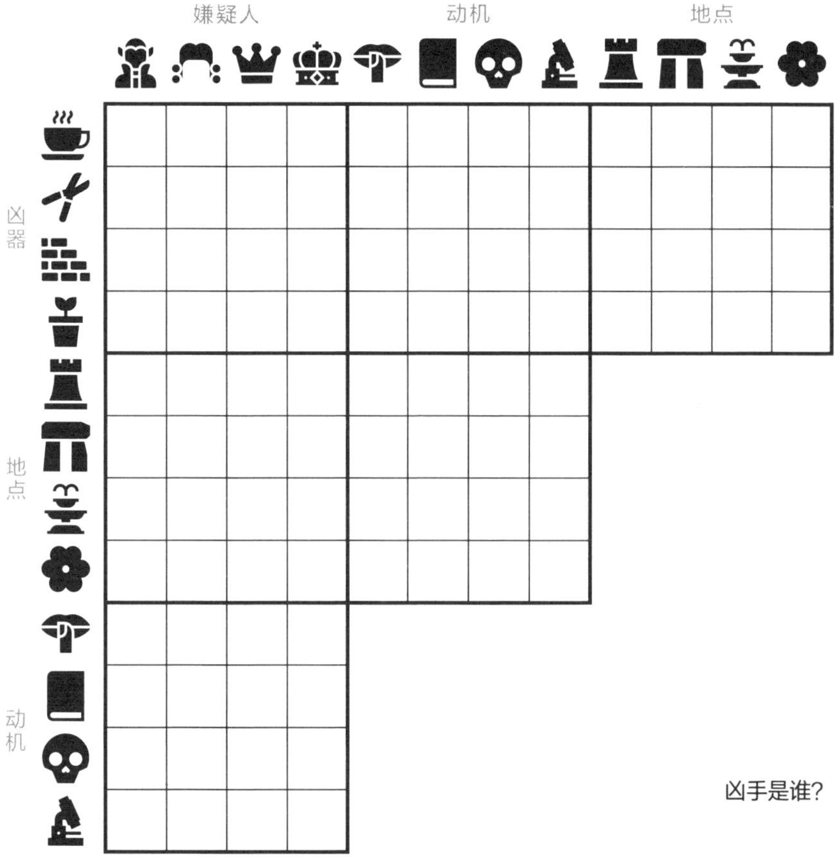

凶手是谁？

____

凶器是什么？

____

案发现场在哪里？

____

杀人动机是什么？

____

59. 游艇杀人事件——为洛基克准备的谋杀

图威利·洛基克应邀回到游艇上，与乔克老板聊了聊他的图书销售情况。书是在卖，但销量还不够高。“要是——”老板说，“我们有办法宣传一下就好了。对了！我的一名船员被杀了！你可以把案子破了！”

嫌疑人：

图书奖得主
甘斯伯勒

他会在见到您的两分钟之内告诉您，他的小说获得了布金顿奖。获奖图书长达 6000 页，讲了一个关于泥土的故事。

6 英尺整 · 左撇子 · 淡褐色眼睛 · 浅棕色头发 · 双子座

乔克老板

他多年前就摸清了出版业的门道，此后事业便蒸蒸日上。他称电子书为“新风尚”，但至今仍拥有一部使用拨号盘的电话。身家十亿美元。

5 英尺 9 英寸 · 右撇子 · 蓝眼睛 · 白发 · 射手座

艾沃丽编辑

有史以来最伟大的爱情小说编辑。她开创了“由恨生爱”这一流派，也是第一个把裸男照片放在图书封面上的人。

5 英尺 6 英寸 · 左撇子 · 浅棕色眼睛 · 灰发 · 天蝎座

经纪人英克

她有一颗金子般的心，同时也很爱金子。她比亚马逊卖出去的书都多。

5 英尺 5 英寸 · 右撇子 · 深棕色眼睛 · 黑发 · 处女座

地点：

机舱 室内

这是一艘环保游艇，由核反应堆提供动力。铀棒用完后，扔进海里就行。

甲板 户外

可以探出身去眺望大海，但幅度别太大，要小心后面有人推您一把。

船舷外 户外

一望无际的海洋。历史上有些知名人物在此溺亡。

餐厅 室内

雇了一位得过奖的厨师，价格便宜，因为他被禁止在陆地上工作。

凶器：

一支纪念钢笔
轻量级 · 由金属和墨水制成

为了纪念某件特别的事……管它是什么事呢。钢笔漏墨，墨水很贵。

一份令人困惑的合同 轻量级 · 由纸制成

法律条文之晦涩，可能会让您患上动脉瘤。

一个托特包 中量级 · 由帆布制成

黑手党藏书家们用这种帆布做的包打人。您也可以用它来装书。

一个古董船锚 重量级 · 由金属制成

锚身上覆盖着青苔，链条也生锈了。看着挺吓人的。

动机：

执行邪教的命令	偷一本获奖图书
安慰洛基克	拉动图书销量

线索与证据：

- 在甲板上发现了难以捉摸的合同。
- 一个晕船严重的情报贩子给洛基克发来一条消息：爱我里边际相投一本或将图书。*
- 纪念钢笔的主人希望提高图书销量。
- 在核反应堆旁发现了一条生锈的铁链。这是个安全隐患吗？
- 图书奖得主甘斯伯勒想遵从邪教的命令杀人。
- 乔克老板没打算安慰洛基克。
- 艾沃丽编辑不在甲板上。
- 经纪人英克在无情的汪洋中扑腾着。
- **船员被发现脸朝下，倒在曾获奖的佳肴里。**

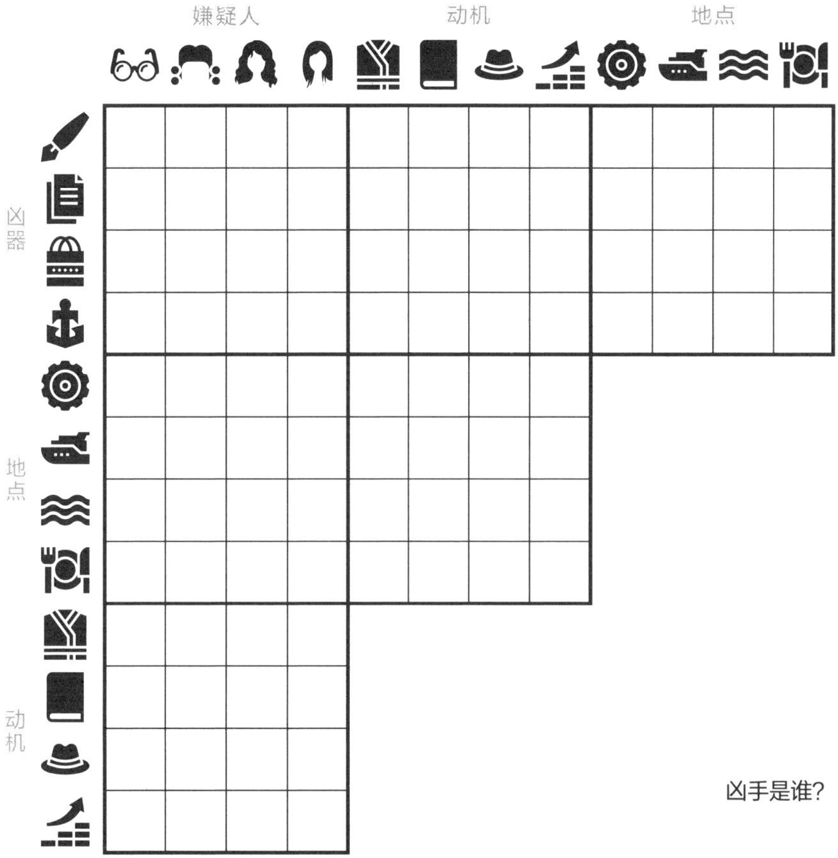

凶手是谁?

凶器是什么?

案发现场在哪里?

杀人动机是什么?

60.“公社杀人事件：一部真实罪案纪录片”续集

图威利·洛基克想起了关于那家公社的一些事：在公社边上，有一些古代遗迹。于是他回到了州北部，不仅找到了古代遗迹，还撞上了一起谋杀案：一位老资格的信徒被杀了。

嫌疑人：

尚帕涅同志

一位富有的共产党员，喜欢周游世界和喝气泡酒。

5 英尺 11 英寸 · 左撇子 · 淡褐色眼睛 · 金发 · 摩羯座

跨性别者唐格莱

他的存在证明非二元性别者也可能是杀人犯。唐格莱是共产主义者、农民和犯罪嫌疑人。

5 英尺 5 英寸 · 左撇子 · 淡褐色眼睛 · 金发 · 双鱼座

艾普格林助理

她的父亲是一名校长。她在公社待得越久，父亲就越觉得丢脸。

5 英尺 3 英寸 · 左撇子 · 蓝眼睛 · 金发 · 处女座

艾普格林校长

除了给自己洗清谋杀罪名，他是一位凡事都极有原则的校长。他的双手总是沾满粉笔灰。

5 英尺 11 英寸 · 右撇子 · 蓝眼睛 · 金发 · 天秤座

地点：

会议厅 室内

要紧事务都在这里正式讨论，却没有一件事在这里落实。

老磨坊 室内

一个碾磨稻谷或者藏匿秘密的绝佳地点。

古代遗迹 户外

它们有宗教含义吗？对上古神明而言也许如此……

图书馆 室内

从没见过这么多书。（不过作者都是同一位。）

凶器：

一根铝管 重量级 · 由金属制成

铝比铅安全，可要是对着您的脑袋来一下就不一定了。

一座古董钟 重量级 · 由木材和金属制成

嘀嗒，嘀嗒。严格说起来，时间在慢慢杀死我们每一个人。

一个放大镜 中量级 · 由金属和玻璃制成

您可以用它来寻找线索或发现小虫。

一把古剑 重量级 · 由金属制成

在古代战争中，被坏家伙们用过。已经完全生锈了。

动机：

执行邪教的命令	给对方一个教训
激励洛基克	阻止有人改动遗嘱

线索与证据：

- 在正式讨论事务时，放大镜是必要的道具。
- 艾普格林校长用一座古董钟来报时。
- 拿铝管的人想激励洛基克。
- 图书馆里的人是右撇子。
- 摩羯座嫌疑人正在老磨坊里转悠。
- 双鱼座嫌疑人是“智慧深井”的教徒。
- 邪教“智慧深井”的所有教徒都会按照上级的指令杀人。
- 想要教训那位老资格信徒的嫌疑人拿着一件中量级凶器。
- **老资格信徒的尸体被发现时，四仰八叉地躺在古代遗迹上。**

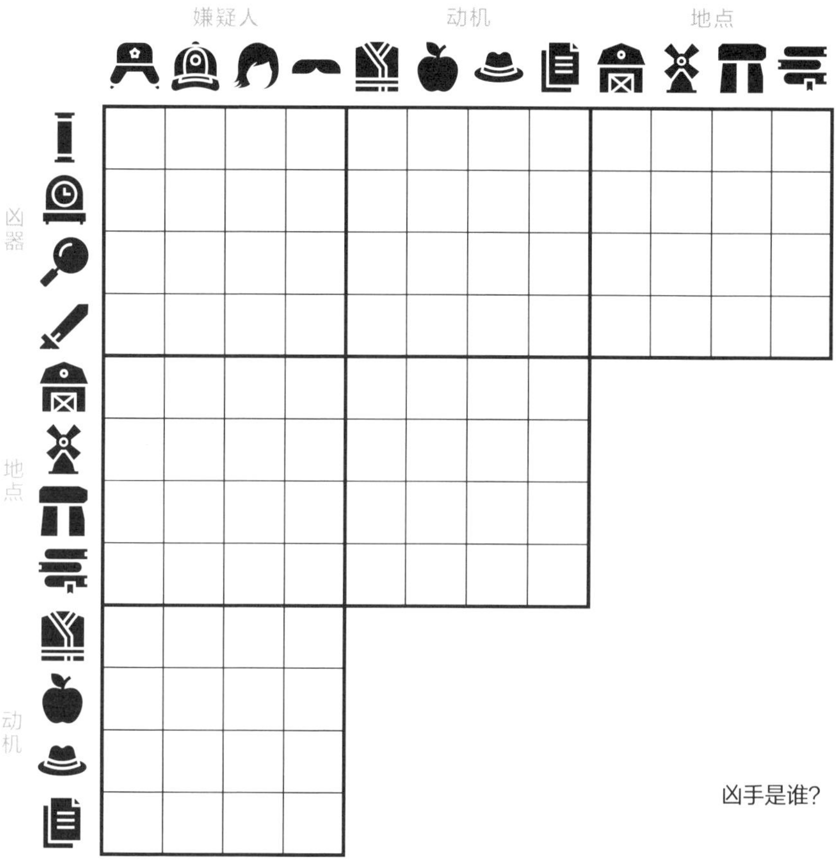

凶手是谁?

凶器是什么?

案发现场在哪里?

杀人动机是什么?

61. 噩梦岛

图威利 · 洛基克不愿面对菲利希英探长遇害的那座小岛，但他一闭上眼睛，曾经的一幕幕就会占据他的脑海。他必须回去。当他重返小岛后，又有一桩谋杀案等待着他去破解，而且一个神秘的人影再次四下出没。

嫌疑人：

夏朵先生

暗处的一抹剪影。他行动如风，与夜色融为一体。

[redacted] · 左撇子 · 绿眼睛 · [redacted] · 水瓶座

阿马兰特总统

货真价实的法国总统，喜欢和选民们打成一片，尤其是其中特定的百分之一人群。

5 英尺 10 英寸 · 右撇子 · 灰眼睛 · 红发 · 双子座

斯莱特船长

在现实生活中是一名宇航员。她是第一位环绕月球背面旅行的女性，也是第一位涉嫌谋杀飞船副驾驶员的女性。

5 英尺 5 英寸 · 左撇子 · 深棕色眼睛 · 深棕色头发 · 水瓶座

米德耐特三世

和父亲学习制作电影，和爷爷学习做生意，不过谋杀却是无师自通。

5 英尺 8 英寸 · 左撇子 · 深棕色眼睛 · 深棕色头发 · 天秤座

地点：

死亡森林 户外

仿佛能感受到这片枯树底下埋藏着古代遗迹。

沉没的游轮 户外

曾经光鲜亮丽的游轮如今只剩下一堆锈蚀的遗骸。

教堂遗迹 室内

屋顶塌陷，教堂已经废了。

悬崖边的灯塔 室内

人们将火光源换成了自动 LED 灯，成本低多了。

凶器：

一把斧头 中量级 · 由木材和金属制成

被遗留在小岛上。也许是出于某种正当理由吧。

一把扫帚 中量级 · 由木材和稻草制成

有人说女巫骑着这玩意儿飞翔，但是洛基克只用它来扫地。

一个水晶骷髅 中量级 · 由水晶制成

也许是古老的外星人的头骨，也许只是一件趣味艺术品。

一件“外星人”工艺品
重量级 · 由塑料制成

不知是真是假，不过肯定是用塑料做的。

动机：

敲定一笔交易	挽回颜面
盗墓	帮忙赢得一场战争

线索与证据：

- 想帮忙打胜仗的嫌疑人有一件塑料制凶器。
- 一名水瓶座嫌疑人被 LED 灯照亮了，真烦人。
- 斯莱特船长被目击到在死亡森林里喋喋不休。
- 米德耐特三世不想挽回颜面，他脸皮很厚。
- 在屋顶塌陷的建筑之下的嫌疑人是右撇子。
- 在生锈的船体旁发现了一把斧头。
- 想要盗墓的人有双灰眼睛。
- 一个水晶骷髅在户外的月光下闪闪发光。
- **尸体旁发现了一根稻草。**

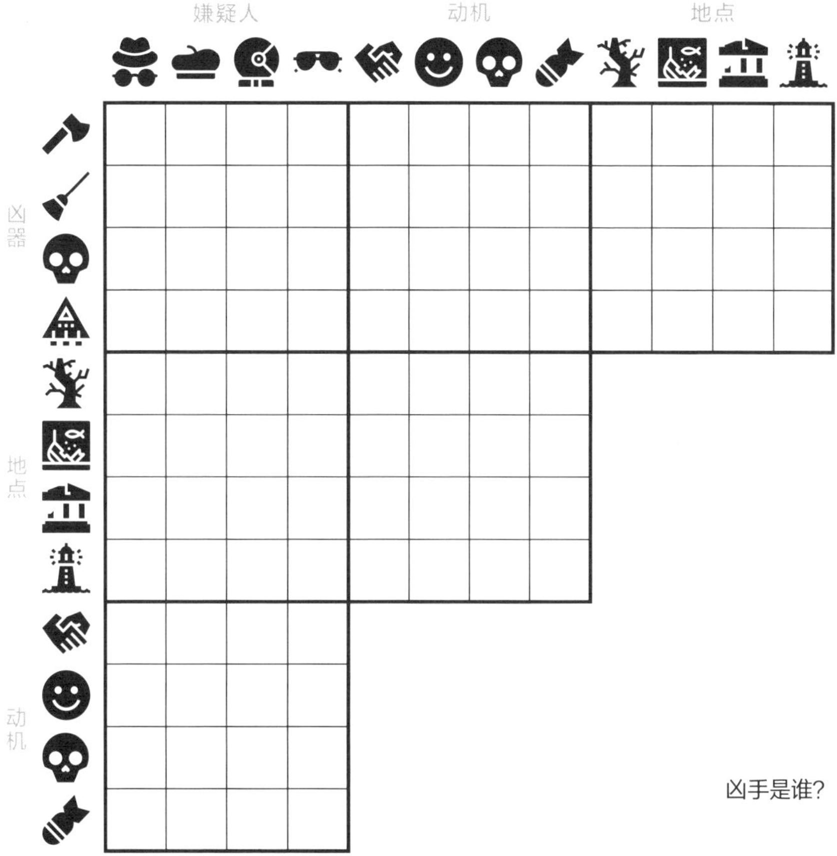

凶手是谁?

____

凶器是什么?

____

案发现场在哪里?

____

杀人动机是什么?

____

62. 重返故乡

图威利 · 洛基克曾想过放弃，回老家做一名保险理赔员。镇上确实有一个职位空缺：一名保险理赔员刚刚遇害。洛基克一边调查，一边考虑自己是否真的想从事这份工作。

嫌疑人：

霍尼前市长

是的，他在任时杀了人。而一旦辞职，一切都翻篇了。

6 英尺整 · 左撇子 · 淡褐色眼睛 · 浅棕色头发 · 天蝎座

科珀警官

女警本人作案最大的优势就是可以略过中间人调查自己，然后让自己脱罪。

5 英尺 5 英寸 · 右撇子 · 蓝眼睛 · 金发 · 白羊座

普通人
布鲁斯基先生

一个有着浓重的俄罗斯口音的超级平凡无奇的美国人。不用在意他。

6 英尺 2 英寸 · 左撇子 · 深棕色眼睛 · 黑发 · 白羊座

克里姆森医生

她自称没见过比自己更聪明的医生，她可能说得没错。但身为一名谋杀犯，再聪明也无法在别处谋一份差事。

5 英尺 9 英寸 · 左撇子 · 绿眼睛 · 红发 · 水瓶座

地点：

二手车交易市场 户外

销售员表示，按现在的状态，这些车不会爆炸。

破败的商场 室内

喷泉没水了。只有两家店在营业：一家是发薪日贷款公司，另一家是收购黄金的。

历史悠久的工厂 室内

以前是制造各种小机械零件的，但现在所有机械零件都被应用程序取代了。

二手店 室内

所有的商品都像是三手的，连店里飞的蛾子都是。

凶器：

一把餐叉 轻量级 · 由金属制成

您仔细琢磨琢磨，这玩意儿其实比刀可怕得多。

一个古董船锚 重量级 · 由金属制成

锚身上覆盖着青苔，链条也生锈了。看着很炫酷。

一根铝管 重量级 · 由金属制成

铝比铅安全，可要是对着您的脑袋来一下就不一定了。

一块普通的砖 中量级 · 由黏土制成

就是块平平无奇的砖头。一块砖而已，没什么花头。

动机：

谋财	保守一个秘密
以牙还牙	酒后闹事

线索与证据：

- 普通人布鲁斯基先生想要保守一个秘密，他的秘密会是什么呢？
- 破败商场里的嫌疑人是“地下权力”的成员。
- 一块普通砖头的主人是右撇子。（这块砖头是右撇子专用的。）
- 餐叉在天蝎座嫌疑人手里。天蝎座的人喜欢收集餐叉。
- 水瓶座嫌疑人在车边上，毕竟有人保证这些车不会爆炸。
- 这块砖显然是老工厂的一部分。
- “地下权力”的成员不允许接触铝。
- 拿着古董船锚的人想以牙还牙。
- 酒后可能杀人的是右撇子。
- **保险理赔员的尸体上全是蛾子。**

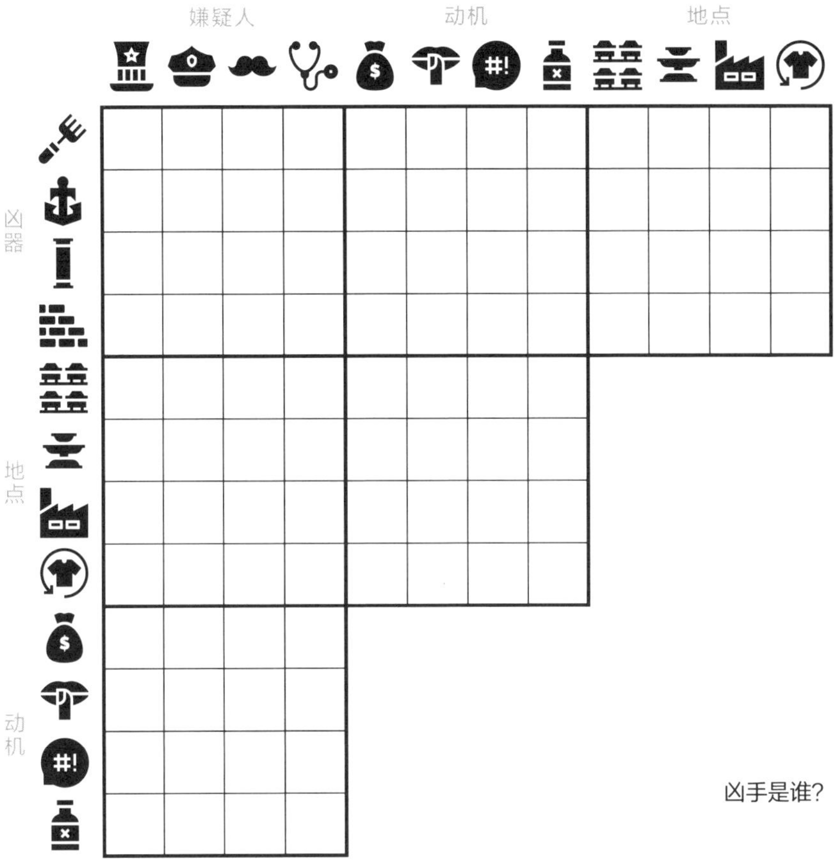

凶手是谁?

____

凶器是什么?

____

案发现场在哪里?

____

杀人动机是什么?

____

63. 雪堆里的尸体

图威利 · 洛基克收到一封从修道院寄来的信：布朗斯通修道士想和他谈一件非常重要的事。但当他赶到修道院时，布朗斯通修道士已遭人杀害！

嫌疑人：

曼戈神父

曼戈神父本可以在教堂里再做很多年牧师。教堂只有一条戒律：行凶时别被逮住。现在，他只能被囚禁在这座修道院里了。

5 英尺 10 英寸 · 左撇子 · 深棕色眼睛 · 光头 · 金牛座

维尔迪格里斯执事

教堂执事。她负责处理教区居民的捐款，有时也会倾听他们的秘密。

5 英尺 3 英寸 · 左撇子 · 蓝眼睛 · 灰发 · 狮子座

拉皮斯修女

她是一名周游世界的修女，用上帝的钱为上帝服务。她热衷于消费，修道服是羊绒的。

5 英尺 2 英寸 · 右撇子 · 浅棕色眼睛 · 浅棕色头发 · 巨蟹座

布朗斯通修道士

布朗斯通修道士的兄弟。并非教堂里的兄弟，而是血缘上的兄弟。

5 英尺 4 英寸 · 左撇子 · 深棕色眼睛 · 深棕色头发 · 摩羯座

地点：

庭院 户外

现在院子里有个雪堆，但通常情况下这里很整洁。

禁止出入的图书馆 室内

此地用来存放禁止修道士阅读的书籍。

小教堂 室内

在这里，修道士的祈祷很虔诚，但歌喉却令人不敢恭维。

悬崖 户外

为什么人们总喜欢在悬崖边上盖楼呢？而且为什么下面总是有凹凸不平的岩石？

凶器：

一串祈祷念珠 轻量级 · 由象牙制成

象牙制作的祈祷念珠，上面雕刻着一些微小的符号。

一支祈祷者蜡烛 中量级 · 由蜡制成

如果您对着它祈祷某人死去，那么您的愿望将会成真。

一瓶神之红酒
中量级 · 由玻璃和酒精制成

一种充分展现虔敬的方式就是豪饮这种神圣的红酒。

一瓶圣油 轻量级 · 由油脂和毒素制成

不是那种按摩精油，而是石油。不过仍然是神圣的。

动机：

为父亲报仇	证明自己是个狠角色
毫无理智地杀人	出于宗教原因

线索与证据：

- 毫无理智杀人的嫌疑人是右撇子。
- 拿着一瓶圣油的人想为父报仇。那瓶圣油是她父亲的遗产。
- 金牛座的人爱喝神之红酒。也许喝太多了吧。
- 祈祷念珠不允许带到户外，没人违反这个规定。
- 维尔迪格里斯执事被发现在户外溜达。
- 出于宗教原因杀人的嫌疑人带了一件刻有微小符号的凶器。
- 悬崖上的嫌疑人有一双浅棕色的眼睛。
- 个子第二高的嫌疑人正听着跑调的歌声。
- **尸体是在雪堆中被发现的。**

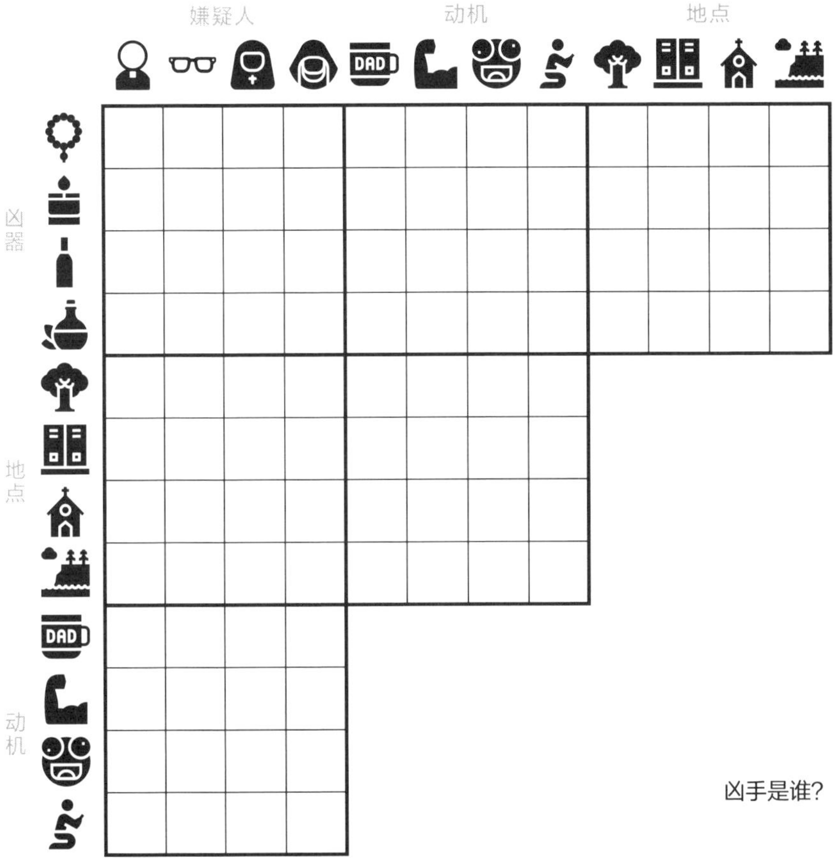

凶手是谁?

凶器是什么?

案发现场在哪里?

杀人动机是什么?

64. 推理学院杀人事件

如果洛基克追寻的真相来自过去，那他就必须去翻阅典籍了。于是，他来到了自己的母校——推理学院，打算做一些研究。但有人试图阻止他——图书管理员被杀了。不过，本案也可能与洛基克回到母校无关。

嫌疑人：

格劳库斯系主任（Glaucous）

推理学院某系系主任。他的工作是什么呢？好吧，职责之一是管钱……

5 英尺 6 英寸 · 右撇子 · 浅棕色眼睛 · 浅棕色头发 · 处女座

夏朵先生（Shadow）

暗处的一抹剪影。他行动如风，与夜色融为一体。

[redacted] · 左撇子 · [redacted] · [redacted] · 水瓶座

托斯卡纳校长（Tuscany）

作为推理学院校长，她推断出了幸存者法则：为了免遭竞争对手的毒手，要先下手为强。

5 英尺 5 英寸 · 左撇子 · 绿眼睛 · 灰发 · 天秤座

萨芙伦小姐（Saffron）

美丽迷人，不过脑子可能不太好使。这也许是她故意立的人设。或者，她就是想让您觉得她是故意为之。

5 英尺 2 英寸 · 左撇子 · 淡褐色眼睛 · 金发 · 天秤座

地点：

书店 室内

校园里最赚钱之处。教材上贴着“3 本套装售价 750 美元”的促销标签。

旧主楼 室内

校园里的第一幢建筑，最重要，却维护得最差。墙上的油漆都剥落了！

运动场 户外

球场上的假草皮绝对是用钱能买到的最高质量的假草皮。

植物园 户外

位于校园中央的一个植物园。种植了橡树、松树等，可谓应有尽有！

凶器：

一个水晶骷髅 中量级 · 由水晶制成

也许是古老的外星人的头骨，也许只是一个恶作剧。

一根毕业绶带 轻量级 · 由布料制成

被这种东西勒死是一种荣誉。

一支锋利的铅笔
轻量级 · 由木材和金属制成

当时，铅笔笔芯是用真正的铅制造而成的。被捅一下您就会死于铅中毒。

一个沉甸甸的背包
重量级 · 由布料和书籍制成

终于，那些逻辑学教材有了用武之地（用来打人）。

动机：

证明某个观点	阻止洛基克
顾全大局	转移视线

线索与证据：

- 想转移视线的人就在运动场里。
- 夏朵先生犯不着为了大局而杀人。
- 处女座嫌疑人在欣赏一棵漂亮的松树。
- 古代遗迹上刻的迷宫里，书店内嫌疑人姓氏的第二个字母所在的小密室可通往 1 号大密室。（参见三号物证。）*
- 洛基克在旧主楼发现了一块水晶碎片。
- 想证明某个观点的人是右撇子。
- 有人在户外地面上看到一根毕业绶带。
- 有人看到萨芙伦小姐拿着一支锋利的铅笔——也许她就是很聪明！
- **在图书管理员的尸体旁，发现了一个沉甸甸的背包。**

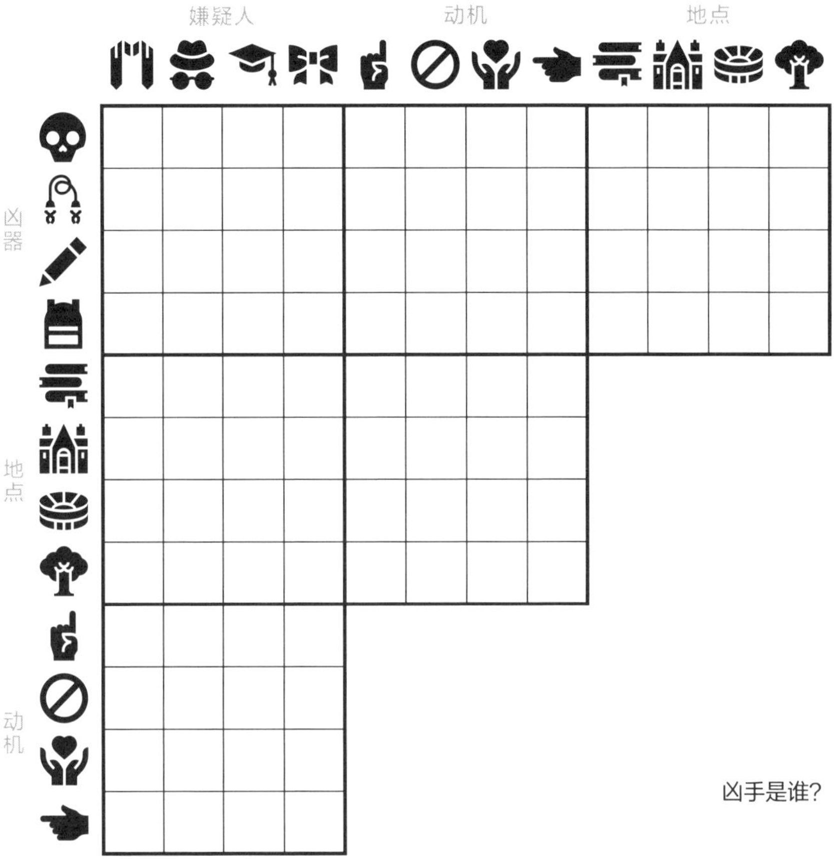

凶手是谁？

____

凶器是什么？

____

案发现场在哪里？

____

杀人动机是什么？

____

65. 旧主楼的旧时光

托斯卡纳校长带着图威利 · 洛基克来到旧主楼的档案室。不巧的是，当他到达时，发现助理图书管理员也遇害了。也许这回凶手是冲着他来的。无论如何，洛基克都必须先查清案子，然后才能继续他的研究。

嫌疑人：

格劳库斯系主任

推理学院某系系主任。他的工作是什么呢？好吧，职责之一是管钱……

5 英尺 6 英寸 · 右撇子 · 浅棕色眼睛 · 浅棕色头发 · 处女座

哲学家博恩

一位皮肤黝黑、风度翩翩的哲学家，开创了一种道德理论：他无须为自己的行为负责，而且有权利得到相应的报酬。

5 英尺 1 英寸 · 右撇子 · 浅棕色眼睛 · 光头 · 金牛座

艾沃丽编辑

有史以来最伟大的爱情小说编辑。她开创了“由恨生爱”这一流派，也是第一个把裸男照片放在图书封面上的人。

5 英尺 6 英寸 · 左撇子 · 浅棕色眼睛 · 灰发 · 天蝎座

隐栖动物学家克劳德

他知道每一起大脚怪、雪人和大脚野人的目击事件，也知道它们之间的区别。

5 英尺 7 英寸 · 右撇子 · 灰眼睛 · 白发 · 天蝎座

地点：

校长办公室 室内

在校长的书桌后挂着一幅托斯卡纳校长的画像。

屋顶 户外

可以俯瞰整个校园，甚至能看到植物园！

教师休息室 室内

这里有很多苹果。超级超级多。

前门阶梯 户外

这些石阶象征了人类对知识（或其他某些目标）的无尽攀登。

凶器：

一尊大理石半身像
重量级 · 由大理石制成

这是一位知名学者的半身像，但别去搜他的信息，您不会喜欢查到的结果的。

一台老旧电脑
重量级 · 由塑料和科技制成

由一台显示器、一个巨大的机箱、一个分量十足的键盘（按键咔嗒作响）、一个滚轮鼠标构成，简直就是一件古董！

一台笔记本电脑
中量级 · 由金属和科技制成

要用它来工作，却也因它连接的各种内容而分心。

一本厚书 重量级 · 由纸制成

一本关于立石的参考书。

动机：

出于政治目的	能杀则杀
进行一次科学实验	让一位女士印象深刻

线索与证据：

- 屋顶上没有发现纸做的凶器。
- 熟知大脚怪的嫌疑人想给一位女士留下深刻的印象。
- 哲学家博恩是“远古亡灵之路”的成员。
- 大理石半身像的主人愿意出于政治目的杀人。
- 屋顶上的嫌疑人头发是灰色的。
- 在部分由金属制成的凶器上发现了右手的指纹。
- 在户外发现了一本参考书。
- “远古亡灵之路”的成员从不会进行科学实验。
- 一名学生递给洛基克一张潦草写下的纸条：处女，旧脑。*
- 能杀则杀的嫌疑人在教师休息室里。
- **助理图书管理员的尸体是在一幅校长的画像下面被发现的。**

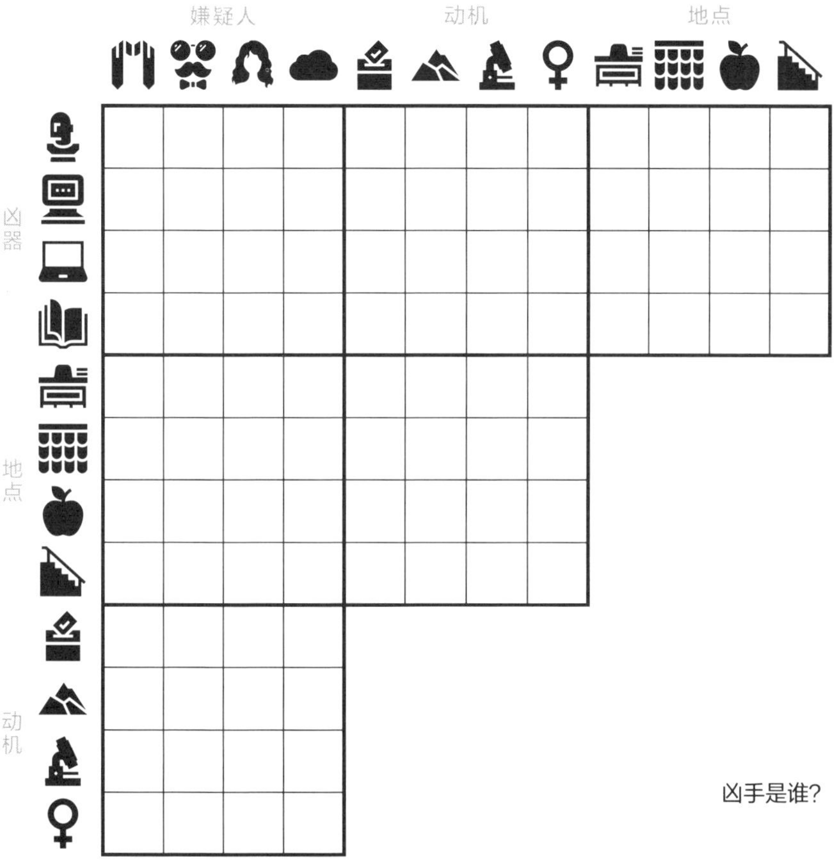

凶手是谁?

____

凶器是什么?

____

案发现场在哪里?

____

杀人动机是什么?

____

66. 革命万岁! 🔍🔍🔍

洛基克在研究档案时发现，在无数次法国革命中，古代遗迹似乎总在重大事件中扮演微不足道的角色：革命期间的一起谋杀案，就像熊熊烈火中的一点火星。一位王室中的小人物遇害了。

嫌疑人：

阿马兰特总统
（Amaranth）

传说中的阿马兰特总统，现任总统与他同名。他喜欢和选民们打成一片，尤其是其中特定的某个阶层的人士。

5 英尺 10 英寸 · 右撇子 · 灰眼睛 · 红发 · 双子座

海军上将马林
（Marine）

爷孙三代都是海军上将。

5 英尺 9 英寸 · 右撇子 · 蓝眼睛 · 浅棕色头发 · 巨蟹座

艾明斯子爵
（Eminence）

这不可能。但历史教材似乎显示此人并非艾明斯子爵的后代，而是他本人。

5 英尺 2 英寸 · 左撇子 · 灰眼睛 · 深棕色头发 · 双鱼座

尚帕涅同志
（Champagne）

注意了，不是之前那位同志，甚至不是他的祖先，只是另一位也喜欢喝气泡酒的同志。

5 英尺 11 英寸 · 左撇子 · 淡褐色眼睛 · 金发 · 摩羯座

地点：

古代遗迹 户外

遗迹上的文字以无人能理解的方式讲述着这些石头的往事，仿佛在掩盖什么秘密。

路障 户外

这种游击防御工事可以成为一部音乐剧的素材。

巴士底狱 室内

在法国历史上的任何时刻，人们不是在攻打这座堡垒，就是在保卫它。

塞纳河 户外

当时，这是一条严重污染的河流。禁止饮用、游泳、触摸乃至观赏。

凶器：

一卷政治论文 中量级 · 由纸制成

没见过如此密集输出、美化暴力的行话。因此，它适合用来杀人。

一个投票箱 重量级 · 由木材和纸制成

选票会产生影响，尤其会影响这个箱子的重量。

一支火炬 中量级 · 由木材和火制成

火炬可以代表自由，也可以代表暴政，这取决于是谁握住了它。

一根神圣权杖
重量级 · 由玻璃和毒素制成

一根古老的神圣权杖，受所有法国国民的崇敬。上面缺了一颗宝石。

动机：

阻止革命	成为国王
顾全大局	支持革命

线索与证据：

- 一支火炬照亮了伟大堡垒的大厅。
- 想要阻止革命的人正在古代遗迹中图谋不轨。
- 海军上将马林是“黑葡萄酒饮者”的成员。
- 古代遗迹上刻的迷宫里，L 小密室与为了支持革命而杀人的嫌疑人姓氏首字母所在的小密室相通。（参见三号物证。）*
- 在路障旁边发现了一个装满选票的箱子：民主运作中！
- 尚帕涅同志是平民，他不想当国王。
- 手持火炬的人不想为了支持革命而杀人。
- 有人看到个子第二高的嫌疑人在一条有毒的河边闲逛。
- “黑葡萄酒饮者”的成员必须随身携带一卷政治论文。
- **在受害者身边发现了一颗宝石。**

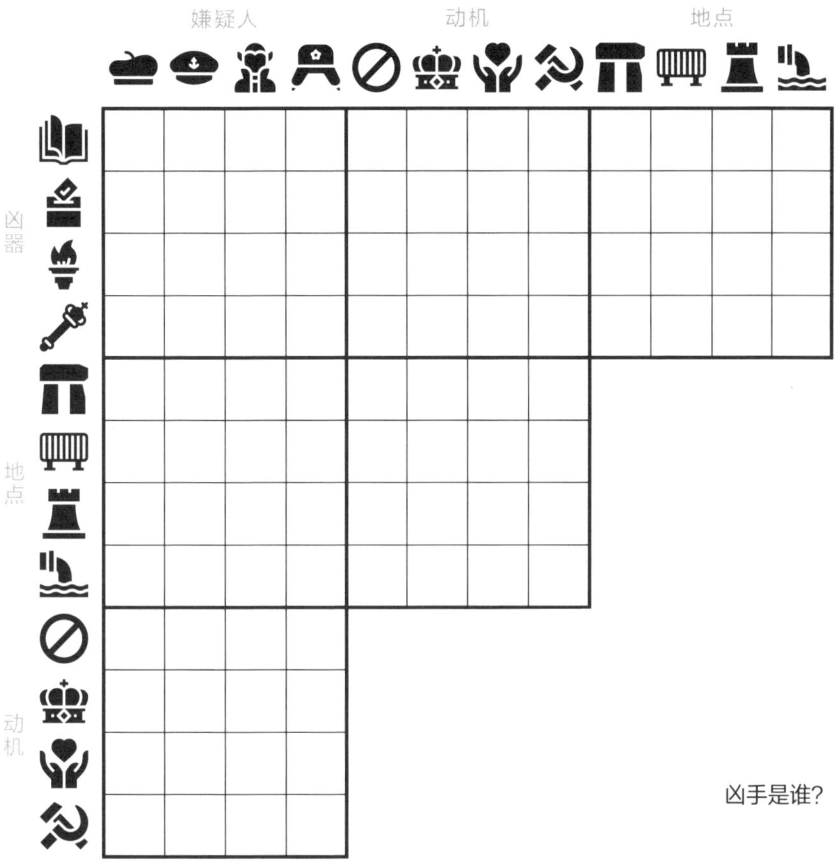

凶手是谁?

____

凶器是什么?

____

案发现场在哪里?

____

杀人动机是什么?

____

67. 亚瑟王与小丑谋杀案

图威利 · 洛基克更加深入地研究过去的事，研究非常久远的历史，找到了一段不那么广为人知的亚瑟王传说。据说，一场长达数十年的战争是由一个宫廷小丑遇害引发的，但洛基克觉得其中另有蹊跷。

嫌疑人：

拉文德议员

宫廷中坚定不移的极端保皇派，也是《城堡幽灵》和《星光马车》等音乐剧名曲的作曲家。

5 英尺 9 英寸 · 右撇子 · 绿眼睛 · 灰发 · 处女座

维奥莱特女士

维奥莱特群岛的发现者，因此该岛以她命名。

5 英尺 整 · 右撇子 · 蓝眼睛 · 金发 · 处女座

弗米利恩公爵

现任弗米利恩公爵 73 岁高龄的祖父。

5 英尺 9 英寸 · 左撇子 · 灰眼睛 · 白发 · 双鱼座

鲁莱恩爵士

假冒的鲁莱恩爵士可能就是盗用了他的名字。

5 英尺 8 英寸 · 右撇子 · 蓝眼睛 · 红发 · 狮子座

地点：

阿瓦隆 * 户外

这是一座有魔力的神秘岛屿，大多数传说中的岛屿似乎都是如此。

古代遗迹 户外

早在亚瑟王时期，这些石头便已经屹立不倒。

卡美洛 户外

亚瑟王的宫殿，宫殿里的不平等现象不比现在少。

魔法湖 户外

一位女士住在湖中，总向路过的行人扔剑。那时活着真的很危险。

凶器：

一瓶红酒 中量级 · 由玻璃和酒精制成

小心酒渍，因为红色是洗不掉的。

一个古董头盔 重量级 · 由金属制成

锈迹斑斑，看着怪吓人的。

埃库斯卡利布尔 **
重量级 · 由金属制成

传说中的古剑。不是从湖里扔出来的，就是从石头里拔出来的——无法确定。

一个圣杯 中量级 · 由金属制成

说是圣杯，但可能只是一个普通金杯。甭管是哪个，都价值不菲。

动机：

认为理应如此	偷窃尸体
出于宗教原因	挑战自我

线索与证据：

- 有人看到拉文德议员与一名女子在水下痛饮。
- 古董头盔的主人并不想为了挑战自我而大开杀戒。
- 拥有圣杯的人出于宗教原因而想要杀人。
- 有条线索里的字都是乱码：弓丿丨丷木禾 刂口大心合手十口佥 刂。***
- 有人在古代遗迹中看到了第二矮的嫌疑人。
- 拿着一瓶红酒的人喝多了，想偷窃尸体。
- 拉文德议员没想过偷窃尸体。他不屑于这样做！
- 认为杀人理所应当的嫌疑人理应出现在阿瓦隆。
- **尸体是在卡美洛被发现的。**

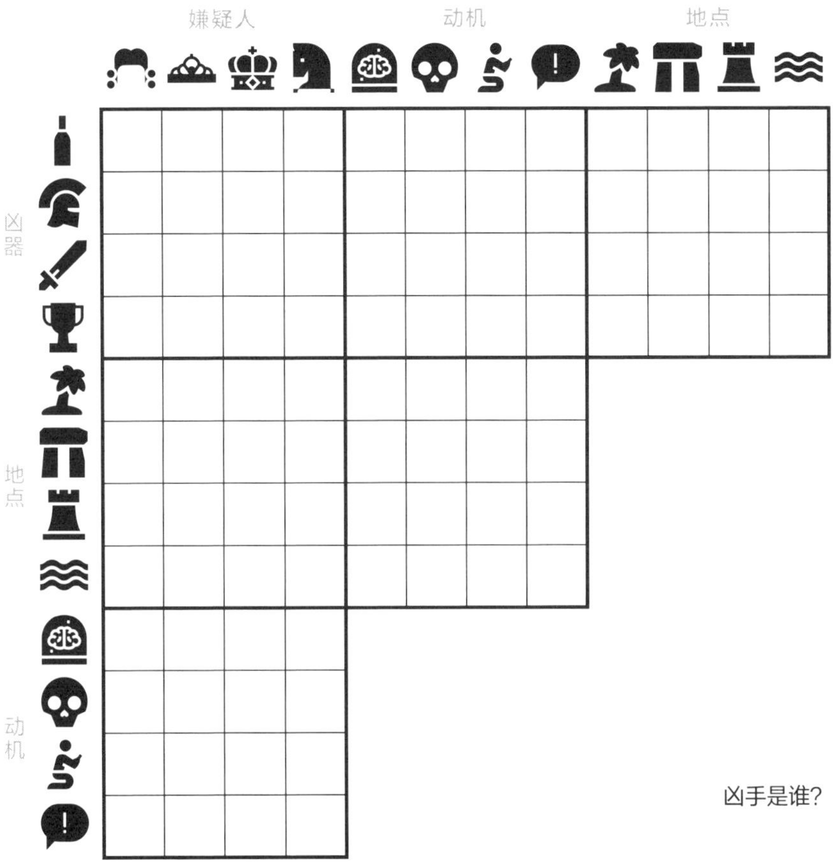

凶手是谁？

凶器是什么？

案发现场在哪里？

杀人动机是什么？

68. 休斯敦，我们发现一具尸体

重新排列刻在古代遗迹上的迷宫字母（参见三号物证），洛基克发现它们可以拼成 LUNAR ONE I（月宫一号，一代）。他黑进了一个政府数据库，其数据指向一个最近建成的月球基地。他从中得知了两件令人难以置信的事：他们在月球上发现了古代遗迹，并掩盖了一起发生在月球上的谋杀案。

嫌疑人：

拉斯伯里教练

无论您住密西西比河东边还是西边，他都是您这一边最好的教练之一。

6 英尺整 · 左撇子 · 蓝眼睛 · 金发 · 白羊座

斯莱特船长

在现实生活中是一名宇航员。她是第一位环绕月球背面旅行的女性，也是第一位涉嫌谋杀飞船副驾驶员的女性。

5 英尺 5 英寸 · 左撇子 · 深棕色眼睛 · 深棕色头发 · 水瓶座

宇航员布鲁斯基

前苏联宇航员，流淌的血液是红色的。这当然很正常，但对他来说这是爱国的象征。

6 英尺 2 英寸 · 左撇子 · 深棕色眼睛 · 黑发 · 白羊座

咖啡将军

一位意式浓缩咖啡鉴赏家。若不是因为咖啡，他也不会成为一名战争犯。

6 英尺整 · 右撇子 · 深棕色眼睛 · 光头 · 射手座

地点：

古代遗迹 户外

在太空里，遗迹保存完好。但它们是怎样建造起来的？又是出于什么目的建造的它们？

月球探测车 户外

这辆越野车很适合兜风，也许还能遇到月球上的兄弟姐妹。

月球基地 室内

远离母星的另一个家。享受失重状态下超强的运动能力吧。

登月着陆器 户外

这个“坏小子”可以利用太空喷射器返回轨道航天器。

凶器：

一个氧气罐 重量级 · 由金属和空气制成

可以辅助呼吸，或让某人停止呼吸。

一块大型电池
重量级 · 由金属和科技制成

可以用来给您的太空装备供电，电压高达一万伏特，故而也可用于杀人！

一个人类头骨 中量级 · 由骨头制成

“唉，可怜的郁利克！我认识他。如今，我向别人挥舞着他的头骨。”*

一块月球上的岩石 中量级 · 由岩石制成

当您找不到其他凶器时，附近总能出现一块岩石。

动机：

复仇	进行一次科学实验
出于政治目的	因为在太空中丧失了理智

线索与证据：

- 根据政府记录，“携带氧气瓶的人会在太空中因丧失理智而杀人”是真事。
- 有位白羊座嫌疑人携带了月球上的岩石。
- 射手座嫌疑人拥有一块大型电池。
- 与咖啡将军一样高的嫌疑人和氧气罐的主人在太空营里与同一群朋友厮混在一起。
- 被关在月球基地让某人产生了复仇之心。
- 在户外发现了人类头颅的残骸。
- 将杀人当作科学实验的人正在驾驶月球探测车。
- 有一条保密的、杂乱无章的记录：航宇员将一位伟大的头骨英雄带到月了球的地基。**
- 参观古代遗迹的人是右撇子。
- **谋杀发生在一个太空喷射器旁。**

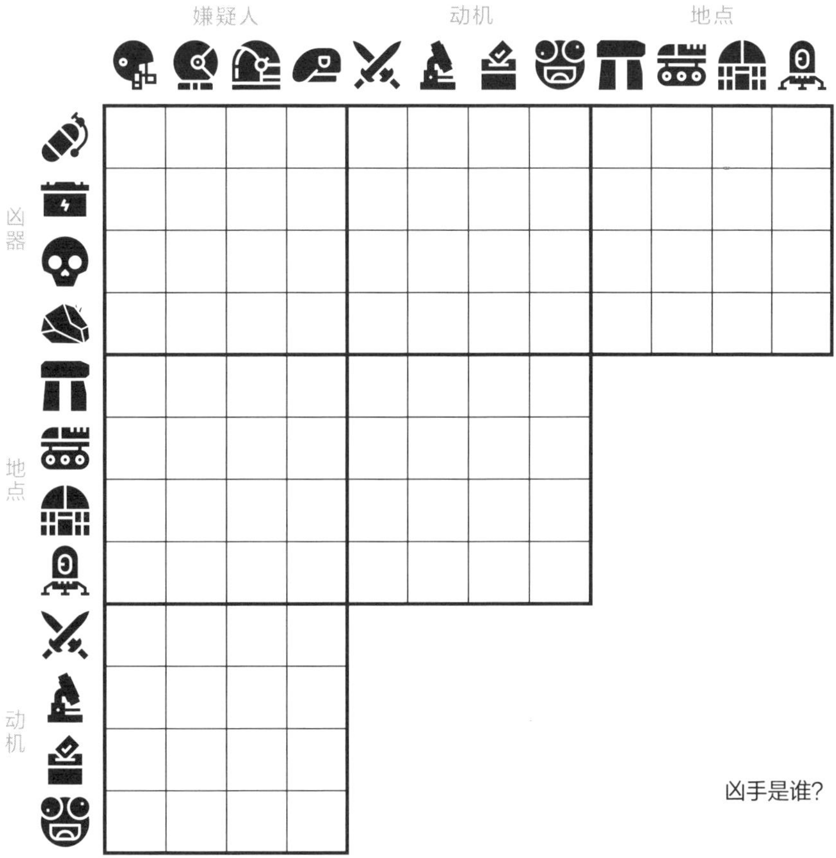

凶手是谁?

____

凶器是什么?

____

案发现场在哪里?

____

杀人动机是什么?

____

69. 魔法之谜杀人事件

图威利 · 洛基克意识到，“奥瑞林”这个名字正好能用古代遗迹上的字母拼出来。这绝非巧合。于是，他买票去魔术宫殿找她对质。但当他到达时，售票员已经遇害了。是奥瑞林干的吗？还是那晚的魔术宫殿里有两个凶手？

嫌疑人：

夏朵先生
（Shadow）

暗处的一抹剪影。他行动如风，与夜色融为一体。

[redacted] · 左撇子 · [redacted] · [redacted] · 水瓶座

高级炼金术士雷文
（Raven）

有个老掉牙的笑话戏称，所有炼金术士都是高级炼金术士。雷文讨厌这个笑话。

5 英尺 8 英寸 · 右撇子 · 浅棕色眼睛 · 深棕色头发 · 双鱼座

神奇的奥瑞林
（Aureolin）

不久前刚刚越狱，因为她是一名逃脱大师。

5 英尺 6 英寸 · 左撇子 · 绿眼睛 · 金发 · 白羊座

超级粉丝史莫基
（Smoky）

他知道米德耐特电影制片厂的每部侦探片是在哪里取景的，却不知道该如何交朋友。

5 英尺 10 英寸 · 左撇子 · 黑眼睛 · 深棕色头发 · 处女座

地点：

钢琴房 室内

这个神秘的房间里放着一台自动演奏的钢琴！弹琴者究竟是鬼魂，还是一位不在演职员表中的低薪临时工？

近景魔术桌 室内

在这里，您可以观看纸牌和硬币魔术……要是您够聪明的话，盯紧您的钱包！

主舞台 室内

仅供技术最牛或最有人缘的魔术师表演经典魔术，比如牛奶逃脱术（牛奶会被搞得到处都是）。

停车场 户外

仅允许侍应生协助您停车，收费不菲。

凶器：

一张黑桃 A 纸牌 轻量级 · 由纸制成

投掷力量够大的话，足以割断咽喉。更糟的是，它还可以用来玩纸牌魔术。

一把锯子 中量级 · 由金属和木材制成

能将一个女人一分为二，或者说白了，也能将男人一分为二。

一只受训的坏兔子 中量级 · 由兔子制成

戴帽子之前先检查一下，里面可能有一只毛茸茸的白色小坏蛋。

一瓶廉价酒
轻量级 · 由玻璃和化学品制成

经过变性处理，致命，甲醇味几乎难以察觉。

动机：

剽窃灵感	保守一个魔术表演的秘密
因为密码被破解了	出于鬼使神差

线索与证据：

- 因为鬼魂唆使而行凶的嫌疑人是右撇子。
- 洛基克发现一张收据，上面有一个巨额数字和一条简短的信息：毛茸茸，处女座。*
- 古代遗迹上刻的迷宫里，一个不想剽窃灵感的嫌疑人姓氏的首字母所在的小密室与 2 号大密室相通。（参见三号物证。）**
- 钢琴房里的嫌疑人有一件轻量级凶器。
- 有件中量级凶器是高级炼金术士雷文的。
- 想要保守魔术表演秘密的嫌疑人有一件纸做的凶器。
- 神奇的奥瑞林站在一摊牛奶当中。
- 因密码被破解而杀人的嫌疑人就在近景魔术桌旁。
- **售票员被锯成了两半。**

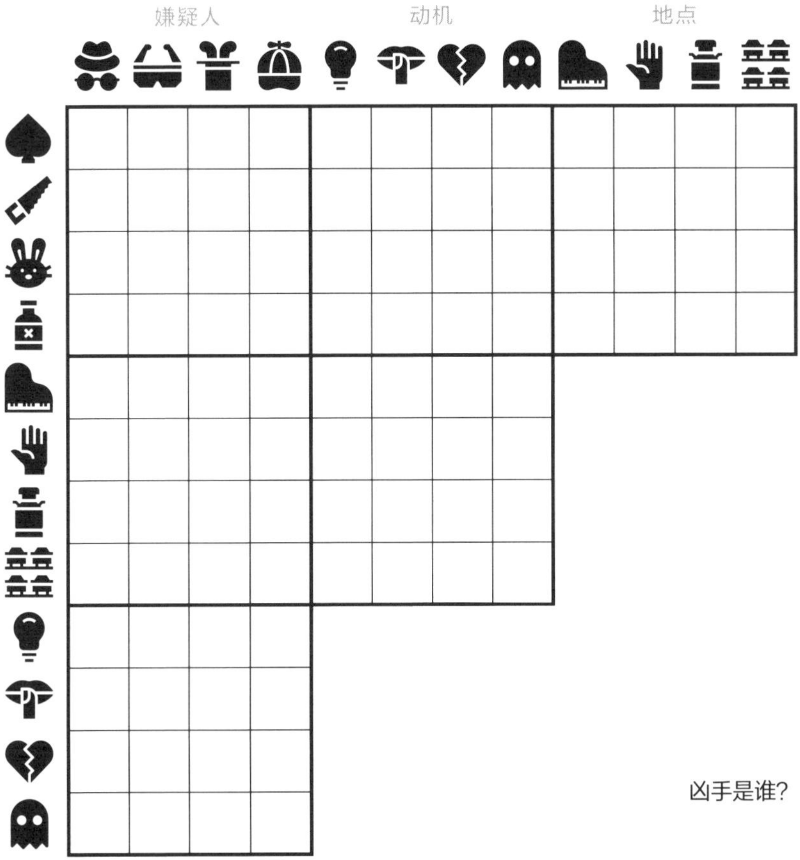

凶手是谁?

凶器是什么?

案发现场在哪里?

杀人动机是什么?

70. 暗巷杀人事件 🔍🔍🔍

图威利 · 洛基克跌跌撞撞地走出魔术宫殿，没找到任何有助于理解古代遗迹以及为菲利希英报仇的线索，却发现自己来到了一条比上次的“小巷杀人事件”中的小巷更幽暗的小巷。巷子里，地上又躺着一具尸体。（您还会感到惊讶吗？）

嫌疑人：

娃娃脸布卢

这绝对是个成年男子，而不是两个共穿一件风衣的小孩。他可以做成年人做的事，比如看限制级电影、买啤酒喝、夜不归宿。

7 英尺 8 英寸 · 右撇子 · 蓝眼睛 · 金发

布莱克斯通律师

在律师最重要的技能上堪称天才：收律师费。

6 英尺整 · 右撇子 · 黑眼睛 · 黑发 · 天蝎座

夏朵先生

暗处的一抹剪影。他行动如风，与夜色融为一体。

[redacted] · 左撇子 · [redacted] · 深棕色头发 · [redacted]

传奇演员西尔维顿

黄金时代的著名演员，如今已步入晚年。

6 英尺 4 英寸 · 右撇子 · 蓝眼睛 · 银发 · 狮子座

地点：

金属栅栏 户外

典型的铁丝网栅栏，没什么花样。

被焚毁车辆的外壳 户外

看起来像是有人先把一辆车砸烂，然后把车点着了。

大垃圾箱 户外

不太好闻。真的不好闻。

令人分心的涂鸦 户外

墙上龙骑摩托车的涂鸦已经被不祥的遗迹图案所覆盖。

凶器：

一把短弯刀 中量级 · 由金属制成

理论上，这是一把弯曲的剑，但叫短弯刀听起来更酷。

一把铲子 中量级 · 由金属和木材制成

用铲子杀人的好处是作案后还可以用它来挖坑埋尸。

一条红鲱鱼 中量级 · 由鱼制成

要是您抓住鱼尾巴，准能感受到不小的劲儿。

一小瓶毒药 轻量级 · 由玻璃和毒素制成

典型的小瓶装毒药。别低估经典凶器的威力。

动机：

剽窃灵感	出于嗜血的欲望
给对方一个教训	灭一个证人的口

线索与证据：

- 拿着红鲱鱼的嫌疑人有一头黑发。
- 想要剽窃灵感的嫌疑人拥有一件至少部分由金属制成的凶器。
- 一个娱乐小报的记者给洛基克留了一张字条，上面写着：有人亲眼看见，一名黄金时代的著名演员出现在一辆奇怪的车辆旁，而不知为何，那辆车已被焚毁。因此，他产生了嗜血杀人的冲动。*
- 娃娃脸布卢被一把短弯刀划伤，哭了起来。
- 传奇演员西尔维顿有一小瓶毒药。
- 想剽窃灵感的人并未靠近过令人分心的涂鸦。
- 在金属栅栏旁的人是右撇子。
- 夏朵先生不在令人分心的涂鸦旁边。
- 想让证人闭嘴的嫌疑人在大垃圾箱里。
- **尸体旁发现了一把染血的铲子。**

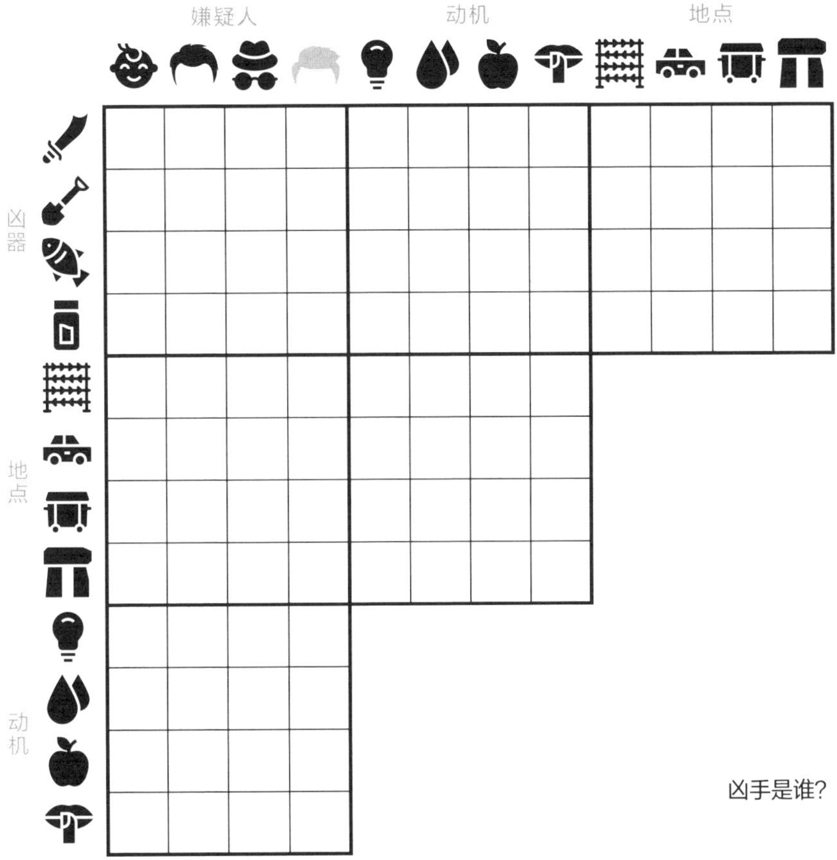

凶手是谁?

凶器是什么?

案发现场在哪里?

杀人动机是什么?

71. 新时代，新谋杀!

新伊吉斯是一个氛围轻松的嬉皮小镇，道路宽阔，店铺时髦，旅游产业方兴未艾。菲利希英一定会喜欢这里，所以洛基克也有点爱屋及乌。不过，他并不完全信任小镇宣称的“保证能够获得经科学检验的精神超脱体验”。举个例子，副市长被谋杀了，用这一套说辞该怎么解释?

嫌疑人:

米德耐特叔叔

父亲去世后，他买了一座带泳池的沙漠豪宅，然后退休了。那年他 17 岁。

5 英尺 8 英寸 · 左撇子 · 蓝眼睛 · 深棕色头发 · 射手座

图书奖得主
甘斯伯勒

他会在见到您的两分钟之内告诉您，他的小说获得了布金顿奖。获奖图书长达 6000 页，讲了一个关于泥土的故事。

6 英尺整 · 左撇子 · 淡褐色眼睛 · 浅棕色头发 · 双子座

霍尼市长

第三位同名的市长。他不是多重杀人犯。

6 英尺整 · 左撇子 · 淡褐色眼睛 · 浅棕色头发 · 天蝎座

水晶女神

她的信众视她为神灵，并向她供奉钱财。

5 英尺 9 英寸 · 左撇子 · 蓝眼睛 · 白发 · 狮子座

地点：

恶趣味餐馆 室内

一家古老的外星人主题的餐馆，主菜的煎蛋看上去就像不明飞行物。

小镇广场 户外

这里有一口井，是当地人用占卜棒发现的。（井里已经没水了。）

水晶商店 室内

这里只出售最精致昂贵的水晶，保证能给您带来好运。

飞碟坠毁现场 户外

小镇的挣钱工具，一个可与埃菲尔铁塔相媲美的旅游景点。（至少宣传手册上是这么写的。）

凶器：

一根月亮石法杖 中量级 · 由水晶制成

可用于施法，也可以用来击打颅骨。

一根占卜棒 中量级 · 由木材制成

可以用来勘探水源、石油和容易上当的傻瓜。

一把弯曲的勺子 轻量级 · 由金属制成

勺子变形究竟是意念的神奇力量所致，还是趁人不备时手折的呢？

一支祈祷者蜡烛 中量级 · 由蜡制成

如果您对着它祈祷某人死去，那么您的愿望将会成真。

动机：

嗑药嗑嗨了	出于嫉妒
保守一个秘密	进行一次科学实验

线索与证据：

- 拿着祈祷者蜡烛的人可能会在嗑药后杀人。
- 狮子座嫌疑人拿着弯曲的勺子。（典型的狮子座作风。）
- 射手座嫌疑人拿着祈祷者蜡烛。（当然会是这样。）
- 要么霍尼市长在飞碟坠毁现场，要么图书奖得主甘斯伯勒在一家恶趣味餐馆里。
- 可能因嫉妒而杀人的嫌疑人在室内。
- 想把杀人当作科学实验的嫌疑人出现在小镇广场上。
- 图书奖得主甘斯伯勒厌恶恶趣味，他绝不会踏进恶趣味餐馆半步，更别提在里面杀人了。
- 有人在某个喷绘涂鸦中使用“下一个拼音字母代码”写下：xtd khzmf rgh ez ygzmf yzh rgh mdh。*
- **副市长的尸体旁发现了一根沾血的占卜棒。**

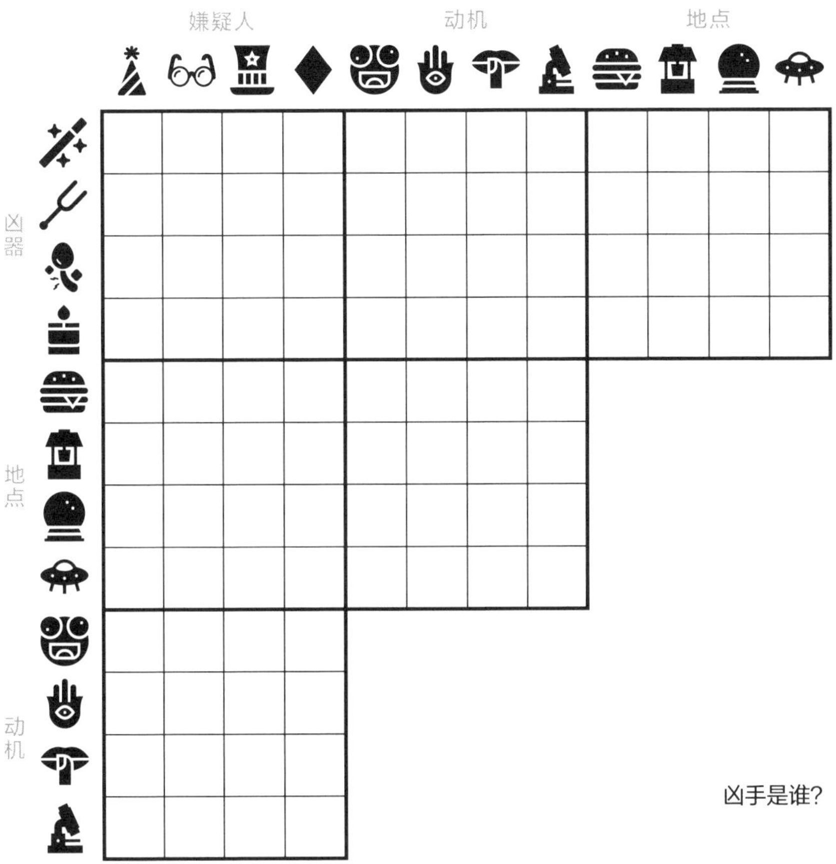

凶手是谁?

____

凶器是什么?

____

案发现场在哪里?

____

杀人动机是什么?

____

72. 棱镜还是囚禁？*

图威利 · 洛基克走进水晶商店，他的第一反应是给菲利希英探长买一份礼物。但他的心随即被悲伤占领，因为他意识到斯人已逝。他的第三个反应是那个卖水晶的店员死了。

嫌疑人：

至尊大师科巴尔特

他留着长长的白胡子，身穿白色长袍。

5 英尺 9 英寸 · 右撇子 · 蓝眼睛 · 银发 · 水瓶座

命理学家奈特

精通数学和奥义的神童。不仅知晓 *H* 对应的数值，还明白其含义。

5 英尺 9 英寸 · 左撇子 · 蓝眼睛 · 深棕色头发 · 双鱼座

布莱克斯通律师

在律师最重要的技能上堪称天才：收律师费。

6 英尺整 · 右撇子 · 黑眼睛 · 黑发 · 天蝎座

牙科医生海贝

他是一名业余物理学家，发明了一套新的宇宙理论，同时还是一名专职牙医。

5 英尺 7 英寸 · 右撇子 · 绿眼睛 · 灰发 · 双鱼座

地点：

智者区 室内

带来永久性收益的文化挪用。（确实很有用！）

大保险柜 室内

钱都放在收银机里，而这里头都是水晶。

天台酒吧 户外

位于水晶商店屋顶。您在这里可以享用盛在水晶酒杯中的鸡尾酒。

户外冥想空间 户外

您可以静静地冥想，自己想要在这里花多少钱。

凶器：

一把水晶匕首 中量级 · 由水晶制成

它也许是用于某种仪式的，也可能只是作为壁炉架上的装饰。

一叠塔罗牌 轻量级 · 由纸制成

这些谋杀主题的塔罗牌可以帮您了解自己未来的命数。

一颗水晶球 重量级 · 由水晶制成

如果您盯着它看，它会向您透露未来——只要您的未来是一颗水晶球。

一本传道书 重量级 · 由纸制成

这本书比甘斯伯勒的杰作更厚，应该是鬼魂写的。

动机：

谋财	因为气氛不对了
证明自己的爱	偷一块水晶

线索与证据：

- 拿着水晶匕首的人想要证明自己的爱。
- “圣地骑士团”的成员都随身携带一本传道书。
- 法医人员确定智者区有一件用纸做的凶器。
- 因气氛不对而行凶的嫌疑人的眼睛是蓝色的。
- 一张乱码纸条记录了一名嫌疑人的行踪：禾斗巳丨冖小牛寺丿乀在丶尸夕卜。**
- 身高与至尊大师科巴尔特相同的嫌疑人爱上了塔罗牌的主人。
- 牙科医生海贝是“圣地骑士团”的成员。
- 想偷水晶的人身上散发着双鱼座的气息。
- 无论在户外冥想空间的人是谁，此人都有一件重量级凶器。
- 一名双鱼座嫌疑人在大保险柜里。
- 鉴定人员在布莱克斯通律师的衣服上发现了水晶凶器的痕迹。
- **水晶商店的店员是被水晶球杀死的，很讽刺吧？**

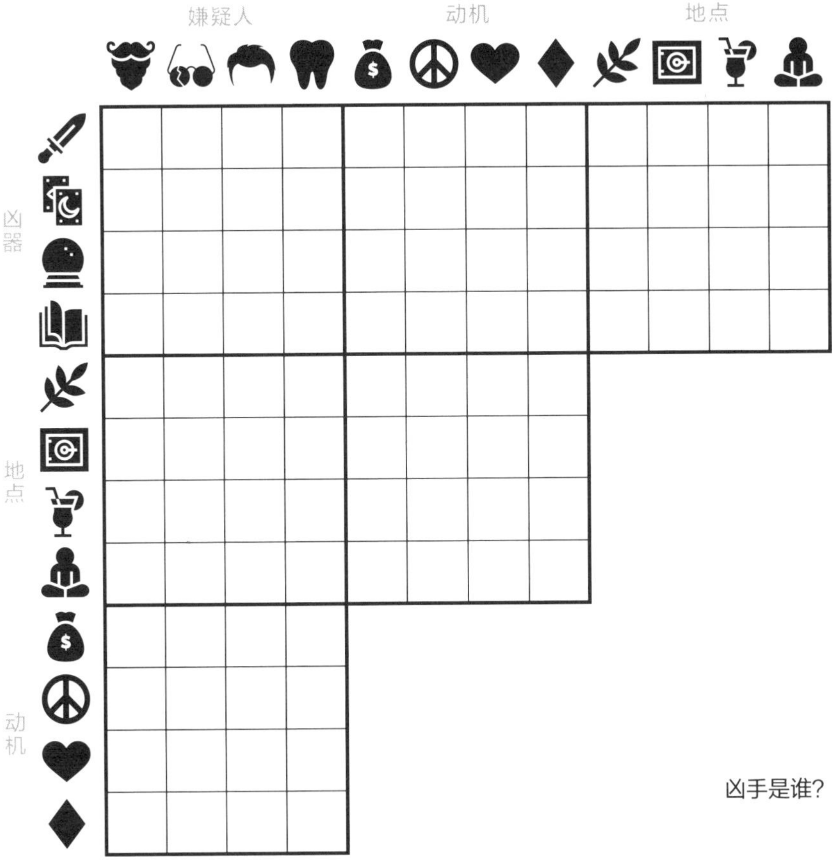

凶手是谁?

凶器是什么?

案发现场在哪里?

杀人动机是什么?

73. 恶趣味杀人事件

洛基克来到一家可爱的小餐馆，餐馆里装饰着小镇的纪念挂画，比如温泉、古代遗迹和飞碟坠毁现场。他想点一份三明治，却吃不到了，因为做三明治的厨师已经被杀害了。

嫌疑人：

拉斯伯里教练

无论您住密西西比河东边还是西边，他都是您这一边最好的教练之一。

6 英尺整 · 左撇子 · 蓝眼睛 · 金发 · 白羊座

咖啡将军

一位意式浓缩咖啡鉴赏家，惦记着他最喜欢的那个咖啡杯好久了。要是他发现谁拿了这个杯子，准会要了对方的小命。

6 英尺整 · 右撇子 · 深棕色眼睛 · 光头 · 射手座

奥博金主厨

据说她曾经杀了自己的丈夫，把他煮熟后端上自己餐厅的餐桌。这不是事实，不过这样的传言也能让我们对她有所了解。

5 英尺 2 英寸 · 右撇子 · 蓝眼睛 · 金发 · 天秤座

格雷伯爵

他出身于历史悠久的伯爵世家。是的，就是伯爵茶的那个伯爵世家。不过，他不会给您签名的。但如果您开口，他会送您一个免费的茶包。

5 英尺 9 英寸 · 右撇子 · 浅棕色眼睛 · 白发 · 摩羯座

地点：

厨房 室内

您绝对不会想看到这里的食物是怎么做的。

卫生间 室内

就像不想去厨房一样，您也绝对不想来这里。

雅座 室内

尽管沙发被撕烂，里面的填充物也漏了出来，但这仍然是一个雅座。

前门中庭 户外

前门中庭可以看到小镇广场，因此很适合在此处静观人来人往。

凶器：

一个壁饰 重量级 · 由金属制成

墙上挂着一个有些年头的饰品，是过去用的某种工具。

一小瓶毒药 轻量级 · 由玻璃和毒素制成

典型的小瓶装毒药。别低估经典凶器的威力。

一把勺子 轻量级 · 由金属制成

如果用餐叉杀人比用刀更可怕，那么被勺子杀死的家伙得有多惨。

一瓶超级致敏油 轻量级 · 由油制成

您没看错。每个接触它的人都会因过敏而死。

动机：

证明某个观点	得到更好的座席
活跃派对气氛	出于嫉妒

线索与证据：

- 想活跃派对气氛的嫌疑人不在厨房里。（尽管烹饪是个活跃气氛的好办法。）
- 想证明自己观点的人是右撇子。
- 白羊座嫌疑人有一件老旧的工具。这听起来像是一种侮辱，但事实的确如此。
- 奥博金主厨是“钢铁骑士团”的成员。
- 有人在塑料菜单上仓促地写了一个线索：妒→毒 *
- 在卫生间里发现了一滴油。
- 射手座嫌疑人坐在门口的中庭。
- “钢铁骑士团”的成员只携带金属凶器。
- 谁想获得更好的座位呢？当然是摩羯座的人。
- **此次谋杀的凶器是一把勺子。**

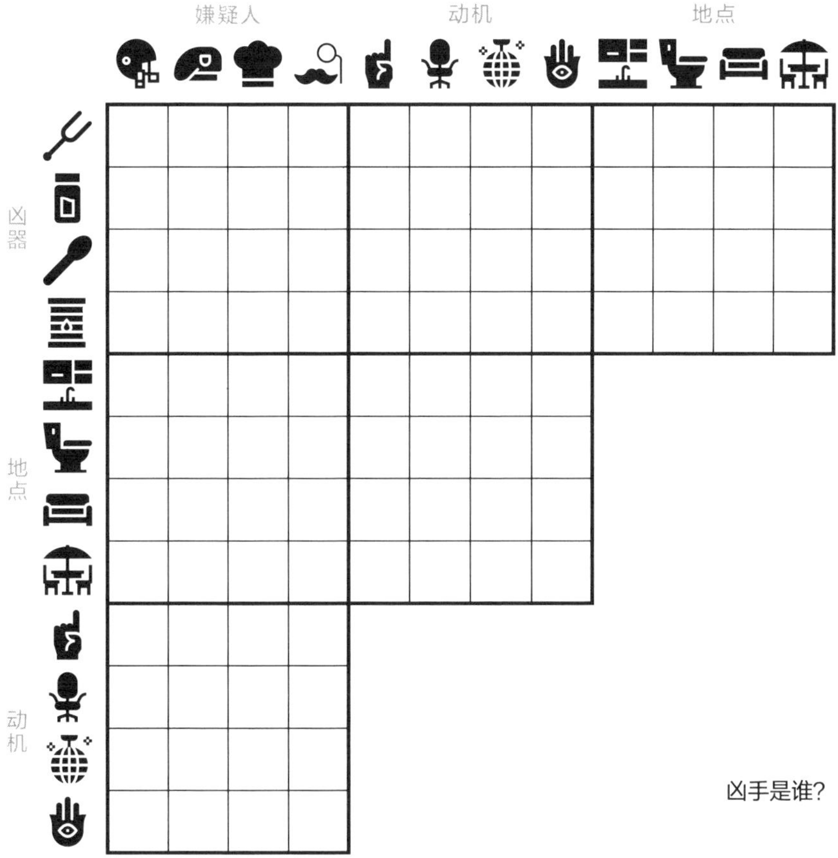

凶手是谁？

____

凶器是什么？

____

案发现场在哪里？

____

杀人动机是什么？

____

74. 飞碟知多少？

图威利 · 洛基克前往了本地著名的飞碟坠毁现场。一些游客认为真的有飞碟曾在这里坠毁，另一些游客则认为这是谣言。只有一位游客对这两种说法都不认同，因为他已经死了。

嫌疑人：

塞拉登部长

国防部长，需要对许多国际事件承担责任的家伙，其中一些事件现在仍以她的名字命名。

5 英尺 6 英寸 · 左撇子 · 绿眼睛 · 浅棕色头发 · 狮子座

社会学家安泊尔

作为硬科学的代表，她总是要求人们质疑自己的先验知识，并自问是否读过阿多诺 * 的书。

5 英尺 4 英寸 · 左撇子 · 蓝眼睛 · 金发 · 狮子座

草本植物学家欧尼克斯

她在自己的温室里种植了烹饪、施魔法和下毒所需的各种植物。

5 英尺整 · 右撇子 · 深棕色眼睛 · 黑发 · 处女座

牙科医生海贝

他是一名业余物理学家，创造了一套新的宇宙理论，同时还是一名专职牙医。

5 英尺 7 英寸 · 右撇子 · 绿眼睛 · 灰发 · 双鱼座

地点：

冲击坑 户外

坑中央是一些金属设备，看上去似乎来自外星（您得眯起眼睛看）。

洞口 户外

里面似乎有微弱的光和脉冲的声音。

礼品店 室内

您可以买一个小外星人毛绒玩偶、一间本地的分时享用度假房，或者一个被绑架者主题的数字藏品。

政府厢式货车 室内

如果飞碟是个骗局，那为什么会有一辆白色的政府厢式货车在附近转悠?

凶器：

一台伪科学仪器 重量级 · 由金属制成

升级版。除了您内心的悸动，还能测量灵力。

一口大锅 重量级 · 由金属制成

如果您举得动，可以用它来砸人。当然，您也可以和人分享锅里煮的汤。

一根月亮石法杖 中量级 · 由水晶制成

可用于施法，也可以用来击打颅骨。

一块催眠怀表 轻量级 · 由金属制成

如果您深深凝视这块表，就会知道现在几点了。

动机：

进行一次科学实验	因为气氛不对了
执行邪教的命令	偷窃飞碟

线索与证据：

- 塞拉登部长是“焦油和羽毛骑士团”的成员。
- 奉邪教之命杀人的是处女座。
- 在一个毛绒玩偶旁边发现了一个灵力测量器。
- 社会学家安泊尔有一口大锅。（除了社会学家的身份，她还是一位女巫。）
- 访客簿上有一条简短的留言：狮子座，冲击坑。**
- “焦油和羽毛骑士团”的成员不得接触月亮石或站在洞口。
- 谁会因为气氛不对而杀人，谁就拥有重量级凶器。
- 想偷飞碟的人是左撇子。
- 牙科医生海贝不是带了月亮石法杖，就是在洞口。
- 草本植物学家欧尼克斯带来了一台伪科学仪器。
- **游客的尸体是在一辆白色的厢式货车里被发现的。**

凶手是谁？

____

凶器是什么？

____

案发现场在哪里？

____

杀人动机是什么？

____

75. 洞穴复仇记 🔍🔍🔍

图威利·洛基克在神秘洞穴的隧道中悄无声息地穿行。突然，他听到一声尖叫，于是他不再隐藏行踪，开始奔跑起来。他没见着尸体，却发现了其他东西：某个地下作坊以及最后三名凶手的秘密藏身之处。这到底是什么地方？“夏朵先生”到底是谁？

嫌疑人：

夏朵先生

暗处的一抹剪影。他行动如风，与夜色融为一体。

6 英尺 2 英寸·左撇子·绿眼睛·深棕色头发·水瓶座

霍尼市长

他知道尸体都埋在哪里，而且他总有办法让市民们给他投票。

6 英尺整·左撇子·淡褐色眼睛·浅棕色头发·天蝎座

布莱克斯通律师

在律师最重要的技能上堪称天才：收律师费。

6 英尺整·右撇子·黑眼睛·黑发·天蝎座

牙科医生海贝

他是一名业余物理学家，创造了一套新的宇宙理论，同时还是一名专职牙医。

5 英尺 7 英寸·右撇子·绿眼睛·灰发·双鱼座

地点：

大型机器 室内

看起来这台设备正在制造所谓的古代遗迹！

新遗迹 室内

和古代遗迹如出一辙，不过却是崭新、未经破坏的。遗迹一侧有 *SdW* 的印记。

桌子 室内

桌上有一张地图，记录着遗迹的分布地点以及伪造的历史文件。

死路 室内

漫长的隧道尽头是一堵石墙，别无他物。

凶器：

一根巨大的骨头 重量级 · 由骨头制成

这样的骨头得是多大一只动物身上的呀？能把它吃掉的狗又该有多大呢?!

一块巨型磁铁 中量级 · 由金属制成

请远离任何填料。

一块岩石 中量级 · 由矿物质制成

一块普通岩石。不过奇怪的是，它并不属于这片荒凉之地。有缺口。

一个地球仪 重量级 · 由金属制成

可用于谋划统治全世界或储藏饮料。

动机：

谋财	宣扬玄学
帮忙赢得一场战争	为小镇做宣传

线索与证据：

- 站在桌子旁的人是右撇子。
- 一位“燎原大典”的成员想要宣传这个小镇。
- 想谋财害命的人没有走上那条死路。
- 夏朵先生不停地挥舞着凶器。通过凶器与物体碰撞冒出的火星，洛基克看出那是由金属制造的。
- 想帮忙赢得一场战争的人散发出真正的双鱼座气息。
- 要加入“燎原大典”的人必须是天蝎座。
- 一根巨大的骨头旁边有一枚印章，上面的内容是 *SdW*。这代表什么含义？
- 要么是霍尼市长带来了一个地球仪，要么是大型机器旁边有个地球仪。
- 一名“燎原大典”的成员拿着地球仪。
- 洞壁上有一条胡乱涂写的信息：相心言某贝才白勺入拿了一个土也王求1义。*
- **很显然，巨型磁铁的主人是罪魁祸首。**

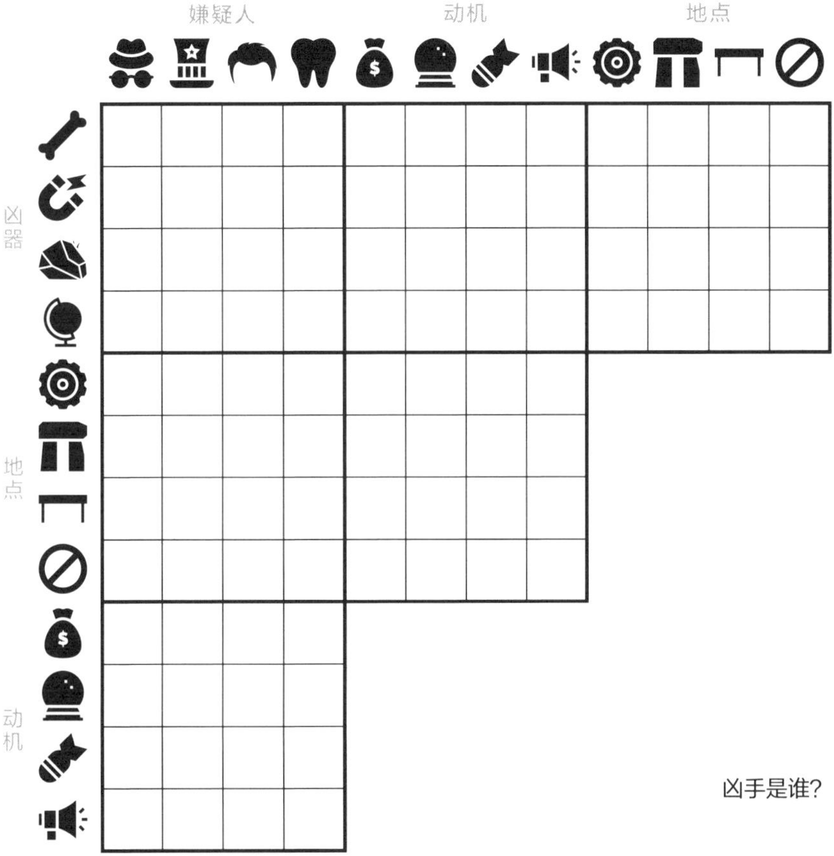

凶手是谁?

____

凶器是什么?

____

案发现场在哪里?

____

杀人动机是什么?

____

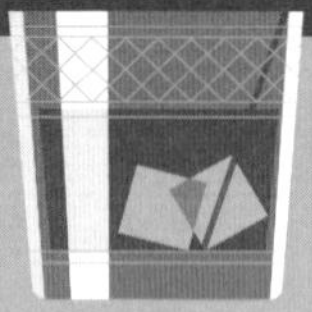

MURDLE

大师级

图威利 · 洛基克从侦探岗位上退休了。

仇恨驱使他经手了之前的 25 个案子，但当他解开所有谜团时，他发现他想为之复仇的人和他复仇的目标竟然是同一个人。于是，他放弃了侦探工作，开始专注于纯粹的逻辑问题，比如在变成正方形之前，三角形可以有几条边。

然而有一天，他接到了一名前嫌疑人的电话，来电者是米德耐特三世，米德耐特电影制片厂的继承人。米德耐特电影制片厂是好莱坞历史最悠久的独立制片厂。（制片厂平面图可参见四号物证。）

对方问他："您有兴趣把《妙探寻凶》拍成电影吗？"

洛基克很犹豫。这不仅是因为他已经金盆洗手，而且还因为他向来不喜欢侦探片——这类电影从来不会给人停下来思考的时间。

"别管这个提议好不好，"米德耐特三世说，"我先和您聊聊报酬吧。"

洛基克听到报价后，立刻同意了。

但是，他来到好莱坞之后，却发现这里比小岛更为与世隔绝，比树篱迷宫更叫人晕头转向，比奥比斯迪亚夫人的小说更出人意料。他发现自己遭遇了看似近乎无解的案件。

您能运用迄今为止所学到的一切知识，解开最后这 25 个不可能破解的谜案吗？如果您想提升挑战难度，请尝试解开真正的好莱坞之谜：为什么烂片这么多？

76. 为好莱坞喝彩! QQQQ

洛基克来到好莱坞后，一直在努力适应新环境。直到一桩难解的谋杀案出现，他立即有了用武之地：好莱坞的一位历史学家成了历史。

嫌疑人：

执行制片人斯蒂尔

现在，她是好莱坞最有钱、最聪明、最刻薄的制片人。

5 英尺 6 英寸 · 右撇子 · 灰眼睛 · 白发 · 白羊座

写手
布拉克斯顿

他是好莱坞收入最高的编剧之一，也是水平最差的编剧之一。

6 英尺整 · 右撇子 · 浅棕色眼睛 · 光头 · 射手座

超级粉丝史莫基

他知道米德耐特电影制片厂的每部侦探片是在哪里取景的，却不知道该如何交朋友。

5 英尺 10 英寸 · 左撇子 · 黑眼睛 · 深棕色头发 · 处女座

背景人马伦戈

您永远都不会对她有印象，所以她是个很好的群众演员，也是个了不起的杀人犯。

5 英尺 5 英寸 · 左撇子 · 浅棕色眼睛 · 深棕色头发 · 双子座

地点：

米德耐特电影制片厂 室内

好莱坞曾经最大的制片厂。他们正在制作《妙探寻凶》电影版，这可能会重现公司的辉煌。

格雷特公园 户外

公园其实是以一位了不起的谋杀犯命名的，因此我们干脆称之为格雷特公园。*

阿盖尔艺人经纪公司 室内

好莱坞历史上能力最强的机构，以源源不断地供应水货著称。

魔术宫殿 室内

一个仅允许魔术师入场的夜店。对洛基克来说，这里以谋杀著称。

凶器：

一支保妥适针
轻量级 · 由塑料和毒素制成

保妥适有毒，因此可被用于行凶。

一卷电影胶片 轻量级 · 由塑料制成

讽刺的是，这卷电影胶片描绘的是一名男子被勒死的情景。

一根高尔夫球杆 中量级 · 由金属制成

制片厂的高管们工作也很努力。比如为了业务，他们高尔夫球打得很勤快。

一个奖杯 中量级 · 由金属制成

代表好莱坞至高无上的一个荣誉。

动机：

证明自己是个狠角色	拍电影
卖一个剧本	挤进这个行业

线索与证据：

- 超级粉丝史莫基想挤进这个行业。
- 背景人马伦戈想拍完她的电影。（祝她好运！）
- 想要证明自己是狠角色的嫌疑人在户外。
- 法医在城中实力最雄厚的经纪公司中提取到了保妥适毒素。
- 执行制片人斯蒂尔从来没想过帮人卖剧本。
- 写手布拉克斯顿与高尔夫球杆的主人有仇。
- 拿奖杯的人是右撇子。
- 一位历史学家为洛基克提供了一条简明扼要的线索：魔术　宫殿　中量　凶器 **

证词

（凶手总是会撒谎，而其他嫌疑人说的永远是实话。）

执行制片人斯蒂尔：超级粉丝史莫基没带高尔夫球杆 。
写手布拉克斯顿：背景人马伦戈在阿盖尔艺人经纪公司里，快把她拍下来。
超级粉丝史莫基：哇！一卷电影胶片在米德耐特电影制片厂里。
背景人马伦戈：哦！格雷特公园里有一根高尔夫球杆。

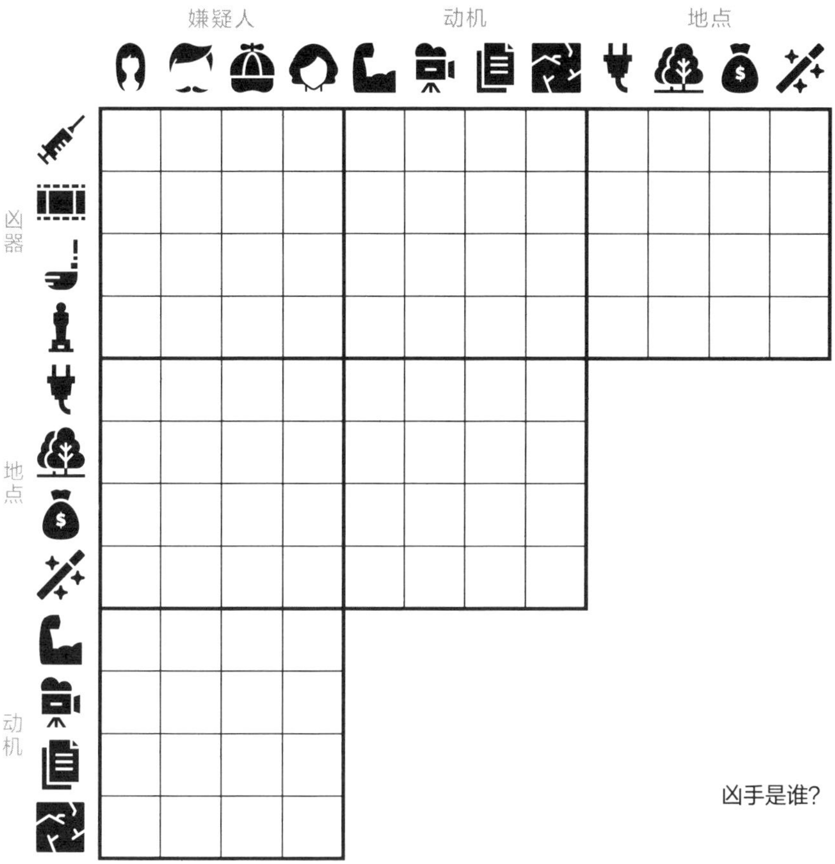

凶手是谁?

凶器是什么?

案发现场在哪里?

杀人动机是什么?

77. 洛基克参加好莱坞派对

洛基克参加的第一个会并不是在好莱坞的某个制片厂，而是在好莱坞山庄的一个制片人家中。这位制片人不是一个合格的主人，但这并不是他的错，因为他死了。

嫌疑人：

米德耐特三世

米德耐特电影制片厂的继承人，计划将其再次打造成世界第一的电影制片厂。眼下，他父亲只让他负责申报奖项。

5 英尺 8 英寸 · 左撇子 · 深棕色眼睛 · 深棕色头发 · 天秤座

经纪人阿盖尔

和经纪人英克不同，阿盖尔没有一颗金子般的心，她甚至完全没有心。

6 英尺 4 英寸 · 右撇子 · 浅棕色眼睛 · 深棕色头发 · 处女座

执行制片人斯蒂尔

现在，她是好莱坞最有钱、最聪明、最刻薄的制片人。

5 英尺 6 英寸 · 右撇子 · 灰眼睛 · 白发 · 白羊座

米德耐特叔叔

父亲去世后，他买了一座带泳池的沙漠豪宅，然后退休了。那年他 17 岁。

5 英尺 8 英寸 · 左撇子 · 蓝眼睛 · 深棕色头发 · 射手座

地点：

地下室酒吧 室内

这里的酒水种类齐全，还有一台弹珠机和一大堆纸板箱。

屋顶阳台 户外

在这里俯瞰整个好莱坞山庄时，您会感觉心潮澎湃，似乎坐拥了一切。

大厅 室内

一个巨大的螺旋式楼梯环绕着一尊巨大的制片人本人的雕像。

庭院泳池 户外

可以一边站在这里喝酒，一边和人炫耀自己认识的名人。十分完美的泳池。

凶器：

一个稀有的花瓶 重量级 · 由陶瓷制成

陶瓷艺术品，来自古早好莱坞时代——20 世纪 30 年代。

一根钢琴琴弦 轻量级 · 由金属制成

不知何处有架钢琴少了一根琴弦，这估计要毁掉一场音乐会。

一台古董打字机 重量级 · 由金属制成

来自 20 世纪 70 年代，相当于好莱坞的近现代时期。

一大本电影剧本 重量级 · 由纸制成

由于设置了特许放映权，因此多了 50 页乏味的说明条款。

动机：

把电影拍完	活跃现场气氛
敲定一笔交易	搞些现钱

线索与证据：

- 想敲定一笔交易的人不在屋顶阳台上。
- 在地下室酒吧里，一位“远古沥青之歌”的成员带着一大本电影剧本，并且想活跃一下现场气氛。
- 一个有点喝醉了的人塞给洛基克一张他胡乱写下的纸条：花瓶想拍申影。*
- 只有射手座的人能加入“远古沥青之歌”。
- 在一件来自好莱坞近现代时期的凶器上发现了一根深棕色的头发。
- 在庭院泳池里的人是左撇子。

证词

（凶手总是会撒谎，而其他嫌疑人说的永远是实话。）

米德耐特三世：容我打断一下，古董打字机是经纪人阿盖尔带来的。
经纪人阿盖尔：我能提供的情报是：古董打字机在屋顶阳台上。
执行制片人斯蒂尔：看清楚了，稀有的花瓶在大厅里。
米德耐特叔叔：听好了，米德耐特三世在庭院泳池里。

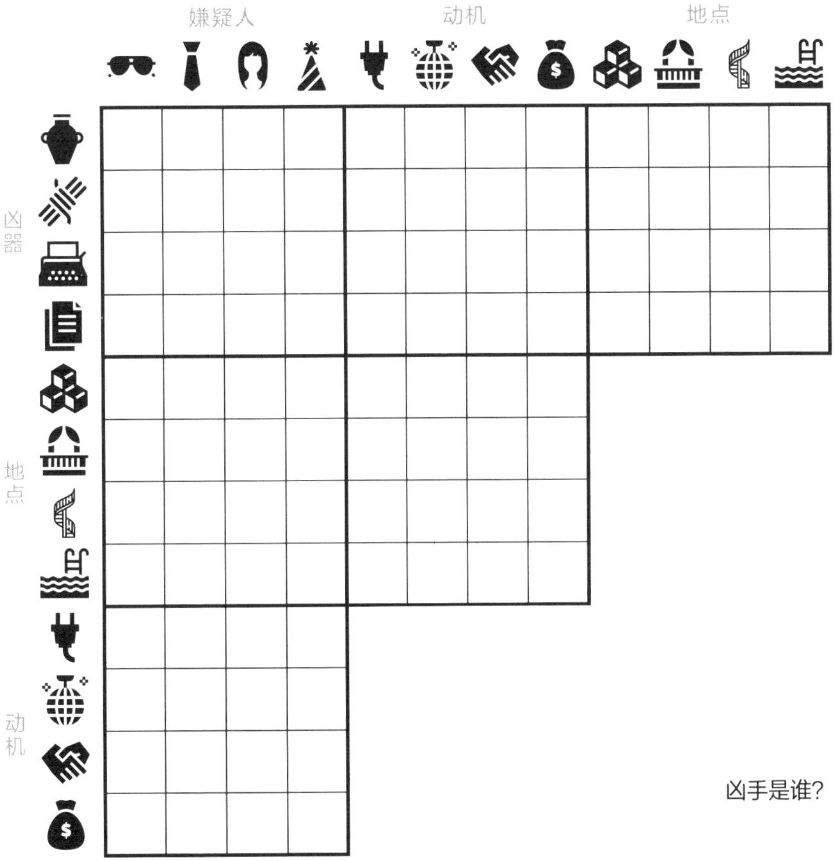

凶手是谁?

凶器是什么?

案发现场在哪里?

杀人动机是什么?

78. 杀戮之海

洛基克来到一家建在码头上的海滨寿司店，参加下一个会。他闻到了一股鱼腥味并意识到一些可疑之处。很快他就发现：寿司店的厨师被害了。

嫌疑人：

乔克尔老大

一个黑帮老大。在“美好的过去”，黑帮老大是一份荣耀的职业。

5 英尺 11 英寸 · 右撇子 · 深棕色眼睛 · 黑发 · 金牛座

塞拉登部长

国防部长，需要对许多气候灾难承担责任的家伙，其中一些灾难现在仍以她的名字命名。

5 英尺 6 英寸 · 左撇子 · 绿眼睛 · 浅棕色头发 · 狮子座

国际象棋大师罗斯

国际象棋大师，总在思考下一步棋该怎么走，比如如何在下一场比赛中作弊。（3.Qxe5#）

5 英尺 7 英寸 · 左撇子 · 深棕色眼睛 · 深棕色头发 · 天蝎座

传奇演员西尔维顿

黄金时代的著名演员，如今已步入晚年。

6 英尺 4 英寸 · 右撇子 · 蓝眼睛 · 银发 · 狮子座

地点：

酒吧 室内

装在顶针大小的容器里的鸡尾酒，最便宜的也要150美元。

代客泊车台 户外

由连小费都不用给的家伙为您停放老爷车。

角落的雅座 室内

永远为某位三年前来过一次的名人保留。

大垃圾箱旁的一张桌子 户外

两类客人专用——过气的和没预约就上门的。

凶器：

一个奖杯 中量级 · 由金属制成

还是代表至高无上荣誉的那个。

一条红鲱鱼 中量级 · 由鱼制成

要是您抓住鱼尾巴，准能感受到不小的劲儿。

一个精美的盘子 中量级 · 由陶瓷制成

这盘子比您的脑袋还值钱。

一副筷子 轻量级 · 由木材制成

可以用一件的价钱买到两件凶器。

动机：

转移视线	绝望之下杀人
继承遗产	证明自己是个狠角色

线索与证据：

- 酒保给了洛基克一张写了乱码的纸条：氵西一口巴甲二白勺女兼疑人是金艮发。*
- 在接待过气明星的地方发现了一个奖杯。
- 作为一个老派的黑帮老大，乔克尔老大总是想证明自己是个狠角色。
- 在代客泊车处的嫌疑人有一头深棕色的头发。
- 洛基克收到了一份措辞严谨的政府报告：塞拉登部长会绝望，也会杀人，但不会在绝望之下杀人。
- 金牛座嫌疑人带着一条红鲱鱼。真是典型的金牛座。
- 拿着比人头还值钱的凶器的嫌疑人想继承一笔遗产。

证词

（凶手总是会撒谎，而其他嫌疑人说的永远是实话。）

乔克尔老大：看清楚了，筷子就放在代客泊车台。
塞拉登部长：我不在角落的雅座里。
国际象棋大师罗斯：别忽视您的推理方法：塞拉登部长带了一个奖杯。
传奇演员西尔维顿：精美的餐盘不是乔克尔老大带来的。

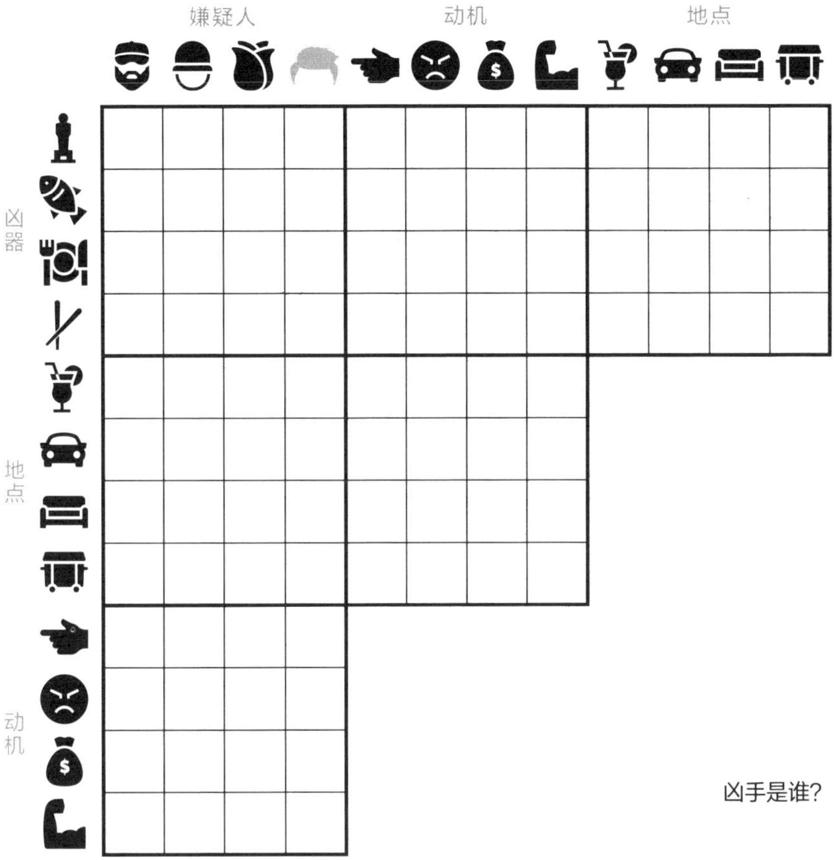

凶手是谁?

凶器是什么?

案发现场在哪里?

杀人动机是什么?

79. 影院杀人事件

图威利 · 洛基克已经有几天没收到《妙探寻凶》电影制片人的消息了，于是他去酒店附近的一家电影院看侦探片。他找不到自己的座位，便去求助引座员。当他找到引座员时，发现他已经死了。

嫌疑人：

美国剪辑师协会会员珀尔

她剪辑过某些有史以来最叫好或最叫座的电影，但她剪辑的作品从来没有既叫好又叫座的。

5 英尺 5 英寸 · 右撇子 · 蓝眼睛 · 金发 · 水瓶座

写手布拉克斯顿

他是好莱坞收入最高的编剧之一，也是水平最差的编剧之一。

6 英尺整 · 右撇子 · 浅棕色眼睛 · 光头 · 射手座

超级粉丝史莫基

他知道米德耐特电影制片厂的每部侦探片是在哪里取景的，却不知道该如何交朋友。

5 英尺 10 英寸 · 左撇子 · 黑眼睛 · 深棕色头发 · 处女座

达斯蒂导演

一位真正的电影制作人。他关心电影艺术（尤其）甚于人的性命。

5 英尺 10 英寸 · 左撇子 · 淡褐色眼睛 · 光头 · 双鱼座

地点：

放映室 室内

这地方很适合杀人，尤其是如果您已经看过电影，知道其中哪一段声音最大。

售票亭 室内

电影票价格贵，但没爆米花贵，而饮料是最贵的。

大堂 室内

以前这里有个巨大的枝形吊灯，但它总是掉下来砸到人，仿佛有一只神秘的手在控制似的。现在这里只有镶在画框里的海报了。

影厅 室内

基于法律，我们不能称之为IMAX影厅。但我们也不能说这不是IMAX影厅。

凶器：

一把仪式匕首 中量级 · 由骨骼制成

由骨骼制成。希望不是人骨！

一个奖杯 中量级 · 由金属制成

莫非每个人都得了奖？

一块变味的糖果条
轻量级 · 由巧克力制成

和撬棍一样硬，打从《阿拉伯的劳伦斯》上映时就在这里了。

一桶有毒的爆米花
中量级 · 由玉米和油制成

新鲜出炉，新鲜下毒。是苦杏仁味儿的！

动机：

看看自己有没有杀人的本事	拍电影
得到更好的座席	剽窃灵感

线索与证据：

- 变味糖果条的主人是左撇子。
- 电影放映员为洛基克提供了一个隐晦的线索：收钱写作的人，绝不会花钱买好座。*
- 售票亭里的苦杏仁味儿很重。
- 获奖者想剽窃灵感。
- 有人看到美国剪辑师协会会员珀尔把一把仪式匕首塞进自己的手袋。
- 超级粉丝史莫基打从心底想知道自己有没有杀人的本事。
- 影厅的地板上有一块巧克力糖果。

证词

（凶手总是会撒谎，而其他嫌疑人说的永远是实话。）

美国剪辑师协会会员珀尔：我好像看到写手布拉克斯顿拿着有毒的爆米花。
写手布拉克斯顿：您猜怎么着，达斯蒂导演带着一个奖杯。
超级粉丝史莫基：有毒的爆米花不是达斯蒂导演带来的。
达斯蒂导演：我很忙，不过我知道放映室里有一把仪式匕首。

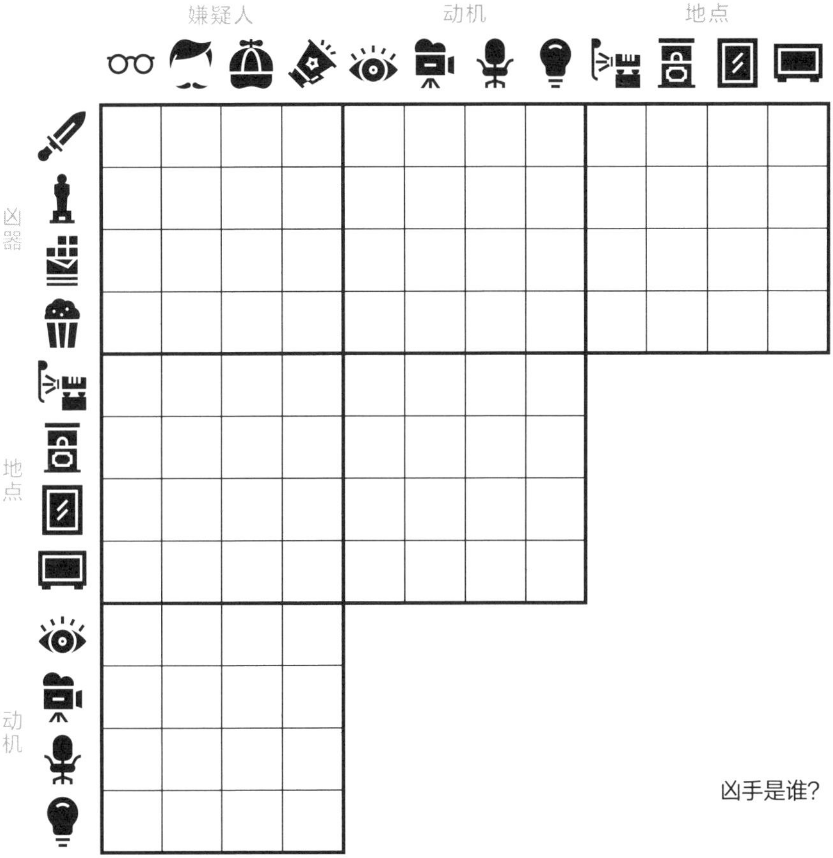

凶手是谁？

凶器是什么？

案发现场在哪里？

杀人动机是什么？

80. 凶宅疑案

洛基克确定自己将在丁塞镇待上一段时间后，就立即在好莱坞一栋漂亮的公寓楼里给自己租了间房。他很快就得知，他之所以能租到这么划算的房子，是因为前任房客被谋杀了。

嫌疑人：

米德耐特叔叔

父亲去世后，他买了一座带泳池的沙漠豪宅，然后退休了。那年他 17 岁。

5 英尺 8 英寸 · 左撇子 · 蓝眼睛 · 深棕色头发 · 射手座

乔克尔老大

一个黑帮老大。在“美好的过去”，黑帮老大是一份荣耀的职业。

5 英尺 11 英寸 · 右撇子 · 深棕色眼睛 · 黑发 · 金牛座

克里姆森医生

她自称没见过比自己更聪明的医生，她可能说得没错。是的，她抽烟，不过要是得了癌症，她也有办法痊愈。

5 英尺 9 英寸 · 左撇子 · 绿眼睛 · 红发 · 水瓶座

执行制片人斯蒂尔

现在，她是好莱坞最有钱、最聪明、最刻薄的制片人。

5 英尺 6 英寸 · 右撇子 · 灰眼睛 · 白发 · 白羊座

地点：

屋顶花园 户外

美丽的屋顶花园，打理花园的工人永远也住不起这样的地方。

锅炉房 室内

许多知名人物都被这里不祥的气氛吓到了。

最小的房间 室内

曾经是一个衣橱，现在每个月的租金比您父亲一辈子见过的钱还多。

顶层豪华公寓 室内

如果不算屋顶花园的话，这是最高的一层——业主也是这么认为的。

凶器：

一条可以勒死人的围巾
轻量级 · 由棉花制成

在阳光明媚的好莱坞，一条围巾唯一的用途就是把人勒死。

一台古董打字机 重量级 · 由金属制成

来自 20 世纪 50 年代，相当于好莱坞的末代古典时期。

一只金鸟 重量级 · 由黄金制成

这尊火烈鸟雕塑价值不菲。

一个鬼魂探测器
中量级 · 由金属和科技制成

并不善于探测鬼魂，反倒是个能让人触电的利器。

动机：

看看自己有没有杀人的本事	作为练习
加入邪教	出于嫉妒

线索与证据：

- 古董打字机的主人想看看自己有没有杀人的本事。
- 有人在厕所的墙上故意写下一条模糊的线索：纸片人有金乌。*
- 因嫉妒杀人的人是左撇子。
- 克里姆森医生曾住在最小的房间里。作为一名医生，她的薪水只能负担得起这里。
- 想练习杀人的嫌疑人不在锅炉房。
- 法医在顶层豪华公寓里发现了棉制凶器的痕迹。
- 一名证人目击到乔克尔老大正在欣赏花园里美丽的鲜花。

证词

（凶手总是会撒谎，而其他嫌疑人说的永远是实话。）

米德耐特叔叔：听好了，我如果杀人，唯一的理由就是练习。

乔克尔老大：执行制片人斯蒂尔没带古董打字机。

克里姆森医生：古董打字机不在最小的房间里。

执行制片人斯蒂尔：乔克尔老大不在最小的房间里。

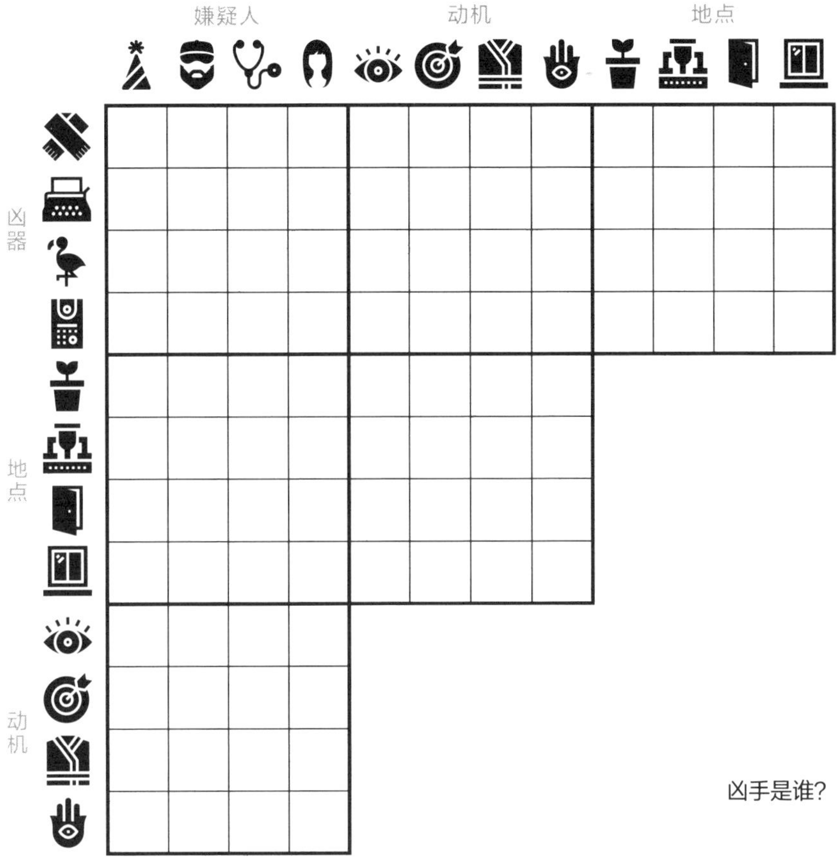

凶手是谁?

凶器是什么?

案发现场在哪里?

杀人动机是什么?

81. 推理大会杀人事件 🔍🔍🔍🔍

“洛、基、克！洛、基、克！”观众反复呼喊着洛基克的名字。但是扮演洛基克的演员并未露面。最终，洛基克本人出现了，他宣布演员已遭谋杀。人群陷入疯狂。

嫌疑人：

传奇演员西尔维顿

黄金时代的著名演员，如今已步入晚年。

6 英尺 4 英寸 · 右撇子 · 蓝眼睛 · 银发 · 狮子座

米德耐特总裁

米德耐特电影制片厂的首席执行官。他关心艺术和生意，但关心的顺序得颠倒一下。

6 英尺 2 英寸 · 右撇子 · 黑眼睛 · 黑发 · 摩羯座

达斯蒂导演

一位真正的电影制作人。为制作一部杰出电影，他不惜制造一起谋杀。

5 英尺 10 英寸 · 左撇子 · 淡褐色眼睛 · 光头 · 双鱼座

派因法官

（曾经是）主宰法庭的人，正义的坚定信徒，而何为正义由她自己说了算。

5 英尺 6 英寸 · 右撇子 · 深棕色眼睛 · 黑发 · 金牛座

地点：

停车场 户外

一个倒霉的参会者正尝试解开一个汽车密室之谜：他的钥匙在车里，可人却在车外。

会场 室内

在这里，所有的独立推理作家正在向扮演侦探角色的人推销自己的书。

展厅 室内

《妙探寻凶》将开拍电影的消息由米德耐特电影制片厂在此公布，这让独立推理作家们感到懊恼。

美食城 室内

您可以在这里买到最好的推理主题食物，比如藏着线索的麦芬蛋糕。

凶器：

一个放大镜 中量级 · 由金属和玻璃制成

您可以用它来寻找线索或作为服装配饰。

一根撬棍 中量级 · 由金属制成

说实话，这玩意儿在犯罪场合出现的频率远超其他场合。

一个即将爆炸的烟斗
轻量级 · 由烟斗和炸药制成

吸烟有害生命，尤其是当您的烟草中掺有炸药之时。

一本电影纪念版的精装书
中量级 · 由纸制成

《妙探寻凶》再版了，封面换成了电影剧照。很丑。

动机：

宣传一部电影	拍一组好镜头
搞些现钱	饰演某个角色

线索与证据：

- 想演某个角色的嫌疑人站在一辆已经锁住的汽车旁。
- “原始光明骑士团”不接受蓝眼睛的人加入。
- 展厅里的人是左撇子。
- 达斯蒂导演有杀人动机：他想搞些现钱。
- 所有的嫌疑人都是“原始光明骑士团”或“远古沥青之歌”的成员。
- 放大镜因过于老套而被禁止进入会场。
- 唯一的“远古沥青之歌”现任成员带来了一根撬棍。
- 派因法官只想宣传一部电影。
- 想拍到好镜头的嫌疑人有一件中量级凶器。

证词

（凶手总是会撒谎，而其他嫌疑人说的永远是实话。）

传奇演员西尔维顿：我知道展厅里有一个放大镜。
米德耐特总裁：作为总裁，我可以向您透露的是传奇演员西尔维顿在停车场。
达斯蒂导演：我很忙，不过快要爆炸的烟斗是派因法官的东西。
派因法官：事实很明显，停车场里有一根撬棍。

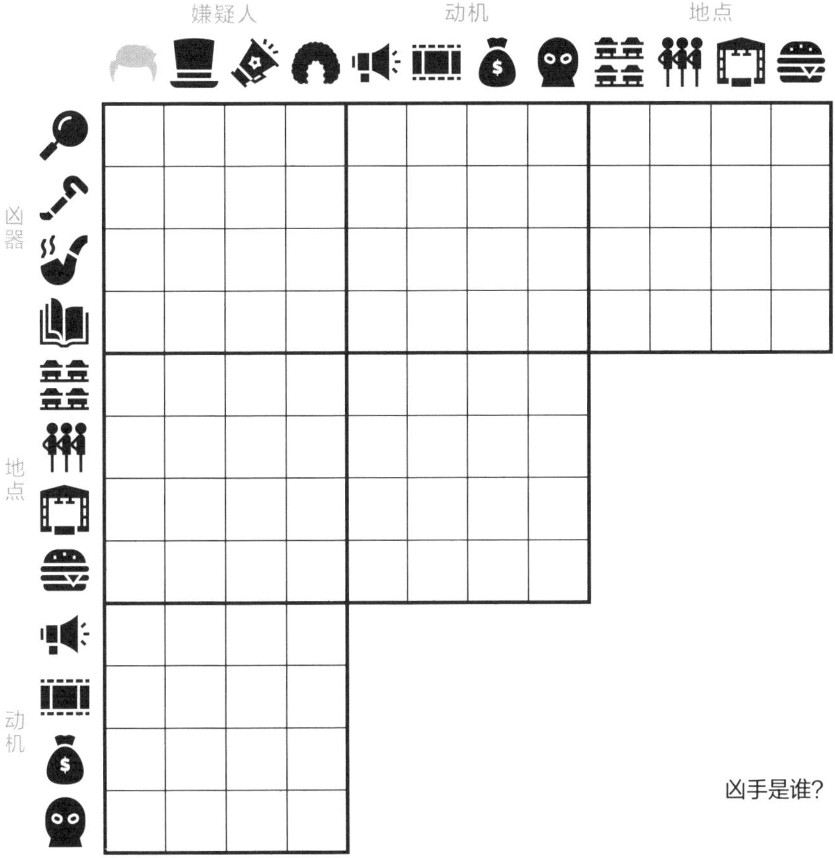

凶手是谁？

凶器是什么？

案发现场在哪里？

杀人动机是什么？

82. 公园杀人事件

在破解了推理大会的谋杀案之后，图威利·洛基克决定到格雷特公园放松一天，给自己减减压。但是，一名游客遇害，洛基克又得破案了。他再也无心享受秀美的群山、开阔的视野和具有重大历史意义的景点了。

嫌疑人：

跨性别者唐格莱

他的存在证明非二元性别者也可能是杀人犯。唐格莱是徒步旅行者、观鸟爱好者和犯罪嫌疑人。

5 英尺 5 英寸 · 左撇子 · 淡褐色眼睛 · 金发 · 双鱼座

美国剪辑师协会会员珀尔

她剪辑过某些有史以来最叫好或最叫座的电影，但她剪辑的作品从来没有既叫好又叫座的。

5 英尺 5 英寸 · 右撇子 · 蓝眼睛 · 金发 · 水瓶座

拉文德议员

上议院保守派议员，也是《哼着歌下山》和《穿米色衣服的人》等音乐剧名曲的作曲家。

5 英尺 9 英寸 · 右撇子 · 绿眼睛 · 灰发 · 处女座

托斯卡纳校长

作为推理学院校长，她推断出：天气特别好的时候，人就是要去公园。

5 英尺 5 英寸 · 左撇子 · 绿眼睛 · 灰发 · 天秤座

地点：

希腊剧场 户外

一个巨大的露天剧场，非常适合观看管弦乐演奏或斯堪的纳维亚维京乐队的巡回表演。

老动物园 户外

过去，用来饲养动物的空间又小又脏，比今天辛苦谋生的演员住的公寓好不了多少。

著名的洞穴 户外

一条街以这些洞穴的名字命名，一位著名演员又以这条街给自己命名。

好莱坞（HOLLYWOOD）标志
户外

与所有真实的好莱坞历史事件一样，一切都始于一场房产骗局。

凶器：

一个灭火器
重量级 · 由金属和化学品制成

可用于灭火或扑灭某人的生命之光。

一块原木 重量级 · 由木材制成

一块又大又重的橡树原木。有人夺走了树的生命，于是树也可以以牙还牙。

一个古董头盔 重量级 · 由金属制成

锈迹斑斑，看着怪吓人的。

一块岩石 中量级 · 由岩石制成

当您找不到其他凶器时，附近总能出现一块岩石。这块有个特别的缺口。

动机：

能杀则杀	摧毁一个竞争对手的事业
摆脱勒索	偷一块红宝石

线索与证据：

- 想摆脱勒索的嫌疑人满头灰发——可能就是被勒索害成这样的。
- 在一个巨大的 H 旁发现了一块缺口形状特别的岩石。
- “远古亡灵之路”只招收天秤座成员。
- 美国剪辑师协会会员珀尔罕见地在一家露天剧院的舞台上抛头露面了。
- 一个公园里的流浪汉为洛基克提供了一条目击线索：一位淡褐色眼睛的绅士扔掉了一个灭火器。
- “远古亡灵之路”的一名成员所在之处和艰难谋生的演员居住的公寓一样破。
- 古董头盔的主人想摧毁一个竞争对手的事业。

证词

（凶手总是会撒谎，而其他嫌疑人说的永远是实话。）

跨性别者唐格莱：原木的主人想要摆脱勒索。
美国剪辑师协会会员珀尔：双鱼座嫌疑人不在老动物园里。
拉文德议员：能杀则杀的人在好莱坞标志旁。
托斯卡纳校长：身为一名学者，我可以断言，唐格莱在好莱坞标志旁。

凶手是谁?

____

凶器是什么?

____

案发现场在哪里?

____

杀人动机是什么?

____

83. 停车场杀人事件

图威利·洛基克终于受邀前往米德耐特电影制片厂，他可以参观制片厂的各个部门，亲眼看见电影的拍摄过程。不过他首先得解决一个比以往任何一次案件都困难的问题：停车。（另外，一名停车管理员被杀害了。）

嫌疑人：

拉文德议员

上议院保守派议员，也是《爵士学院》和《恐惧时刻》等音乐剧名曲的作曲家。

5 英尺 9 英寸 · 右撇子 · 绿眼睛 · 灰发 · 处女座

**意大利贵族
埃默拉尔德**

埃默拉尔德先生是来自意大利的著名珠宝商，他周游世界，寻找稀有而珍贵的石头，这些宝石总是从他的口袋里掉出来。

5 英尺 8 英寸 · 左撇子 · 浅棕色眼睛 · 黑发 · 射手座

科珀警官

女警本人作案最大的优势就是可以略过中间人调查自己，然后让自己脱罪。

5 英尺 5 英寸 · 右撇子 · 蓝眼睛 · 金发 · 白羊座

**美国剪辑师协会
会员珀尔**

她剪辑过某些有史以来最叫好或最叫座的电影，但她剪辑的作品从来没有既叫好又叫座的。

5 英尺 5 英寸 · 右撇子 · 蓝眼睛 · 金发 · 水瓶座

地点：

A

1号停车场 户外

条件比较好的停车场，靠近入口，是高管和明星们停车的地方。

保安室 室内

比大部分军事基地的安保系统更加复杂。

B

2号停车场 户外

条件比较差的停车场，远离入口，需要付停车费。

喷泉 户外

一个由水塔供水的喷泉，用于纪念所有在拍摄现场受伤的群众演员。

凶器：

一大本电影剧本 重量级 · 由纸制成

由于设置了特许放映权，因此多了50页乏味的说明条款。

一个奖杯 中量级 · 由金属制成

洛基克见得越多，就越觉得这东西廉价。

一辆高尔夫球车
重量级 · 由金属、塑料和橡胶制成

小轮子转起来开得飞快，也可以用于碾人。

一根指挥棒 中量级 · 由金属制成

虐待无辜人士的好工具。

动机：

保守一个秘密	因为赶时间
获得更好的停车位	盗墓

线索与证据：

- 科珀警官是一名“骑士团”成员。
- 想保守秘密的嫌疑人不在紧邻电影制片厂参观签到处西边的建筑物内。（参见四号物证。）
- 根据意大利贵族埃默拉尔德的下个行程，图威利 · 洛基克推断出，他的时间一定很紧张。
- 只有“骑士团”成员被允许在制片厂内携带指挥棒。
- 在一个纪念喷泉旁发现了一页电影剧本，内容与续集筹备有关。
- 美国剪辑师协会会员珀尔被看到在东边的停车场里闲逛。（参见四号物证。）
- 想要更好车位的嫌疑人有一件中量级凶器。

证词

（凶手总是会撒谎，而其他嫌疑人说的永远是实话。）

拉文德议员：科珀警官在保安室里。

意大利贵族埃默拉尔德：拉文德议员在驾驶一辆高尔夫球车。

科珀警官：想要一个更好车位的人在 2 号停车场。

美国剪辑师协会会员珀尔：我好像看到科珀警官试图盗墓。

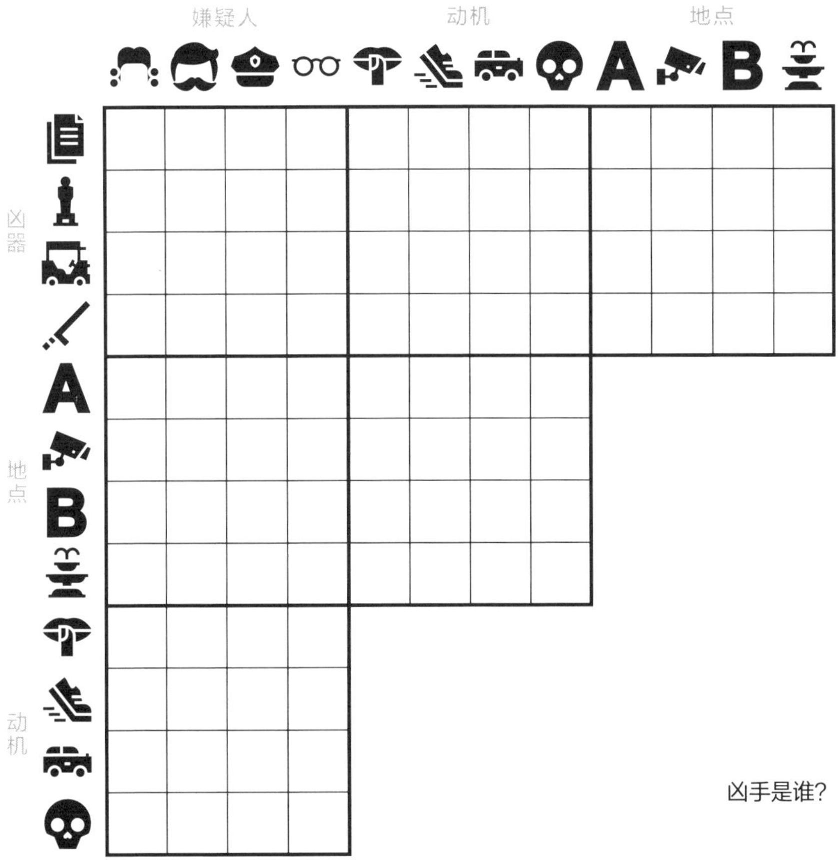

凶手是谁？

凶器是什么？

案发现场在哪里？

杀人动机是什么？

84. 死亡之旅

洛基克停好车后，发现自己早到了几个小时，于是他决定参观一下制片厂，打发打发时间。洛基克运气不好，因为一名导游遇害，他又要办案了。

嫌疑人：

超级粉丝史莫基

他知道米德耐特电影制片厂的每部侦探片是在哪里取景的，却不知道该如何交朋友。

5 英尺 10 英寸 · 左撇子 · 黑眼睛 · 深棕色头发 · 处女座

拉皮斯修女

她是一名周游世界的修女，用上帝的钱为上帝服务。她热衷于消费，修道服是羊绒的。

5 英尺 2 英寸 · 右撇子 · 浅棕色眼睛 · 浅棕色头发 · 巨蟹座

科珀警官

理论上而言，制片厂保安的身份和警官恐怕无法同日而语，但她仍然可以高声训斥别人。

5 英尺 5 英寸 · 右撇子 · 蓝眼睛 · 金发 · 白羊座

拉斯伯里教练

无论您住密西西比河东边还是西边，他都是您这一边最好的教练之一。

6 英尺整 · 左撇子 · 蓝眼睛 · 金发 · 白羊座

地点：

水塔酒吧和烧烤餐厅 室内

一个主题餐厅，饮料的玻璃杯都是水塔形状的。

米德耐特一世雕像 户外

米德耐特电影制片厂创始人、伟大的米德耐特一世的雕像。

外景场地 户外

拍摄城市外景的地方。比任何一个真正的城市都干净。

电影制片厂参观签到处 户外

要参观制片厂的游客在这里签到。

凶器：

一个灭火器
重量级 · 由金属和化学品制成

可用于灭火或扑灭某人的生命之光。

一面旗帜 轻量级 · 由化纤材料制成

旗帜从很多角度而言都是危险品，比如用于绞杀。

一辆高尔夫球车
重量级 · 由金属、塑料和橡胶制成

小轮子转起来开得飞快，也可以用于碾人。

一个伪造奖杯 中量级 · 由金属制成

真的到处都是，为什么还要带伪造的呢？

动机：

重新商议合同	挤进这个行业
隐瞒婚外情	见一个名人

线索与证据：

- 拉皮斯修女一直想见一个名人。
- 驾驶高尔夫球车的嫌疑人不想挤进这个行业。
- 科珀警官拼命也要隐瞒一段婚外情。
- 一个假奖杯靠在制片厂创始人的雕像旁。
- 想重新商议合同的嫌疑人在制片厂参观签到处。
- 一位收入微薄的助理交给洛基克一个随意写下的纸条：旗子右撇子。*
- 监控画面放大后显示，在外景场地的嫌疑人眼睛是黑色的。

证词

（凶手总是会撒谎，而其他嫌疑人说的永远是实话。）

超级粉丝史莫基：听我爆料！假奖杯是科珀警官带来的。
拉皮斯修女：假奖杯不是处女座嫌疑人带来的。
科珀警官：我不在制片厂参观签到处。
拉斯伯里教练：假奖杯不是我带来的。

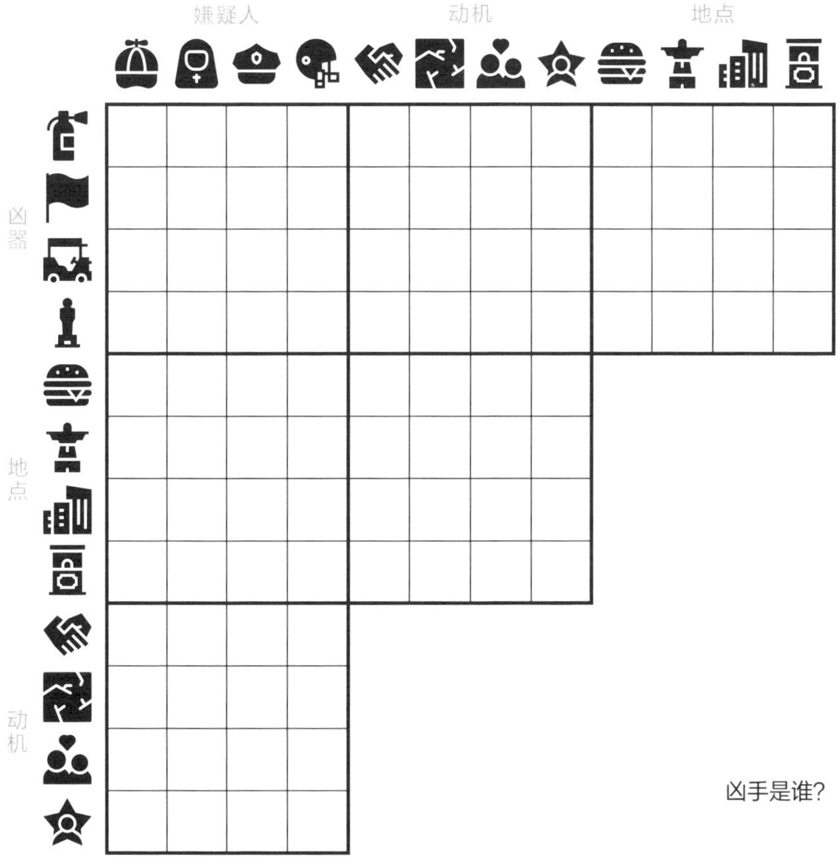

凶手是谁？

凶器是什么？

案发现场在哪里？

杀人动机是什么？

85.“全场安静”……太静了！

电影已经开始拍摄，虽然制片厂为此购买了拍摄场地，但实际上整部影片都是在制片厂的录影棚内拍摄的。不幸的是，由于特效总监被杀，制作被迫中止。

嫌疑人：

乔克尔老大

一个黑帮老大。在“美好的过去”，黑帮老大是一份荣耀的职业。

5 英尺 11 英寸 · 右撇子 · 深棕色眼睛 · 黑发 · 金牛座

米德耐特总裁

米德耐特电影制片厂的首席执行官。他关心电影制作和赚钱，但关心的顺序得颠倒一下。

6 英尺 2 英寸 · 右撇子 · 黑眼睛 · 黑发 · 摩羯座

一线明星亚波罗尼

本月演技最好、最受欢迎的女演员。

5 英尺 6 英寸 · 右撇子 · 淡褐色眼睛 · 红发 · 天秤座

米德耐特三世

他辩称，侦探是下一代的超级英雄，而侦探电影是行业的顶梁柱。

5 英尺 8 英寸 · 左撇子 · 深棕色眼睛 · 深棕色头发 · 天秤座

地点：

A

A 录影棚 室内

里面的布景是神秘的洞穴，洛基克在这里逮住了菲利希英。

B

B 录影棚 室内

里面的布景是洛基克的办公室，不过没实际上那么井井有条。

C

C 录影棚 室内

里面的布景是菲利希英童年时的家，不过没实际上那么乱。

D

D 录影棚 室内

里面全是绿幕。

凶器：

一把“道具”刀
轻量级 · 由金属和橡胶制成

奇怪的是，这把刀和真刀一样锋利。

一个沙袋 重量级 · 由沙子和帆布制成

您可以挥舞它，也可以让它自由落下。无论用哪种方式，只要沙袋足够重即可。

一个 C 型支架 重量级 · 由金属制成

可用于支撑光源或挥击头颅。

一根电线 中量级 · 由金属和橡胶制成

让人触电，将人勒死，甚至鞭打一个人！多功能工具。

动机：

接管一家电影制片厂	获奖
饰演某个角色	摆脱一部烂片

线索与证据：

- 谁想从烂片中脱身，谁就有重量级凶器。
- “黑暗光辉教”只招收深棕色眼睛的成员。
- 个子第二矮的嫌疑人没带 C 型支架。
- “黑暗光辉教”的一名成员在东北角的录影棚里。（参见四号物证。）
- 一线明星亚波罗尼身处于绿幕之间。
- 乔克尔老大有一把“道具”刀。
- 一名“黑暗光辉教”成员想演某个角色。
- 米德耐特总裁想获奖。
- 想接手制片厂的人在西北角的录影棚里。（参见四号物证。）

证词

（凶手总是会撒谎，而其他嫌疑人说的永远是实话。）

乔克尔老大： 瞧瞧，D 录影棚里有一个沙袋。

米德耐特总裁： 我不在 B 录影棚里。

一线明星亚波罗尼： 您应该和我的经纪人谈，不过我私下和您说，乔克尔老大在 A 录影棚里。

米德耐特三世： 允许我打断一下，在 C 录影棚里的人想拿奖。

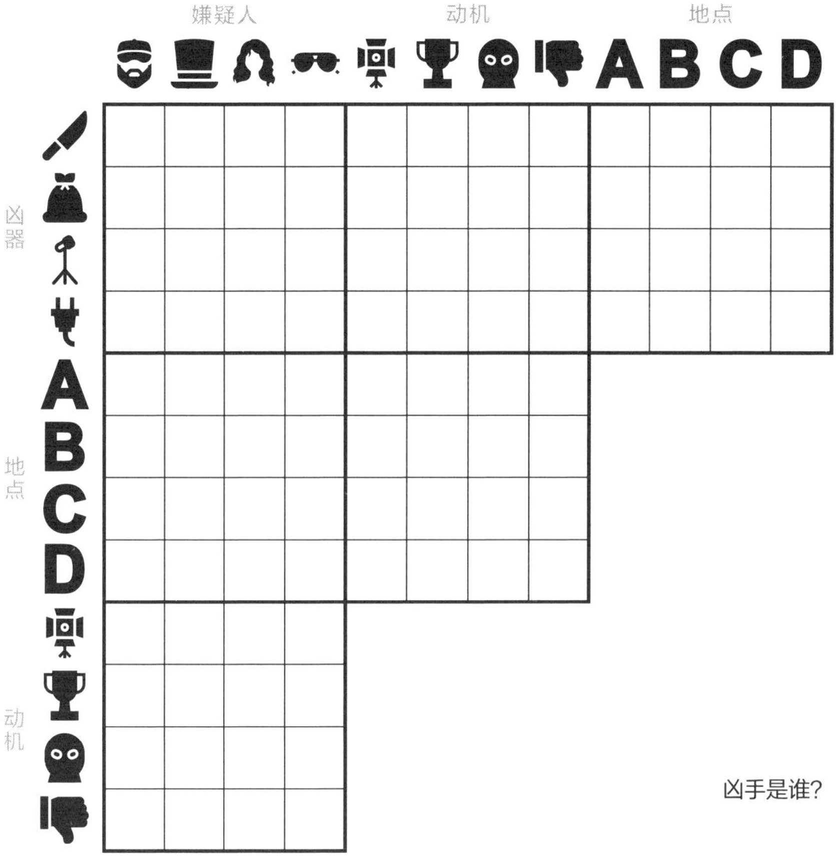

凶手是谁?

____

凶器是什么?

____

案发现场在哪里?

____

杀人动机是什么?

____

86. B 录影棚杀人事件

当洛基克走进自己办公室的布景场地时，他惊呆了，因为布景完美地复刻了那个房间里的一切，包括那些方法派演员，他们似乎都太投入角色了，以至于其中一位演员谋杀了房东的扮演者。

嫌疑人：

宇航员布鲁斯基

他其实并非宇航员布鲁斯基本人，而是一个方法派演员，他坚持要大家这样称呼他。

6 英尺 2 英寸 · 左撇子 · 深棕色眼睛 · 黑发 · 白羊座

咖啡将军

又是一名入戏的演员。他要求大家叫他将军，不然他就撂挑子不干了。

6 英尺整 · 右撇子 · 深棕色眼睛 · 光头 · 射手座

神奇的奥瑞林

她在电影的许多场景中都有戏份，算是洛基克的搭档。

5 英尺 6 英寸 · 左撇子 · 绿眼睛 · 金发 · 白羊座

克里姆森医生

没错，她是一个扮演医生的演员，但她在进入演艺圈之前是一位真正的医生。

5 英尺 9 英寸 · 左撇子 · 绿眼睛 · 红发 · 水瓶座

地点：

衣橱 室内

洛基克所有的戏服都是按照颜色而非字母顺序分类的！

候客室 室内

有一个和洛基克办公室里一样的呼叫铃和一个写着“请稍候”的招牌。

主办公室 室内

有一张书桌，书架上摆满了道具书。这里还能看到……天空？应该是砖墙才对。

阳台 户外（伪造）

是洛基克的消防通道，不过它通往一幅天空遮景绘画，并非真正的出口。

凶器：

一个灭火器
重量级 · 由金属和化学品制成

可用于灭火或扑灭某人的生命之光。

一条红鲱鱼 中量级 · 由鱼制成

要是您抓住鱼尾巴，准能感受到不小的劲儿。

一顶安有诱杀装置的浅顶软呢帽
轻量级 · 由[redacted]制成

您拿它做什么都行，就是别试戴。

一小瓶毒药 轻量级 · 由玻璃和毒素制成

典型的小瓶装毒药。别低估经典凶器的力量。

动机：

看看自己有没有杀人的本事	出于嫉妒
获奖	获得更多的台词

线索与证据：

- 想拿奖的嫌疑人在候客室等候。
- 光头嫌疑人想看看自己有没有杀人的本事。
- 想看看自己有没有杀人本事的嫌疑人不是“邪恶光之道”的成员。
- 每个拥有绿眼睛的嫌疑人都是“邪恶光之道”的成员。
- 一位保安为洛基克送来一条乱码线索：宀于舟亢口贝一丿月一火火口口犬口口。*
- 衣柜里的衣服曾被一个惯用右手的嫌疑人摆弄过。
- 扮演洛基克搭档的演员希望得到更多的台词。
- 携带浅顶软呢帽的嫌疑人会因嫉妒而杀人。

证词

（凶手总是会撒谎，而其他嫌疑人说的永远是实话。）

宇航员布鲁斯基：个子第二矮的嫌疑人不在衣橱里。
咖啡将军：我想想……想要更多台词的人在主办公室里。
神奇的奥瑞林：红头发的嫌疑人在阳台上。
克里姆森医生：您要相信一个医生的话：衣橱里有一条红鲱鱼。

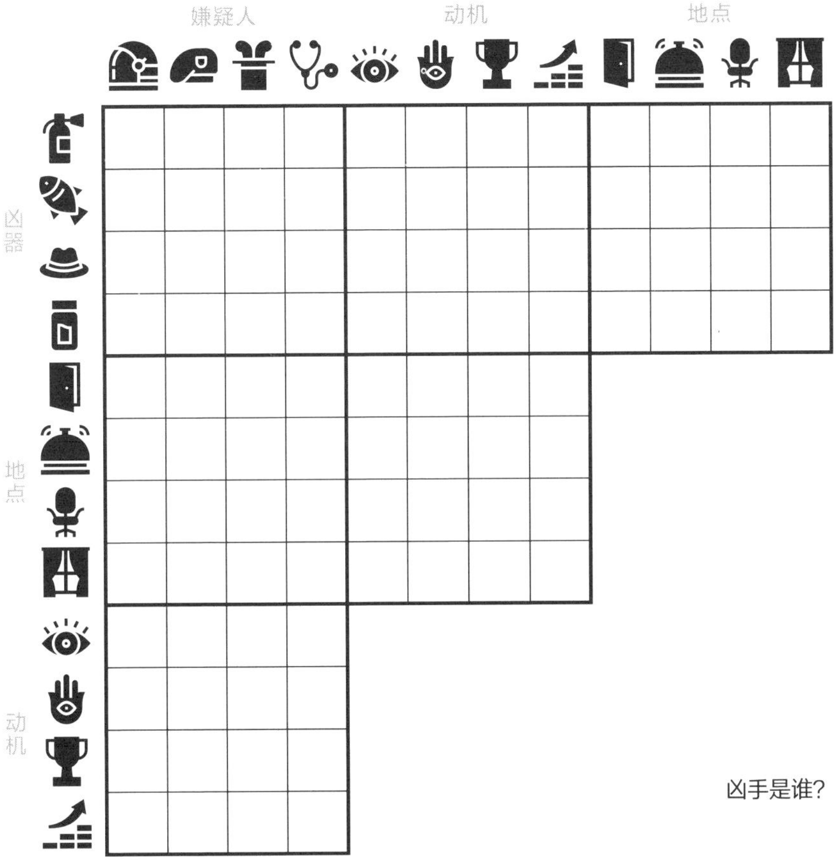

凶手是谁？

____

凶器是什么？

____

案发现场在哪里？

____

杀人动机是什么？

____

87. 水塔酒吧杀人事件

图威利·洛基克来胃口了，于是他去水塔酒吧和烧烤餐厅吃了点东西。食物的味道很差。不过，在他用餐时，店里发生了一起谋杀案，所以他至少不会太无聊。您瞧，一个酒保被杀了。

嫌疑人：

背景人马伦戈

您永远都不会对她有印象，所以她是个很好的群众演员，也是个了不起的杀人犯。

5 英尺 5 英寸 · 左撇子 · 浅棕色眼睛 · 深棕色头发 · 双子座

米德耐特三世

痴迷于为《妙探寻凶》的改编电影寻找取景地，他认为这么做可以让米德耐特电影制片厂重回巅峰。

5 英尺 8 英寸 · 左撇子 · 深棕色眼睛 · 深棕色头发 · 天秤座

达斯蒂导演

一位真正的电影制作人。不管要付出什么代价，他唯一关心的事就是把他的电影拍出来。

5 英尺 10 英寸 · 左撇子 · 淡褐色眼睛 · 光头 · 双鱼座

经纪人阿盖尔

和经纪人英克不同，阿盖尔没有一颗金子般的心，她甚至完全没有心。

6 英尺 4 英寸 · 右撇子 · 浅棕色眼睛 · 深棕色头发 · 处女座

地点：

酒吧 室内

饮料中的水来自正宗的水塔蓄水。

后门走廊 户外

主打迷人的水塔风光和可能遇到明星。

烧烤架 室内

为了节约成本，牛排的烧烤温度与室温相同。

卫生间 室内

也使用正宗的水塔蓄水。

凶器：

一把餐叉 轻量级 · 由金属制成

您仔细琢磨琢磨，这玩意儿其实比刀可怕得多。

一瓶红酒 中量级 · 由玻璃和酒精制成

小心酒渍，因为红色是洗不掉的。

一个 DVD 套盒 中量级 · 由木材制成

这个奢侈的盒子足以成为传家宝。

一枝假玫瑰 轻量级 · 由塑料制成

塑料制的假花茎强度足以勒死一个人。

动机：

摆脱一部烂片	获奖
接管好莱坞	挤进这个行业

线索与证据：

- 金属凶器映照出持有者浅棕色的眼睛。
- 想从烂片中解脱的人正对着水塔发愁。
- 拿着红酒的人不想挤进这个行业。对这个人来说，有酒就够了！
- 想获奖的人是右撇子。
- 有人看到达斯蒂导演在卫生间里转悠。
- 在一杯加水鸡尾酒的旁边有一片假玫瑰的花瓣。看起来很上镜。
- 米德耐特三世带了一个 DVD 套盒。（是为了观看还是为了谋杀？）

证词

（凶手总是会撒谎，而其他嫌疑人说的永远是实话。）

背景人马伦戈：好啦，餐叉是我拿过来的。
米德耐特三世：好吧，红酒不在后门走廊里。
达斯蒂导演：经纪人阿盖尔也不在后门走廊里。
经纪人阿盖尔：米德耐特三世不在酒吧里。

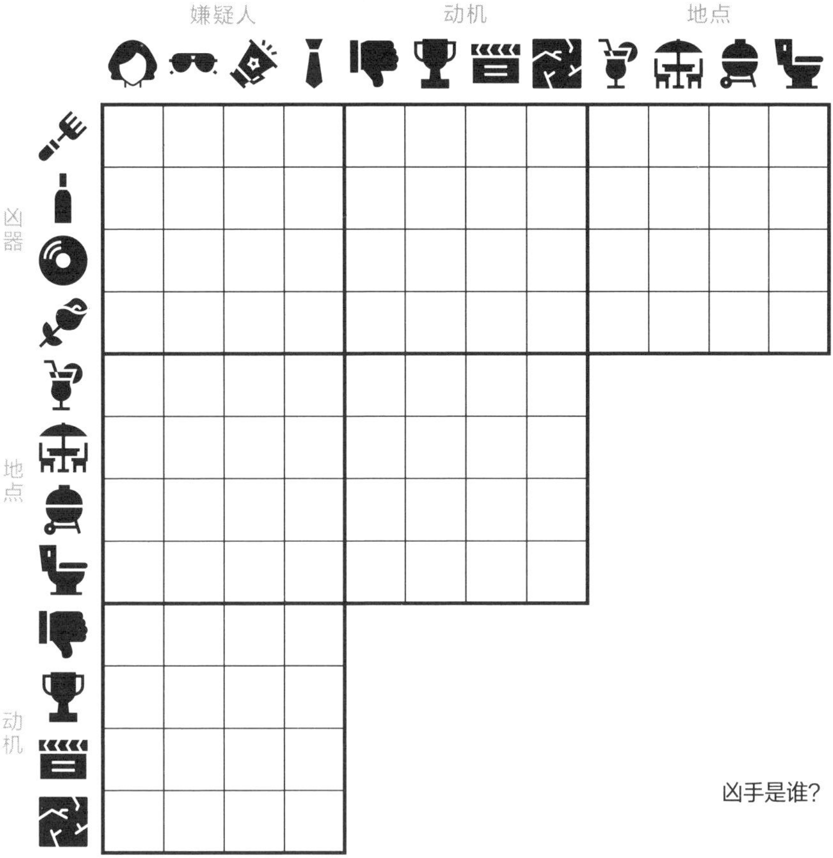

凶手是谁？

凶器是什么？

案发现场在哪里？

杀人动机是什么？

88. 布景之家杀人事件

当洛基克走进菲利希英童年的家的布景时，他感到一股难以抑制的悲伤和痛苦。他难以接受菲利希英的死亡，而更令他难受的是菲利希英的背叛。当饰演菲利希英的演员被杀后，他的心情更复杂了。

嫌疑人：

弗米利恩公爵

说实话，从身材来看，传奇演员西尔维顿更适合扮演公爵。

5 英尺 9 英寸 · 左撇子 · 灰眼睛 · 白发 · 双鱼座

奥比斯迪亚夫人

饰演奥比斯迪亚夫人的女演员与奥比斯迪亚夫人长得一模一样，真叫人难以置信。

5 英尺 4 英寸 · 左撇子 · 绿眼睛 · 黑发 · 狮子座

布朗斯通修道士

关于布朗斯通修道士的剧情大多数被砍掉了，他在电影里只是一个富有智慧的修道士导师。

5 英尺 4 英寸 · 左撇子 · 深棕色眼睛 · 深棕色头发 · 摩羯座

占星师阿祖尔

把案件调查局的所有人捏合起来，便诞生了占星师阿祖尔这样一个综合人物。

5 英尺 6 英寸 · 右撇子 · 淡褐色眼睛 · 浅棕色头发 · 巨蟹座

地点：

能停五十辆车的车库 室内

这些老爷车全都是米德耐特电影制片厂的道具室制造的道具。

服务员宿舍 户外

讽刺的是，服务员的工资数额和他们的宿舍一样小。

阳台 户外（伪造）

可以在这里俯瞰整片草地，不过那其实是一幅草地的遮景绘画。

草坪 户外（伪造）

草又长又密，被打理得很好，不过是假的，就像菲利希英扮演者的头发。

凶器：

一块催眠怀表 轻量级 · 由金属制成

如果您深深凝视这块表，就会知道现在几点了。

一根占卜棒 中量级 · 由木材制成

可以用来勘探水源、石油和容易上当的傻瓜。

一把水晶匕首 中量级 · 由水晶制成

它也许是用于某种仪式的，也可能只是作为壁炉架上的装饰。

一份毒酊剂 轻量级 · 由油和毒素制成

标签显示：一滴能治病，两滴要人命。

动机：

盗墓	宣扬玄学
窃取房产	测试一个阴谋

线索与证据：

- 弗米利恩公爵想盗墓，这是他的夙愿之一。
- 通告单上，有人记录了自己观察到的信息：占星师没有在占星，而是在催眠。
- 能停五十辆车的车库里有一名“圣油骑士团”成员。
- 有中量级凶器的人是“圣油骑士团”的成员。
- 一名“圣油骑士团”成员想要试探一个阴谋。
- 在一幅精美的遮景绘画旁发现了一根占卜棒。
- 有人看到布朗斯通修道士把自己塞进一个非常狭小的空间，和他在修道院的房间差不多大。

证词

（凶手总是会撒谎，而其他嫌疑人说的永远是实话。）

弗米利恩公爵： 占卜棒是狮子座嫌疑人带来的。
奥比斯迪亚夫人： 催眠怀表是我的。
布朗斯通修道士： 以上帝之名，想窃取房产的人在服务员宿舍里。
占星师阿祖尔： 有毒的酊剂不是奥比斯迪亚夫人的。

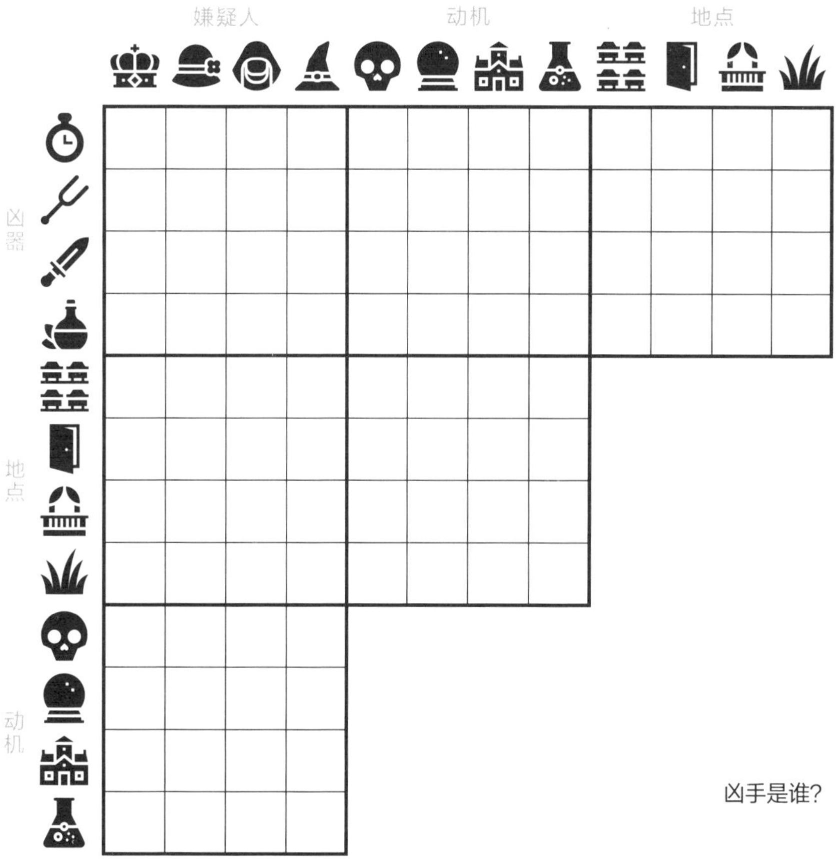

凶手是谁？

____

凶器是什么？

____

案发现场在哪里？

____

杀人动机是什么？

____

89. 后期制作工艺

洛基克很震惊地发现，整部电影拍摄完成后，工作才刚刚开始。人们还需要剪辑、配乐、混音、调色以及解决助理剪辑师被谋杀的案子。

嫌疑人：

一线明星亚波罗尼

当您跻身一线明星行列时，偶尔杀个人也不会妨碍您拍完一部电影。

5 英尺 6 英寸 · 右撇子 · 淡褐色眼睛 · 红发 · 天秤座

拉文德议员

上议院保守派议员，也是一位作品颇丰的音乐剧作曲家，但他的作品没有一部比得上《狗》。

5 英尺 9 英寸 · 右撇子 · 绿眼睛 · 灰发 · 处女座

达斯蒂导演

一位真正的电影制作人。他想拍一部经典之作。为此，他也许不得不杀人。

5 英尺 10 英寸 · 左撇子 · 淡褐色眼睛 · 光头 · 双鱼座

美国剪辑师协会会员珀尔

她剪辑过某些有史以来最叫好或最叫座的电影，但她剪辑的作品从来没有既叫好又叫座的。

5 英尺 5 英寸 · 右撇子 · 蓝眼睛 · 金发 · 水瓶座

地点：

水塔 户外

名气很大，但是里面空空如也，就像电影制片厂里明星们的脑袋。

配乐台 室内

这是给电影配乐的地方，里面通常有一支管弦乐队或一名 DJ。

后期制作工作室 室内

这是能让电影从无能的导演手中重生的地方。

水塔酒吧和烧烤餐厅 室内

一个主题餐厅，饮料的玻璃杯都是水塔形状的。

凶器：

一卷电影胶片 轻量级 · 由塑料制成

讽刺的是，这卷电影胶片记录的是一名男子被勒死的情景。

一条有毒的河豚 中量级 · 由鱼制成

经过细致处理后，可以安全食用。经过更细致的处理后，可以取人性命。

一辆高尔夫球车
重量级 · 由金属、塑料和橡胶制成

用于参观制片厂或把人撞死。

一个 ADR 麦克风 中量级 · 由金属制成

用于配音，也可以用于殴打头部。

动机：

挽回颜面	出于政治目的
为父亲报仇	摆脱一部烂片

线索与证据：

- 想摆脱烂片的嫌疑人不在水塔酒吧和烧烤餐厅里。
- 有一卷电影胶片的嫌疑人想为父亲报仇。
- 个子最高的嫌疑人被看到出现在后期制作工作室。
- 有毒河豚的主人想挽回颜面。
- 高尔夫球车是拉文德议员的。

证词

（凶手总是会撒谎，而其他嫌疑人说的永远是实话。）

一线明星亚波罗尼：您应该和我的经纪人谈，不过我私下和您说，水塔里有一卷电影胶片。

拉文德议员：水塔里的人想挽回颜面。

达斯蒂导演：我很忙，不过我知道美国剪辑师协会会员珀尔的杀人动机和政治有关。

美国剪辑师协会会员珀尔：我好像看到一线明星亚波罗尼拿了一卷胶片。

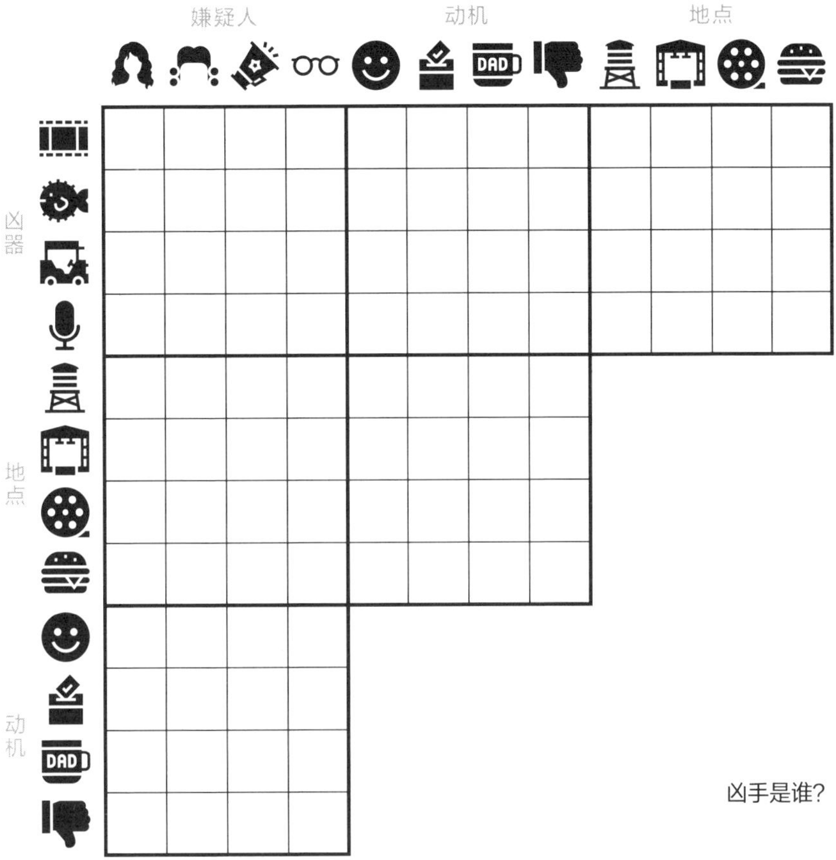

凶手是谁?

____

凶器是什么?

____

案发现场在哪里?

____

杀人动机是什么?

____

90. 经纪公司杀人事件

图威利 · 洛基克被制片厂发生的一系列谋杀案吓到了，他来到一座名叫“黑塔”的大楼，拜访一家艺人经纪公司，想看看是否能解除合同。在公司里，他发现一名客户被杀了，但其他人似乎并不在意，因为这名客户已经很多年没拍过赚钱的电影了。

嫌疑人：

经纪人阿盖尔

和经纪人英克不同，阿盖尔没有一颗金子般的心，她甚至完全没有心。

6 英尺 4 英寸 · 右撇子 · 浅棕色眼睛 · 深棕色头发 · 处女座

塞拉登部长

国防部长，需要对许多陷入崩溃的国家承担责任的家伙，其中一些国家现在仍以她的名字命名。

5 英尺 6 英寸 · 左撇子 · 绿眼睛 · 浅棕色头发 · 狮子座

米德耐特总裁

米德耐特电影制片厂的首席执行官。他关心儿子和他的遗产，但关心的顺序得颠倒一下。

6 英尺 2 英寸 · 右撇子 · 黑眼睛 · 黑发 · 摩羯座

**写手
布拉克斯顿**

他是好莱坞收入最高的编剧之一，也是水平最差的编剧之一。

6 英尺整 · 右撇子 · 浅棕色眼睛 · 光头 · 射手座

地点：

信件收发室 室内

这是新人刚入行时工作的地方。您要是够机灵，就会拆开竞争对手的信。

阳台 室内

往下看，仿佛整座城市尽在掌控。

大堂 室内

占地面积比任何一家文学经纪公司的大堂都要大一倍。大到您说话会有回声，就像在山洞里那样。

最好的办公室 室内

每个月业绩最好的经纪人可以使用这间办公室，而垫底的则会被干掉。

凶器：

一把钢刀 中量级 · 由金属制成

用于从背后捅人，然后撬走他们的客户。

一个奖杯 中量级 · 由金属制成

代表了一个显然没什么价值的好莱坞奖项。

一副牛皮手套 轻量级 · 由牛皮制成

当心戴牛皮手套的人。他们已经杀了一头牛：接下来轮到谁了？

一份上千页的合同 重量级 · 由纸制成

签上您的名字，出让您的权利——生命和未来。

动机：

证明某个观点	灭一个证人的口
接管一家电影制片厂	出于宗教原因

线索与证据：

- 钢刀的主人不想证明某个观点。
- 塞拉登部长是“黑死骑士团”的成员。
- 在一个山洞一样的空旷地方有一副牛皮手套。
- 想将一个证人灭口的嫌疑人在阳台上。
- “黑死骑士团”的所有成员都具备出于宗教原因的杀人动机。
- 某个光头准备签署一份文件，把自己的生命交给他人处置。
- 关于一位嫌疑人的全面报告刚一整理完，就被匆匆写在一个纸条上，交给了洛基克：经纪人，奖杯，收发室，制片厂。*

证词

（凶手总是会撒谎，而其他嫌疑人说的永远是实话。）

经纪人阿盖尔：上千页的合同不在大堂。
塞拉登部长：写手布拉克斯顿没戴牛皮手套。
米德耐特总裁：作为总裁，我可以透露的是塞拉登部长在最好的办公室里。
写手布拉克斯顿：米德耐特总裁不在信件收发室里。

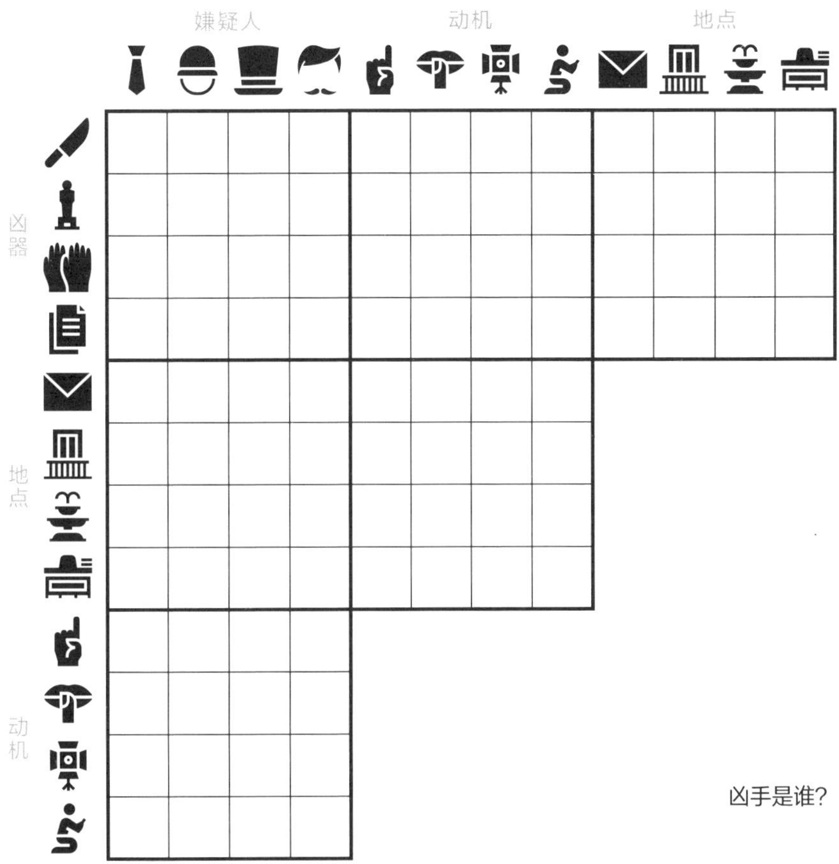

凶手是谁?

凶器是什么?

案发现场在哪里?

杀人动机是什么?

91. 加倍收费杀人事件

有人向洛基克推荐了一家主打处理娱乐行业业务的律师事务所。洛基车开车到达目的地后，看到巨大的大堂，立刻意识到这里的费用自己根本承担不起。幸运的是，一位律师刚刚遇害，所以他提出以破案换取折扣。

嫌疑人：

经纪人阿盖尔

和经纪人英克不同，阿盖尔没有一颗金子般的心，她甚至完全没有心。

6 英尺 4 英寸 · 右撇子 · 浅棕色眼睛 · 深棕色头发 · 处女座

写手
布拉克斯顿

在这里遇见哥哥令他有点尴尬，因为他改了姓。

6 英尺整 · 右撇子 · 浅棕色眼睛 · 光头 · 射手座

派因法官

主宰法庭的人，正义的坚定信徒，而何为正义由她自己说了算。

5 英尺 6 英寸 · 右撇子 · 深棕色眼睛 · 黑发 · 金牛座

布莱克斯通律师

在律师最重要的技能上堪称天才：因谋杀罪被第一家律所解雇时，能在另一家律所找到工作。

6 英尺整 · 右撇子 · 黑眼睛 · 黑发 · 天蝎座

地点：

合伙人办公室 室内

房间里满是合伙人和世界各地领导人的合影，尤其是那些恶名昭彰的独裁者。

档案馆 室内

这里存放的古代法律文献可以追溯到《汉穆拉比法典》。它们都属于一家博物馆。

休息室 室内

有一名全职咖啡师、一台步入式冰箱和一个装满名贵美酒的喷泉。

大堂 室内

和这个大堂相比，别的律所大堂就像二手车交易市场的厕所一样。

凶器：

一大堆文件 重量级 · 由纸制成

大部分是用于拍摄《妙探寻凶》电影的土地收购合同。

一袋现金 重量级 · 由布料和纸制成

非常适用于行贿或其他腐败行为。

一支金笔 轻量级 · 由金属和墨水制成

这支笔曾被用于签署《大宪章》。

一座古董钟 重量级 · 由木材和金属制成

嘀嗒，嘀嗒。严格说起来，时间在慢慢杀死我们每一个人。

动机：

复仇	房地产诈骗的一环
绝望之下杀人	获取更高的提成

线索与证据：

- 在房地产骗局中想要杀人的嫌疑人，头发是黑色的。
- 想得到更高提成的人眼睛是浅棕色的。
- 一位秘书快速写下一个简略的纸条，把它交给洛基克：绝望→杀人→档案馆 *
- 拿着金笔的人想复仇。
- 有人看到射手座嫌疑人在和咖啡师聊天。
- 一张独裁者的照片旁传来微弱的嘀嗒声。

证词

（凶手总是会撒谎，而其他嫌疑人说的永远是实话。）

经纪人阿盖尔：情况是这样的：写手布拉克斯顿带了一袋现金。
写手布拉克斯顿：把我说的拍下来：一大堆文件在大堂内。
派因法官：从司法角度而言，古董钟的主人想要更高的提成。
布莱克斯通律师：我先给您提供证词，账单随后附上：派因法官带了一大堆文件。

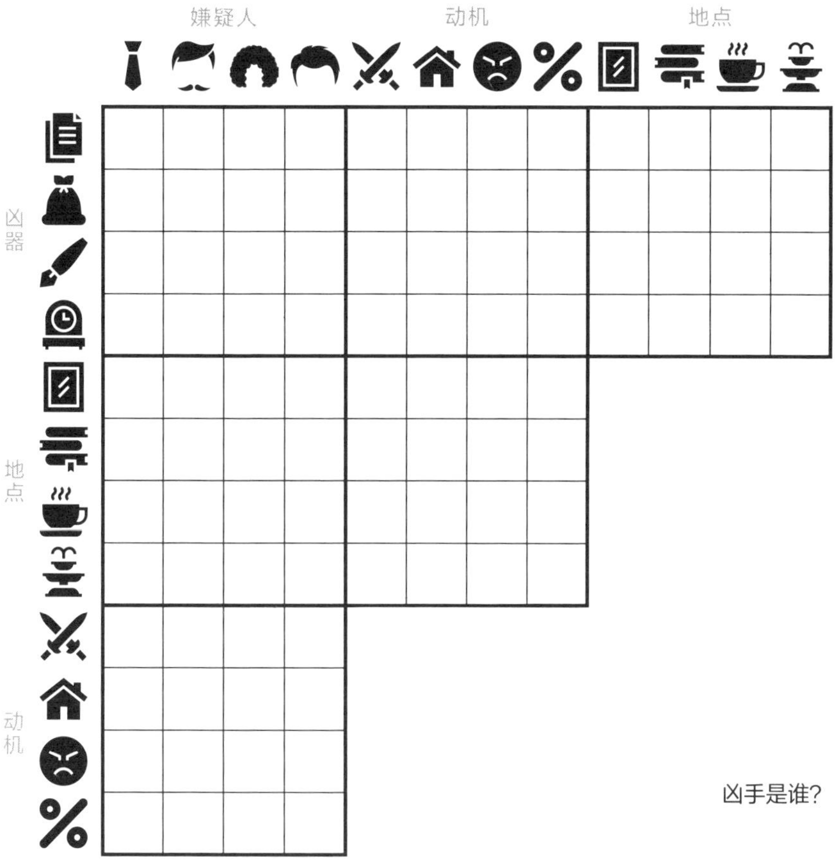

凶手是谁？

凶器是什么？

案发现场在哪里？

杀人动机是什么？

92. 推理秀杀人事件 🔍🔍🔍🔍

图威利 · 洛基克打电话给菲利希英探长，他知道对方能帮上自己。电话通了，洛基克问他怎么才能逃离好莱坞。菲利希英对他说：“冷静点，去这个地方。”洛基克到达后，发现这里是个小剧场，里面正在上演好莱坞推理秀。

作为一名专业侦探，他在最后一幕开始之前就解开了谜团。

嫌疑人：

艾普格林助理

她父亲为她终于离开公社而感到骄傲，但她旋即搬去了好莱坞……

5 英尺 3 英寸 · 左撇子 · 蓝眼睛 · 金发 · 处女座

背景人马伦戈

您永远都不会对她有印象，所以她是个很好的群众演员，也是个了不起的杀人犯。

5 英尺 5 英寸 · 左撇子 · 浅棕色眼睛 · 深棕色头发 · 双子座

超级粉丝史莫基

他知道米德耐特电影制片厂的每部侦探片是在哪里取景的，却不知道该如何交朋友。

5 英尺 10 英寸 · 左撇子 · 黑眼睛 · 深棕色头发 · 处女座

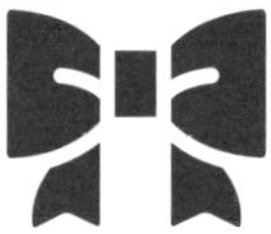

萨芙伦小姐

美丽迷人，不过脑子可能不太好使。这也许是她故意立的人设。或者，她就是想让您觉得她是故意为之。

5 英尺 2 英寸 · 左撇子 · 淡褐色眼睛 · 金发 · 天秤座

地点：

观众席 室内

一群喧闹的观众。他们不停地大喊大叫，似乎这就是他们的目的。

灯光室 室内

只有一个人站在狭小拥挤、装满旋钮和开关的隔间里，控制着所有的灯。

舞台 室内

舞台一侧，音乐家正在用键盘演奏；另一侧，女主人正端着饮料与密码管理员闲聊。

演员休息室 * 室内

演员们在这里化妆和嗑药。房间里只有一盏蓝色电灯泡。所以，与其说这是绿色房间，不如说它是一个蓝色房间。

凶器：

一罐威士忌 中量级 · 由金属和毒素制成

如果您把对身体的长期影响考虑进去，这可能是全书中最危险的凶器。

一枝假玫瑰 轻量级 · 由塑料制成

塑料制的假花茎强度足以勒死一个人。

一把“道具”刀
轻量级 · 由金属和橡胶制成

奇怪的是，这把刀和真刀一样锋利。等一下——

一盏鬼灯 重量级 · 由金属和玻璃制成

剧院有一种迷信说法：永远要留一盏灯亮着。说的就是这盏灯。

动机：

出于电影行业的利益考虑	和演出主题有关
转移视线	宣扬玄学

线索与证据：

- 在一盏蓝灯下发现了一盏鬼灯。
- 一把“道具”刀从未被带上舞台，这让它配不上道具的定位。
- 萨芙伦小姐有一件轻量级凶器。
- 个子第二高的嫌疑人是唯一一个非“好莱坞推理协会”成员的人。
- 拿着一罐威士忌的人想转移视线。
- 打算宣扬玄学的人有一头深棕色头发。
- “好莱坞推理协会”的成员不允许接近旋钮。
- 为了电影行业的利益而下手的嫌疑人就在观众席上。

证词

（凶手总是会撒谎，而其他嫌疑人说的永远是实话。）

艾普格林助理：我记了笔记，个子最高的嫌疑人在舞台上。
背景人马伦戈：哦！我带了一罐威士忌。
超级粉丝史莫基：鬼灯不是我带来的。
萨芙伦小姐：问我知道什么？好吧，艾普格林助理在观众席上。

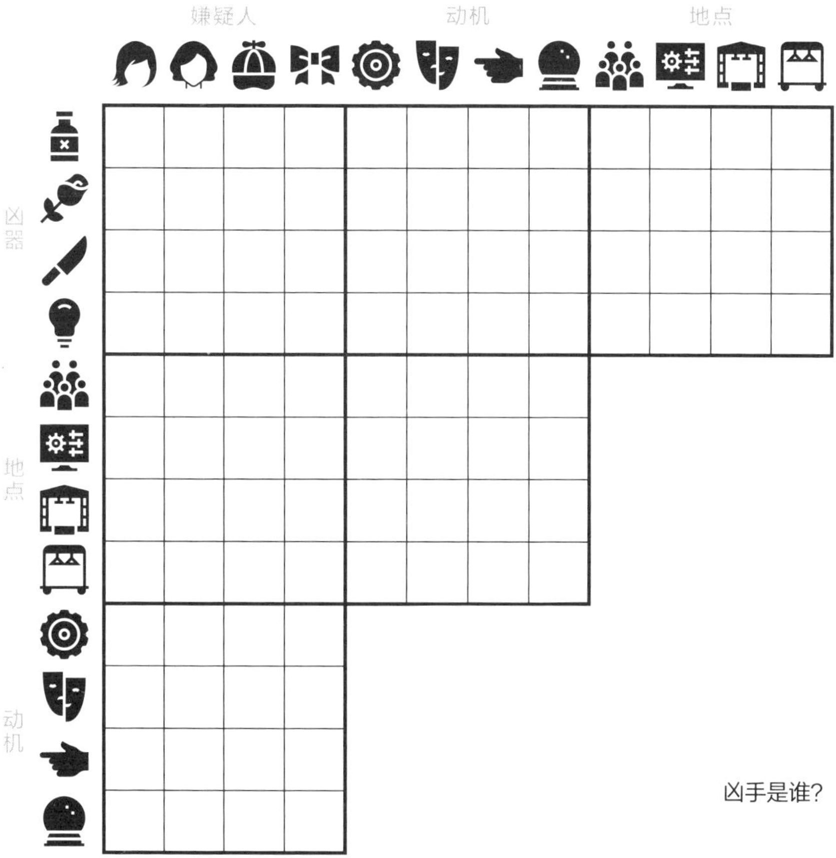

凶手是谁？

____

凶器是什么？

____

案发现场在哪里？

____

杀人动机是什么？

____

93. 魔法商店杀人事件

洛基克在一个角落里邂逅了好莱坞魔法商店。这里有拍电影所需的一切——魔法书、魔法粉、照明设备，还有一个死去的店员。他再次冒出了那个疑问：为什么菲利希英指引他去找这些人呢？

嫌疑人：

阿祖尔主教

作为当地教堂的主教，她因同时为朋友和敌人祈祷而知名。当然，她祈祷的是完全相反的东西……

5 英尺 4 英寸 · 右撇子 · 浅棕色眼睛 · 深棕色头发 · 双子座

达斯蒂导演

一位真正的电影制作人。他想拍一部经典之作。为此，他也许不得不杀人。

5 英尺 10 英寸 · 左撇子 · 淡褐色眼睛 · 光头 · 双鱼座

尚帕涅同志

一位富有的共产党员，喜欢周游世界和喝气泡酒。

5 英尺 11 英寸 · 左撇子 · 淡褐色眼睛 · 金发 · 摩羯座

米德耐特叔叔

父亲去世后，他买了一座带泳池的沙漠豪宅，然后退休了。那年他 17 岁。

5 英尺 8 英寸 · 左撇子 · 蓝眼睛 · 深棕色头发 · 射手座

地点：

秘密房间 室内

用于举行魔法仪式和拍摄照片。

后勤办公室 室内

办公室的主人——一名好莱坞推理作家——在这里完成了他的大部分创作。

前门走廊 户外

有一个揽客的招牌，上面写着“供应您创造奇迹所需的全部用品”。

主房间 室内

可以买到种类齐全的魔术用品、推理小说等商品。

凶器：

一颗水晶球 重量级 · 由水晶制成

如果您盯着它看，它会向您透露未来——只要您的未来是一颗水晶球。

一个奖杯 中量级 · 由金属制成

看上去像是整个好莱坞最普通的物品。

一把手杖剑 中量级 · 由金属制成

锋利、隐蔽，外观与普通手杖无异。

一把被诅咒的匕首
中量级 · 由金属和珠宝制成

一位公爵夫人用它自杀，临死前对它下了咒。

动机：

偷一块水晶	宣扬玄学
出于电影行业的利益考虑	卖一个剧本

线索与证据：

- 拿水晶球的嫌疑人是金发。
- 个子第二矮的嫌疑人是“黑牛教”的。
- 主房间里的人是右撇子。
- 想要偷一块水晶的人在后勤办公室。
- 一位“黑雨高级骑士团”的成员带来了一把被诅咒的匕首。
- 遇害店员在死前艰难地只写下了两个字：杯　右 *
- 达斯蒂导演待在一个他曾用来拍摄照片的房间里。
- 持手杖剑的嫌疑人想要为了电影行业的利益下手。
- “黑牛教”成员不可能同时成为“黑雨高级骑士团”成员：两个社团是竞争对手。

证词

（凶手总是会撒谎，而其他嫌疑人说的永远是实话。）

阿祖尔主教： 诅咒匕首的主人想卖一个剧本。
达斯蒂导演： 我不在后勤办公室里。
尚帕涅同志： 我不在主房间内。
米德耐特叔叔： 听好了，达斯蒂导演在秘密房间里。

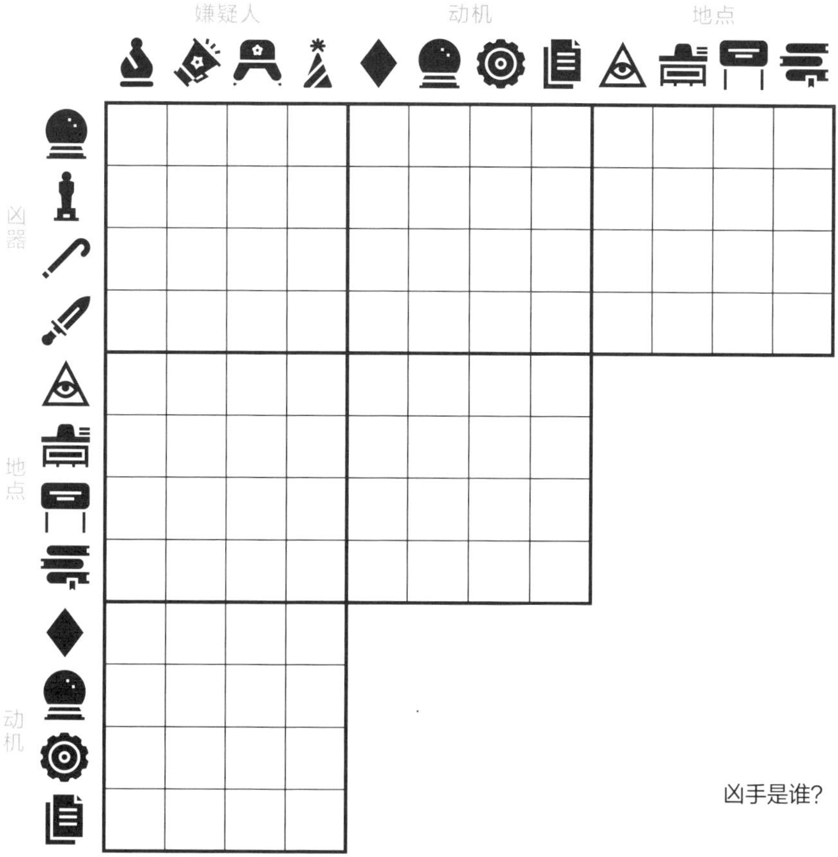

凶手是谁?

____

凶器是什么?

____

案发现场在哪里?

____

杀人动机是什么?

____

94. 仪式杀人事件

不过，好莱坞悬疑协会的五名成员随后便将洛基克带进了后面的秘密房间。他们关掉了所有灯，然后开始唱歌跳舞，表演某种魔法仪式，突然——一声尖叫传来！当灯光亮起时，其中一人已经死亡。

嫌疑人：

背景人马伦戈

您永远都不会对她有印象，所以她是个很好的群众演员，也是个了不起的杀人犯。

5 英尺 5 英寸 · 左撇子 · 浅棕色眼睛 · 深棕色头发 · 双子座

超级粉丝史莫基

他知道米德耐特电影制片厂的每部侦探片是在哪里取景的，却不知道该如何交朋友。

5 英尺 10 英寸 · 左撇子 · 黑眼睛 · 深棕色头发 · 处女座

艾普格林助理

也许有一天，她会再次让父亲为自己感到骄傲。或者，她会成为杀人凶手。

5 英尺 3 英寸 · 左撇子 · 蓝眼睛 · 金发 · 处女座

跨性别者唐格莱

他的存在证明非二元性别者也可能是杀人犯。唐格莱是艺术家、诗人和犯罪嫌疑人。

5 英尺 5 英寸 · 左撇子 · 淡褐色眼睛 · 金发 · 双鱼座

地点：

卫生间 室内

就算是举办秘密仪式的房间，也不能没有厕所。（这属于建筑准则。）

暗门 室内

位于好莱坞魔法商店的一个书架后面，只要拿出某本书即可打开。

魔法阵 室内

地板上有很多不规则的线条和圆圈，具有神力。

祭坛 室内

仪式的主导者站在上面，全程进行主持。

凶器：

一瓶红酒 中量级 · 由玻璃和酒精制成

小心酒渍，因为红色是洗不掉的。

一面玫瑰旗 轻量级 · 由帆布制成

黑色的旗帜上有一朵红玫瑰。

一个奖杯 中量级 · 由金属制成

仪式中用到了这个奖杯。它的确具有某种力量。

一支颇有分量的蜡烛 重量级 · 由蜡制成

很沉，但还是能给房间照明。

动机：

因为气氛不对了	出于电影行业的利益考虑
创作优秀的艺术作品	接管好莱坞

线索与证据：

- 要么是为了电影行业利益动手的嫌疑人在暗门里，要么是奖杯在暗门里。
- 玫瑰旗的主人想接管好莱坞。
- 厕所里发现了一块红色污渍。
- 只有“玫瑰和钥匙骑士团”的成员想创作优秀的艺术作品。
- 一名成员匆匆写下一条不太完整的信息：气分 × × 人的是处女广。*
- 马伦戈从未涉足魔法阵。
- 在祭坛上发现了一滴蜡。
- 艾普格林助理不是“玫瑰和钥匙骑士团”成员。

证词

（凶手总是会撒谎，而其他嫌疑人说的永远是实话。）

背景人马伦戈：哦！超级粉丝史莫基带了一瓶红酒。
超级粉丝史莫基：哇！卫生间里有一瓶红酒。
艾普格林助理：长话短说，旗子是我带来的。
跨性别者唐格莱：红酒的主人会因为气氛不对而杀人。

凶手是谁?

凶器是什么?

案发现场在哪里?

杀人动机是什么?

95. 免费新闻杀人事件

图威利·洛基克神不知鬼不觉地把菲利希英探长从软禁的地方带出来，两人在洛基克的公寓里庆祝一番后，前往好莱坞本地一家聚焦行业动态的报社。“米德耐特电影制片厂被卷入了一场国际阴谋！”编辑首先表示，他需要找到此事的证据，而他提到的第二件事是他们的助理编辑刚刚遇害。

嫌疑人：

艾沃丽编辑

事实证明，成为谋杀犯会毁了一名爱情小说编辑的职业生涯。但这并不妨碍她在好莱坞的生意蒸蒸日上。

5英尺6英寸·左撇子·浅棕色眼睛·灰发·天蝎座

图书奖得主
甘斯伯勒

甘斯伯勒长达6000页的小说并没能让他的生活条件有所改善。于是他当了一名记者，结果还是付不起账单。

6英尺整·左撇子·淡褐色眼睛·浅棕色头发·双子座

写手
布拉克斯顿

写手布拉克斯顿绝对不当记者，他是冲着专访来的。

6英尺整·右撇子·浅棕色眼睛·光头·射手座

尚帕涅同志

尚帕涅同志来到这里是想看看他能否组织工人们加入工会，让他们走上夺取话语权的道路。

5英尺11英寸·左撇子·淡褐色眼睛·金发·摩羯座

地点：

开放式办公区 室内

所有作家都在这里编写自己的小说和新俚语。到处都是揉成一团的稿纸。

印刷机 室内

一台大型机器，由齿轮、皮带和滚筒组成。

阳台 户外

别往下看！不只是因为令人恐高，还因为可能有人会推您一把。

天台 户外

早在 20 世纪 70 年代，这里是一个直升机停机坪。现在变成了一块关节炎药物的广告牌。

凶器：

一把拆信刀 轻量级 · 由金属制成

有人拆信不用手撕，而是用这样一把锋利的小刀。

一台笔记本电脑
中量级 · 由金属和科技制成

要用它来工作，却也因它连接的各种内容而分心。

一尊大理石半身像
重量级 · 由大理石制成

这是一位杰出记者的半身像，但别去搜他的信息，您不会喜欢查到的结果的。

一台打印机 重量级 · 由塑料和科技制成

要是您过了 50 岁，大概率会知道如何使用这种设备。

动机：

掌握权力	绝望之下杀人
阻止革命	摆脱勒索

线索与证据：

- 想掌握权力的人是左撇子。
- 以泥土为主题创作书籍的作家不是“涂油礼教”的成员。
- 一把拆信刀被卡在皮带和齿轮当中，发出刺耳的声音。
- 和图书奖得主甘斯伯勒身高相同的嫌疑人被看到有一台笔记本电脑。
- 一名“涂油礼教”成员在天台上。
- 一位实习生递给洛基克一个杂乱无章的线索纸条：革阻人机想打主的印命止。*
- 站在阳台上会因绝望而产生杀人的念头。
- 想摆脱勒索的嫌疑人被目击到在室内。

证词

（凶手总是会撒谎，而其他嫌疑人说的永远是实话。）

艾沃丽编辑：好吧，我在印刷机那里。

图书奖得主甘斯伯勒：我是图书奖得主，我的证词可信：阳台上有一尊大理石半身像。

写手布拉克斯顿：图书奖得主甘斯伯勒带了一把拆信刀。

尚帕涅同志：作为工人阶级，我说的话很可靠：我带了一尊大理石半身像。

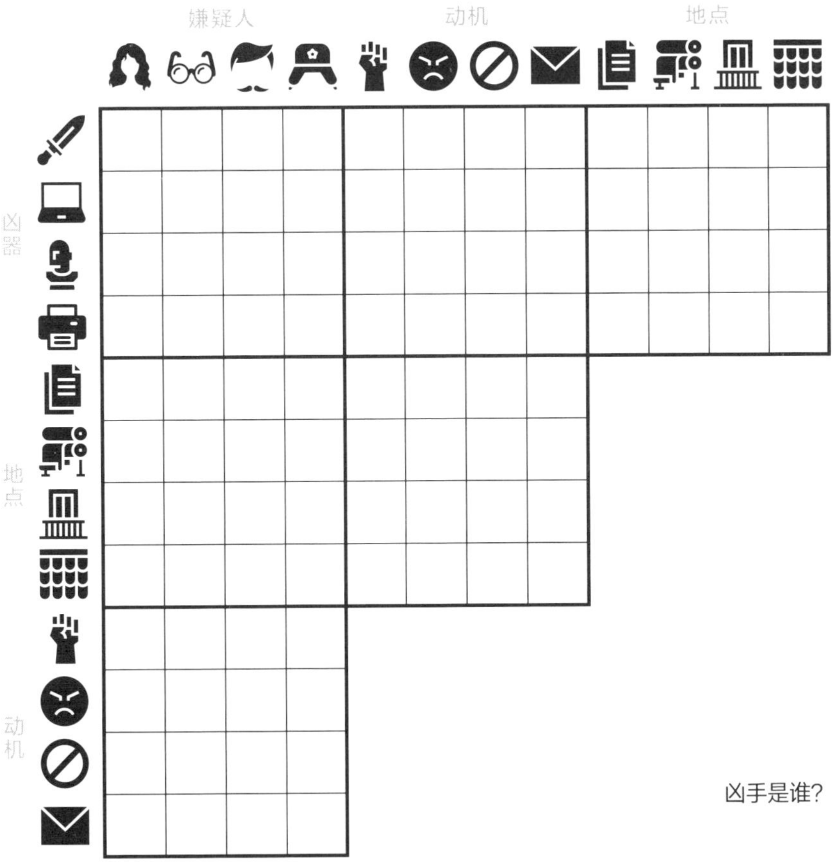

凶手是谁?

凶器是什么?

案发现场在哪里?

杀人动机是什么?

96. 潜入调查 🔍🔍🔍🔍

图威利·洛基克和菲利希英探长用一个老把戏溜进了制片厂：撒谎。他们装扮成机械师，贴了假胡子，径直走了进去。后来，他们明白了一切为什么这么顺利：保安遇害了。

嫌疑人：

米德耐特三世

他认为父亲的精力在拍电影和赚钱上被分散了，而这毁了制片厂。

5 英尺 8 英寸 · 左撇子 · 深棕色眼睛 · 深棕色头发 · 天秤座

塞拉登部长

国防部长，需要对许多战争承担罪责的家伙，其中一些恶行现在仍以她的名字命名。

5 英尺 6 英寸 · 左撇子 · 绿眼睛 · 浅棕色头发 · 狮子座

米德耐特总裁

米德耐特电影制片厂的首席执行官。他关心艺术和生意，但关心的顺序得颠倒一下。

6 英尺 2 英寸 · 右撇子 · 黑眼睛 · 黑发 · 摩羯座

执行制片人斯蒂尔

现在，她是好莱坞最有钱、最聪明、最刻薄的制片人。

5 英尺 6 英寸 · 右撇子 · 灰眼睛 · 白发 · 白羊座

地点：

豪华剧场 室内

给高管审片子的地方。他们没有导演能力，但喜欢指指点点。

平房 室内

艺人拍电影期间住这里，这样制片厂就不用付酒店房间的费用了。

道具室 室内

在这里制造各种假刀、假车和假的眼泪。

上锁的舞台 室内

没人知道里面是什么。已经锁了很多年了。

凶器：

一叠塔罗牌 轻量级 · 由纸制成

这些谋杀主题的塔罗牌可以帮您了解自己未来的命数。

一个奖杯 中量级 · 由金属制成

到了现在，洛基克确定这东西可以用来当镇纸。

一个 C 型支架 重量级 · 由金属制成

可用于支撑光源或挥击头颅。

一个放大镜 中量级 · 由金属和玻璃制成

您可以用它来寻找线索或敲打某人的脑袋。

动机：

拿回属于自己的荣誉	宣传一部电影
复仇	接管好莱坞

线索与证据：

- 想宣传电影的嫌疑人在平房里。
- 在豪华剧场正北方的建筑里发现一张揭示财运的卡牌。（参见四号物证。）
- “焚毁天才骑士团”的每个成员都想拿回属于自己的荣誉。
- 分析员在米德耐特三世的衣服上发现了金属制凶器的痕迹。
- 在保安的文件里发现一条有很多错别字的信息：放大竟的主人想衔关好来乌。*
- C 型支架是摩羯座嫌疑人的。**
- 每个拿过奖的人都加入了“焚毁天才骑士团”。
- 电影制片厂参观签到处正东方向建筑里的嫌疑人是右撇子。（参见四号物证。）

证词

（凶手总是会撒谎，而其他嫌疑人说的永远是实话。）

米德耐特三世：我不在豪华剧场里。
塞拉登部长：上锁的舞台里有一个放大镜。
米德耐特总裁：米德耐特三世没带放大镜。
执行制片人斯蒂尔：听好了，我想接管好莱坞。

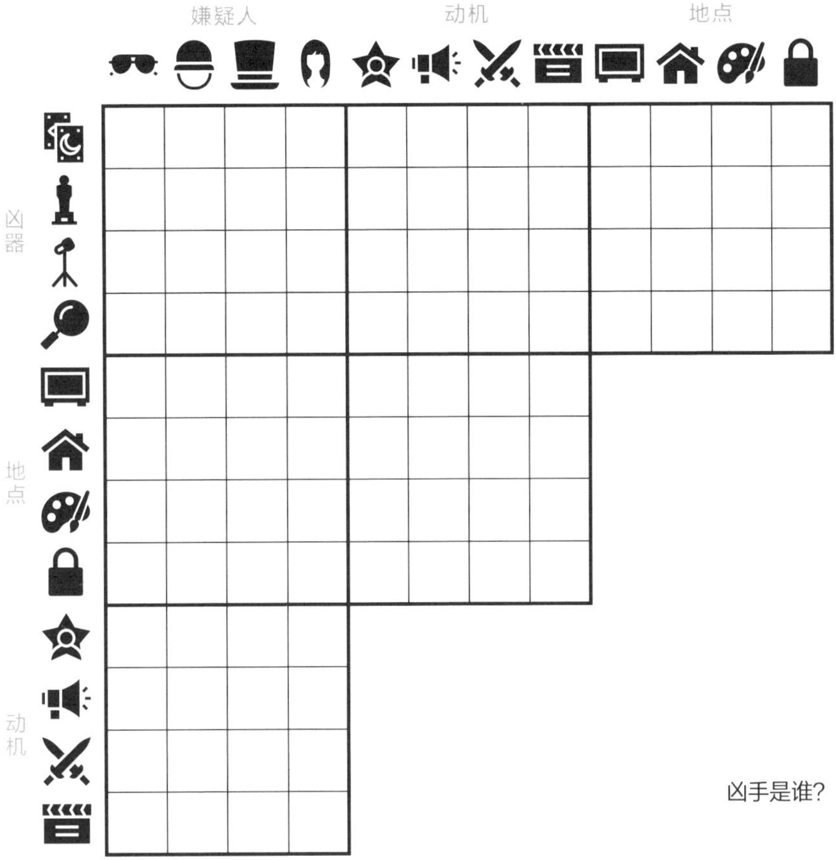

凶手是谁?

凶器是什么?

案发现场在哪里?

杀人动机是什么?

97. 平房的道德守则

在破获了制片厂内的一起谋杀案后，图威利·洛基克和菲利希英探长又去了平房，询问临时居民有关古代遗迹的情况。他们本没有拜访的理由，但幸运的是，当他们到达时，一个临时演员被杀了。

嫌疑人：

写手
布拉克斯顿

他是好莱坞收入最高的编剧之一，也是水平最差的编剧之一。

6 英尺整·右撇子·浅棕色眼睛·光头·射手座

传奇演员西尔维顿

黄金时代的著名演员，如今已步入晚年。

6 英尺 4 英寸·右撇子·蓝眼睛·银发·狮子座

一线明星亚波罗尼

本月演技最好、最受欢迎的女演员。

5 英尺 6 英寸·右撇子·淡褐色眼睛·红发·天秤座

米德耐特叔叔

父亲去世后，他买了一座带泳池的沙漠豪宅，然后退休了。那年他 17 岁。

5 英尺 8 英寸·左撇子·蓝眼睛·深棕色头发·射手座

地点：

1

1 号平房 室内

供刚入行的编剧居住。有卧室、厨房和厕所，但都在同一个房间里。

2

2 号平房 室内

当他们给您升级到 2 号平房时，您就知道自己成功了。哇！还有标准尺寸的冰箱？

3

3 号平房 室内

给明星用的房间。有独立阳台，淋浴间有两个淋浴喷头。

4

4 号平房 室内

豪华平房永远不开放，即使是明星，在它面前也得知道自己的斤两。

凶器：

一台古董打字机 重量级 · 由金属制成

来自 20 世纪 20 年代，相当于好莱坞的新石器时期。

一个奖杯 中量级 · 由金属制成

颁给最佳解谜书电影改编奖获得者，代表了至高无上的荣誉。

一大本电影剧本 重量级 · 由纸制成

由于设置了特许放映权，因此多了 50 页乏味的说明条款。

一支钢笔 轻量级 · 由金属和墨水制成

签支票和捅人脖子皆宜，可惜会漏墨。

动机：

谋财	复仇
偷一本获奖图书	获奖

线索与证据：

- 一大本电影剧本的主人不想谋财害命。
- 在只有一间房的平房里发现了一滴墨渍。
- 洛基克收到一名记者的一条信息，是用“下一个拼音字母代码”编写的：whzmf gtn ihzmf cd qdm rgh ytn ohd yh。*
- 米德耐特叔叔被人看到在冰箱旁边。
- 一线明星亚波罗尼要么在双淋浴喷头下，要么带了一台古董打字机。
- 想复仇的嫌疑人在 4 号平房里。

证词

（凶手总是会撒谎，而其他嫌疑人说的永远是实话。）

写手布拉克斯顿：我在 4 号平房里。

传奇演员西尔维顿：我知道的情况是，2 号平房里有一台古董打字机。

一线明星亚波罗尼：您应该和我的经纪人谈，不过我私下和您说，传奇演员西尔维顿带了一台古董打字机。

米德耐特叔叔：听好了，一大本电影剧本在 3 号平房里。

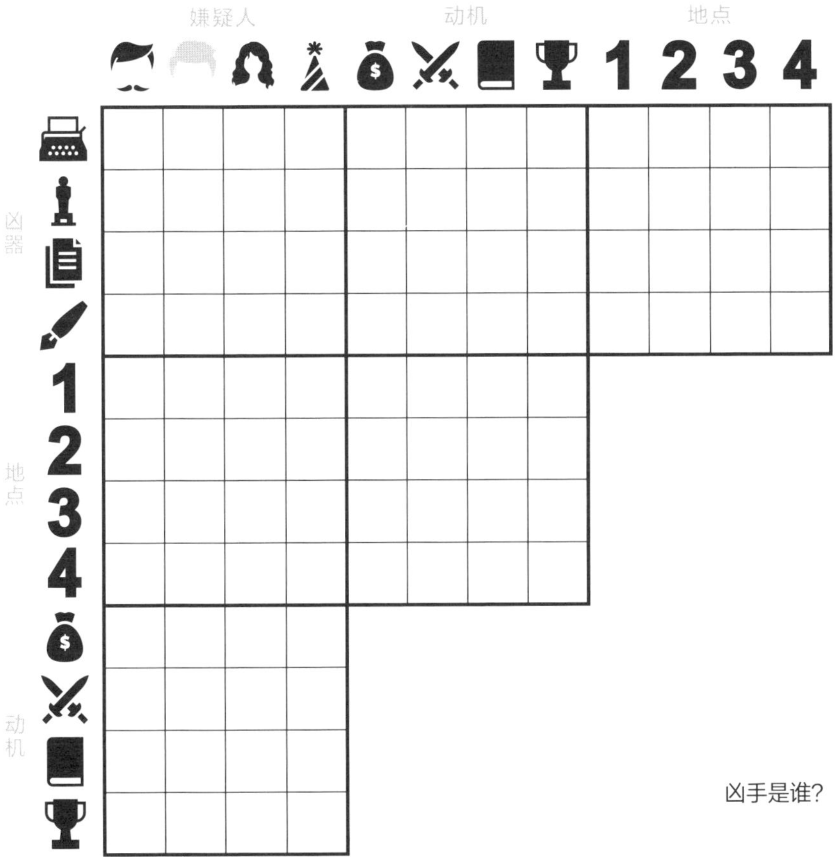

凶手是谁?

____

凶器是什么?

____

案发现场在哪里?

____

杀人动机是什么?

____

98. 恐怖舞台

奥比斯迪亚夫人带领两人来到制片厂西面神秘的录影棚。在紧锁的门外，美国剪辑师协会会员珀尔和米德耐特三世正在为《妙探寻凶》电影版的结局争论不休。当奥比斯迪亚夫人举起钥匙时，他们似乎都惊呆了。

珀尔说："很多年都没人进过上锁的录影棚了。"

"也许是时候了。"米德耐特三世回答说，"让我们瞧瞧我父亲在搞什么名堂。"

奥比斯迪亚夫人打开门锁，他们蹑手蹑脚地走了进去。但当他们笼罩在黑暗中时，耳边又传来一声尖叫。有人杀了菲利希英！再一次！

嫌疑人：

美国剪辑师协会会员珀尔

她剪辑过某些有史以来最叫好或最叫座的电影，但她剪辑的作品从来没有既叫好又叫座的。

5 英尺 5 英寸 · 右撇子 · 蓝眼睛 · 金发 · 水瓶座

科珀警官

米德耐特电影制片厂唯一未被谋杀的保安。

5 英尺 5 英寸 · 右撇子 · 蓝眼睛 · 金发 · 白羊座

奥比斯迪亚夫人

没错，她杀了很多人，但其他人似乎都不会因为杀人而受到惩罚，凭什么她是例外？

5 英尺 4 英寸 · 左撇子 · 绿眼睛 · 黑发 · 狮子座

米德耐特三世

他认为电影《妙探寻凶》能够重现公司昔日的辉煌。

5 英尺 8 英寸 · 左撇子 · 深棕色眼睛 · 深棕色头发 · 天秤座

地点：

油布 室内

这块油布覆盖着仓库中央一个巨大的物体。

大型容器 室内

储藏待精炼原油的地方。

巨型机器 室内

某种用于提炼的设备或分离罐，或者是其他什么工具？

抽油机 户外

它正加班加点把原油从制片厂地底下抽出来。

凶器：

一个油桶 重量级 · 由金属和原油制成

与其说是鼓，不如说是个罐子：从没有乐队以油桶独奏为特色。

一把刀 中量级 · 由金属制成

您可以用它来做很多事，比如切菜，或者谋杀。

一根钢筋 中量级 · 由金属制成

长条状金属。如果这都不算凶器，世上便没有凶器了。通常与水泥放在一起。

一把铲子 中量级 · 由金属和木材制成

用铲子杀人的好处是作案后还可以用它来挖坑埋尸。

动机：

获得升迁	接管一家电影制片厂
保守一个秘密	获奖

线索与证据：

- 油桶是科珀警官带来的。
- 一名“远古兽血教”的成员有刀。
- 菲利希英攥着一张乱码字条，上面写着：人一口手金冈竹月力白勺人不木目心得丬夕一人。*
- 有人注意到米德耐特三世在查看一块神秘的油布。
- 一名“远古兽血教”的成员想获得升迁。
- 铲子的主人在抽油机旁边。
- 只有蓝眼睛的人才能加入“远古兽血教”。
- 美国剪辑师协会会员珀尔想保守一个秘密。

证词

（凶手总是会撒谎，而其他嫌疑人说的永远是实话。）

美国剪辑师协会会员珀尔：我好像看到科珀警官在一台巨型机器旁边。
科珀警官：我没在油布附近。
奥比斯迪亚夫人：米德耐特三世不在巨型机器旁边。
米德耐特三世：巨型机器旁边没有钢筋。

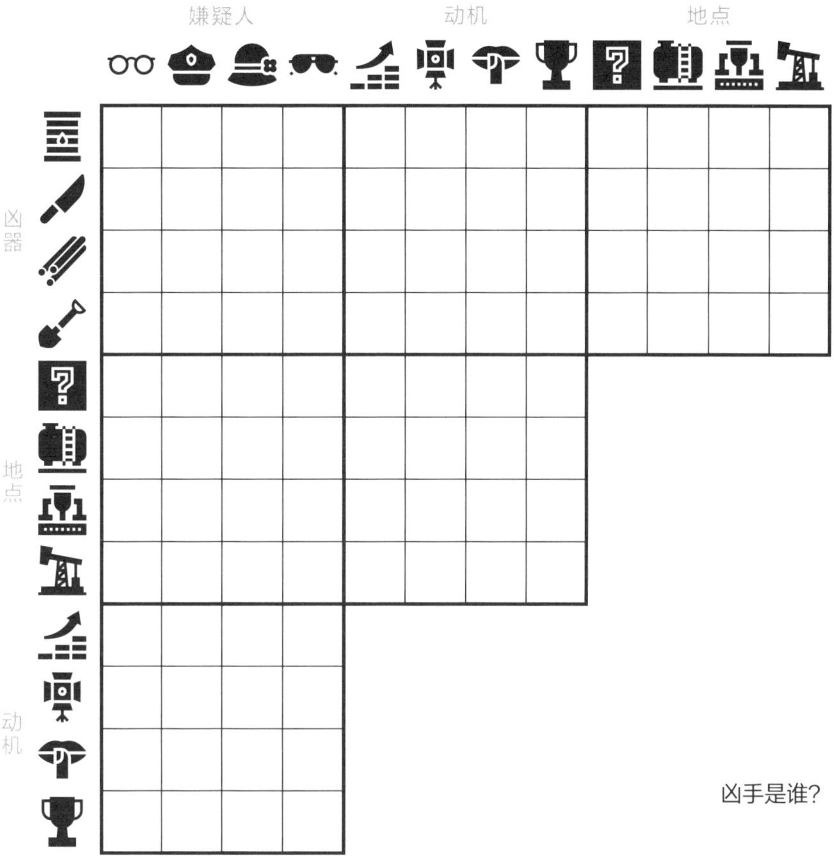

凶手是谁？

凶器是什么？

案发现场在哪里？

杀人动机是什么？

99. 米德耐特电影制片厂的诞生

突然间，图威利 · 洛基克觉得一切都说得通了。在菲利希英探长幻视术的帮助下，他可以（在脑海中）穿越时空，清晰地看到电影制片厂的创建过程，一幅幅加了怀旧滤镜的画面浮现在眼前。它的诞生并非出于对电影的热爱，而是出于贪婪。不信您瞧，这片土地的原主人被谋杀了。

嫌疑人：

米德耐特一世

米德耐特电影制片厂的创始人，一个能让人多劳少得的天才，也是有史以来最吝啬的人之一。

5 英尺 11 英寸 · 右撇子 · 蓝眼睛 · 深棕色头发 · 双子座

少年米德耐特

那时他还是少年，父亲刚刚送给他这顶滑稽的高顶礼帽。

6 英尺 2 英寸 · 右撇子 · 黑眼睛 · 黑发 · 摩羯座

阿马兰特总统

货真价实的法国总统，喜欢和选民们打成一片，尤其是其中特定的百分之一人群。

5 英尺 10 英寸 · 右撇子 · 灰眼睛 · 红发 · 双子座

齐克老板

他多年前就摸清了出版业的门道，此后事业便蒸蒸日上。他称电子书为“新风尚”，但至今仍拥有一部使用拨号盘的电话。身家十亿美元。

5 英尺 9 英寸 · 右撇子 · 蓝眼睛 · 白发 · 射手座

地点：

石油井架 户外

他们正在用这座巨大的井架开掘另一口油井。

抽油机 户外

它正开足马力，快速地上下摆动，将石油从地底下抽上来。

古代遗迹 户外

您可以从油田的边缘看到它们在夕阳余晖中的剪影。

办公室 室内

空调温度之低，快把油田产出的电力用光了。

凶器：

一根撬棍 中量级 · 由金属制成

说实话，这玩意儿在犯罪场合出现的频率远超其他场合。

一根钢筋 中量级 · 由金属制成

长条状金属。如果这都不算凶器，世界便没有凶器了。通常与水泥放在一起。

一个油桶 重量级 · 由金属和原油制成

与其说是鼓，不如说是个罐子：从没有乐队以油桶独奏为特色。

一把铲子 中量级 · 由金属和木材制成

用铲子杀人的好处是作案后还可以用它来挖坑埋尸。

动机：

成立电影制片厂	破坏同盟关系
继承遗产	帮忙赢得一场战争

线索与证据：

- 不是少年米德耐特在抽油机旁，就是米德耐特一世带了一把铲子。
- 个子最矮的嫌疑人和油桶的主人存在竞争关系。
- 想帮忙赢得一场战争的嫌疑人在抽油机旁。
- 阿马兰特总统在一间空调房里休息。
- 古代遗迹里的嫌疑人是深棕色头发。
- 想成立电影制片厂的嫌疑人站在古代遗迹旁。
- 油桶的主人想继承遗产。

证词

（凶手总是会撒谎，而其他嫌疑人说的永远是实话。）

米德耐特一世：再清楚不过了，乔克老板带了一根钢筋。

少年米德耐特：我没带钢筋。

阿马兰特总统：铲子在古代遗迹里。

乔克老板：我想想…… 米德耐特一世带了一把铲子。

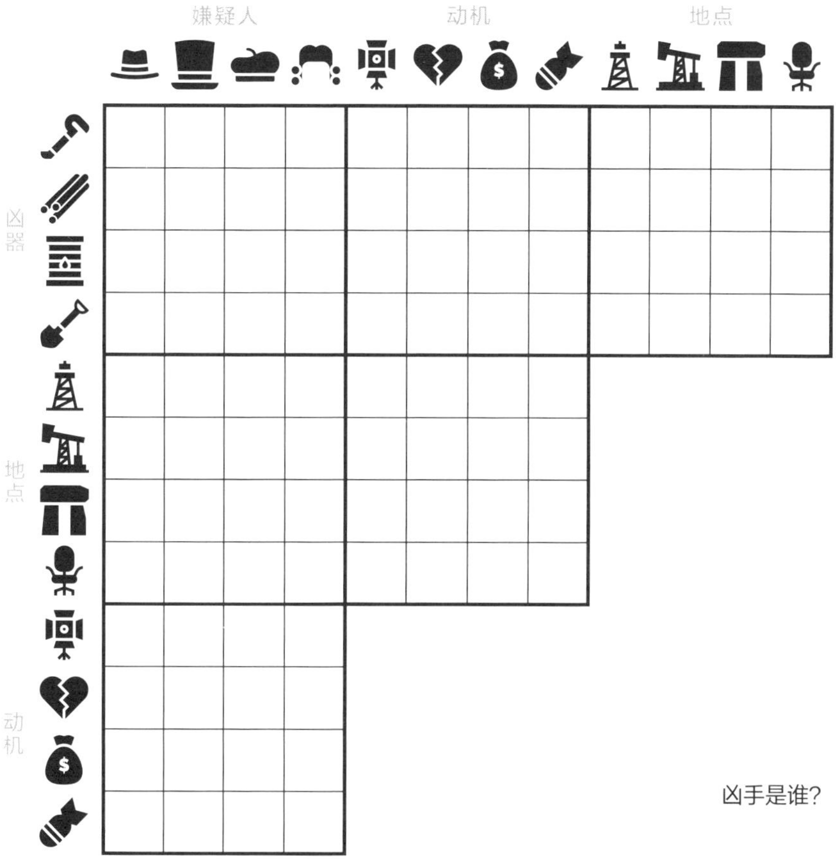

凶手是谁？

____

凶器是什么？

____

案发现场在哪里？

____

杀人动机是什么？

____

100.《妙探寻凶》首映式杀人事件

电影《妙探寻凶》的首映式将在米德耐特电影制片厂的豪华剧场举行。首映前一晚，图威利·洛基克接到一通电话。“我知道是谁陷害了菲利希英！”一个神秘的声音说道。但当洛基克询问对方是谁时，电话被挂断了。

首映式当晚，洛基克和菲利希英穿着晚礼服来到现场，他们发现米德耐特电影制片厂的副总裁已经遇害。洛基克在受害人口袋里发现了一张纸条，上面写着他的电话号码。如果洛基克能破获这起谋杀案，他就能一举解开整个谜团。

嫌疑人：

米德耐特三世（Midnight）

米德耐特电影制片厂创始人的孙子。他能否让公司再现黄金时代的辉煌呢？

5 英尺 8 英寸 · 左撇子 · 深棕色眼睛 · 深棕色头发 · 天秤座

米德耐特总裁（Midnight）

米德耐特电影制片厂的首席执行官。他会为了维护自己的权力而大开杀戒吗？

6 英尺 2 英寸 · 右撇子 · 黑眼睛 · 黑发 · 摩羯座

奥比斯迪亚夫人（Obsidian）

一直以来，世界上最伟大的推理小说家都仅仅是为了给自己的作品集增加素材而制造谋杀的吗？

5 英尺 4 英寸 · 左撇子 · 绿眼睛 · 黑发 · 狮子座

菲利希英探长（Irratino）

令人费解的侦探。这是否意味着他说的每句话都是谎言？

6 英尺 2 英寸 · 左撇子 · 绿眼睛 · 深棕色头发 · 水瓶座

地点：

舞台 室内

如果您受邀来这里看电影，就得在电影结束后忍受台上的问答环节。

豪华座席 室内

红色天鹅绒座椅，像过去一样。椅子上还黏着当年的口香糖。

紧急逃生通道 室内

很难找到。因为制片厂用胶带遮住了应急灯，使影院彻底陷入黑暗。

售货摊位 室内

所有的摊位都是免费的，因此小得令人发指。来一小份爆米花和一小瓶汽水！

凶器：

一个奖杯 中量级 · 由金属制成

整个好莱坞最重要的东西，也是最没有意义的东西。

一条红鲱鱼 中量级 · 由鱼制成

要是您抓住鱼尾巴，准能感受到不小的劲儿。

一根月亮石法杖 中量级 · 由水晶制成

可用于施法，也可以用来击打颅骨。

一瓶红酒 中量级 · 由玻璃和酒精制成

小心酒渍，因为红色是洗不掉的。

动机：

掌权	接管电影制片厂
复仇	钻探石油

线索与证据：

- 在古代遗迹上刻着的迷宫中，以与“o”相通的字母为姓氏首字母的人并不想接管电影制片厂。（参见三号物证。）*
- 售货摊位上的嫌疑人是“动画学会”的成员。
- 案件调查局发布了他们的报告（参见二号物证）：
   **
- 一根月亮石法杖上黏着陈年的口香糖，而且没有人会让一条红鲱鱼上台。
- 要么是奖杯的主人想钻探石油，要么是奥比斯迪亚夫人带了一瓶红酒。
- “动画学会”只招收黑发成员。
- 有影迷把自己的想法仓促地写下，递给洛基克：米总想掌权。
- 侦探俱乐部终于联系上了洛基克，他们用老规矩发了一条加密信息：blf ivm uz crzm qrzmt yvr hsr wr vi zr wv crzm br ivm wv。（参见一号物证。）***

证词

（凶手总是会撒谎，而其他嫌疑人说的永远是实话。）

米德耐特三世：容我打断一下，月亮石法杖是我父亲带来的。

米德耐特总裁：我儿子想接管电影制片厂。

奥比斯迪亚夫人：想复仇的人在售货摊位上。

菲利希英探长：米德耐特总裁不在售货摊位上。

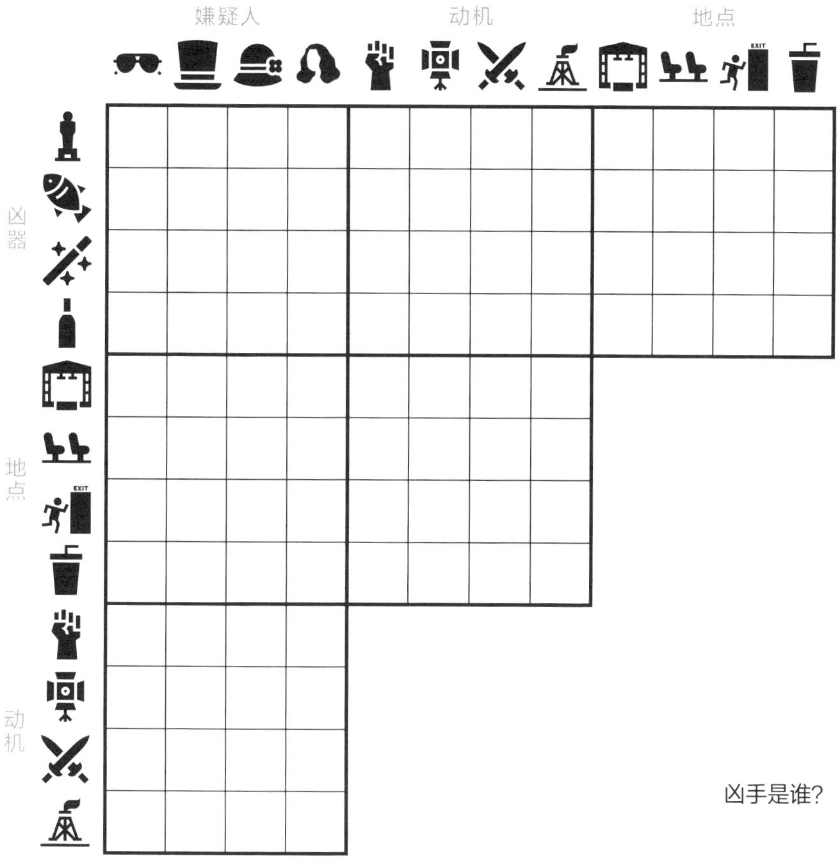

凶手是谁?

凶器是什么?

案发现场在哪里?

杀人动机是什么?

致谢

首先，我要感谢侦探俱乐部的各位解谜天才。我还要特别感谢在谜题撰写过程中提供即时测试的成员们，包括亚历山大·毛恩、丹妮尔·埃斯佩尔、梅根·贝克、奥桑德拉·怀特、蒂根·佩雷特、埃尔、桑迪亚·斯里克苏玛、莉比·“默契”·斯坦普、布鲁·汉森和阿尔·哈德·海德。（感谢卡埃拉提交了第一个由粉丝创建并投票选出的嫌疑人娃娃脸布卢。这样的合作以后还多着呢！）

但是，如果没有我的朋友丹尼尔·多诺霍律师，《妙探寻凶》就不会存在，这本书起初是因为他才诞生的。他孜孜不倦的反馈和批评，让我们的谜题臻于完美。他既是一位魔术师，也是一位律师，所以他能让您的法律难题突然消失。

贝利·诺顿为所有角色提供了占星分析。她了解星星的奥秘，因为她自己就是一个明星：本周您可能会在洛杉矶看到她的喜剧演出！

感谢阿明·奥斯曼，他是我的朋友，也是我的合作者。你在最短时间内给了我很好的建议。这是无价之宝。你真是个天才。

如果没有我出色的经纪人梅丽莎·爱德华兹，这本书就不会存在。给她送再多花也不够，但我会努力的！

感谢考特尼·利特勒，我在圣马丁出版社的编辑，她对《妙探寻凶》深信不疑，让这本书成为三卷本中的第一卷（希望还会有更多）。感谢你的智慧、知识和不断的鼓励。还要特别感谢凯莉·斯通，考特尼在圣马丁出版社的助理。助理们做了太多的工作，却很少得到表扬，所以也要谢谢你们。罗布·格罗姆设计了本书的封面，奥马尔·查帕设计了本书的内页，如果没有他们俩，本书不会有现在一半好看。我非常感谢他们的努力，也非常感谢萨拉·斯韦特对文字本身的校对。埃里克·梅耶和梅丽尔·克罗夫特提供了重要的时间轴，让一切都井井有条。如果没有斯蒂芬·埃里克森在市场营销方面的努力和赫克托·德让在宣传方面的努力，您现在可能就读不到这本书了。

还有大卫·邝，解谜专家，他花时间在电话里和我讨论谜题，他的经验和见解弥足珍贵。再次感谢你。

很多好友通过他们的反馈、建议和鼓励帮助我完善了《妙探寻凶》，其中包括朱莉·皮尔森、埃里克·西格尔、迈卡·谢尔、莱文·梅内克斯、KD. 达维拉、柴·赫克特、杰西·弗利特、香农·桑德斯、林赛·卡尔森、雷·雷伯格、克里斯汀·沃克、杰西卡·贝隆、埃里克·巴纳德、德克斯特·沃尔科特、伊娃·达罗查、凯特琳·帕里什、罗布·图博夫斯基、道格·帕特森、安迪·科恩、罗布·戈德曼、梅根·苏萨和胡安·鲁巴尔卡瓦。非常感谢大家。

好莱坞悬疑协会的所有成员，无论过去还是将来，我都是你们的忠实粉丝。

我的母亲雪莉·卡伯法官是自耶稣诞生以来最好的母亲，感谢你无尽的爱和支持。感谢你，诺曼·威尔金森法官，感谢你一直陪伴着我的母亲，也陪伴着我。谢谢你，珍妮·威尔金森，谢谢你在我去洛杉矶的时候一直陪着我（也谢谢你帮他们做这些谜题）。

最后，也是最重要的一点，我要向我十年的伴侣达妮·梅瑟施密特致以最诚挚的谢意，感谢你对我的爱和支持。没有你，我不可能写出这本书，所以我希望每天都能回报你一分。

如果我不慎在致谢中漏了谁的名字，下次我请你喝一杯酒。

目录

提示

1. 就在图威利 · 洛基克调查案件的时候，宅邸内的电话响了。他接起电话，一个神秘兮兮的声音说道：“洛基克，我刚刚用符文算了一卦，算出来奥比斯迪亚夫人用餐叉吃东西。”洛基克还没来得及问对方是谁，电话就挂断了。

2. 洛基克在一个瓶子里发现一张字条。打开一看，那是一封写给他的短信！信上写道：“洛基克，星象清晰地显示，在古代遗迹里有一绺被扯下来的熊毛。”

3. 墙上贴着一张打印纸，上面写着：“洛基克！我们的灵媒说抽象派雕塑旁有一只鸽子。”至少这一次他听懂了灵媒想表达什么。

4. 洛基克收到一通电报，上面是一条奇怪的信息。他破解了摩斯密码，看懂了对方的意思：“神秘力量显示毛威副总裁在蒸汽机旁停。”*

* 在旧式电报中，“停”放在句子末尾为了表示信息结束，因为标点符号需要额外付费，而文字是免费的。

5. 图威利 · 洛基克一时兴起，查看了自己的星盘，结果发现一条奇怪的信息：“洛基克！我看到克里姆森医生站在天台上！”这是谁写的？

6. 洛基克这次不需要依靠灵异的超自然信息了——他亲眼看到宇航员布鲁斯基就站在那面涂鸦墙旁。

* 此条线索答案：咖啡将军没有撬棍。

7. 一个快递员递给洛基克一张纸条，上面的内容简单明了：“我凝视火焰占卜真相，结果出来了——剪子是执事的！”

8. 替补管家递给洛基克一张纸条，上面写着：“根据我抽的塔罗牌，鲁莱恩爵士有一座古董钟。”

9. 洛基克在迷宫中迷路了，他抬起头，看到有人在天空写了一条信息：“拉文德在喷泉里游泳！”留言的不管是什么人，绝对神通广大。

10. 卫生间的镜子上凝了一层雾，上面显示这样一条信息：“我的政治占卜棒告诉我，角落的雅座上坐着一个共产主义者。”

* 国际象棋中的一种经典开局方式，将前兵移动到 e4 位置。

11. 电话铃响起，咖啡师助理请洛基克过去接听。电话那头传来一个诡异的、低沉的声音：“根据预言家诺查丹玛斯的说法，那个得到图书奖的家伙也有一块砖头。”

12. 为了理清思路，洛基克出门散步去了。他看到街上的涂鸦写道：“迹象很明显——斯莱特船长在珍本书室内。”

13. 有人在书末的空白处草草写了一句话：“咖啡下士有一把捅人的匕首。”洛基克不喜欢别人在书上乱写乱画，但这个提示还是挺有用的。

*　在美国西部文学和影视作品中，好人戴白帽子，恶人则会戴黑帽子。

14. 奥比斯迪亚夫人这本书的版权页上胡乱写着：“马伦男爵是案件调查局的第一位成员。”

15. 洛基克翻到书的背面，发现有人写了一个提示：“第五章说，海盗湾有一门自卫用的火炮！”

16. 洛基克听到另一个房间里有一位经纪人对着电话大喊：“别再打电话来了！这里没有叫图威利·洛基克的人！没人在乎艾沃丽编辑在阳台上待着！”

*　此条线索答案：经纪人英克有一令纸。

17. 另一艘船驶过，旗杆上横幅飘扬，上面写着：“就像洗过的塔罗牌一样，这些字真是太潦草了。第一个字是‘甲’。”

*　此条线索答案：甲板上的人是左撇子。

18. 一位代表发表了一项声明：“我刚收到一条消息。我必须告知各位，那张纸条上的实际内容是，传奇演员西尔维顿带了一支钢笔。这条信息很怪，但它就是这么写的。”

*　此条线索答案：演员不相信有厚书的人。

19. 图威利·洛基克接到一通神秘电话，对方低声说：“会断粮的小镇幸好有一台六分仪。”这真是一通离奇的恶作剧电话。

20. 洛基克把他的推理学院毕业文凭放在了候客室中显眼的地方。他这回用不着神秘纸条的提示了。

21. 真奇怪，在所有关于当地的法律档案里，夹着一张纸条，上面潦草地写着收件人是图威利·洛基克。具体内容是：“根据灵视，如果把每个拼音字母往后挪一位，就能读懂线人的消息。”

* “鼓”的英文是 drum，而“油桶”的英文是 oil drum，此处是 drum 的一语双关。

** 此条线索答案：个子最矮的嫌疑人不在古代遗迹旁。

22. 洛基克收到陌生号码发来的一条短信：“我们的水晶球占卜师说，大理石半身像在合伙人办公室里，我敢跟你赌 1000 万美元！”事实的确如此。幸运的是，洛基克没应下赌局。

* 此条线索答案：助理律师办公室里的嫌疑人有绿色的眼睛。

23. 一个神秘人物送来一个神秘的包裹。安保人员检查确认安全后，把包裹交给了图威利·洛基克。里面有一份单页的文件和一张纸条，纸条上写着：“我是在停车场找到这页文件的。”

* 此条线索答案：法庭的人是右撇子。

24. “好吧，”科珀警官说，“是哪个机灵鬼在我背后贴了这张便条，说什么根据星座占卜可知，法槌在我这里?!”

* 此条线索答案：派因法官坐在审判席上。

25. 图威利·洛基克收到一条短信，上面就一句话：“在这里，你只能靠自己了。”

* 此条线索答案：我们都在室内看到了律师。

** 此条线索答案：最矮的嫌疑人案发期间正在水疗馆中。

26. 洛基克终于有空查看邮箱，他发现了一个神秘的红色信封。信封上潦草地写着：“你可以相信霍尼市长。”

27. 一棵橡树（已经死了）上刻着一句话：“大师就在路上！”

28. 案件调查局里有一名员工，擅长用超自然方法解谜。他信誓旦旦地称，草本植物学家欧尼克斯就在天文台。

29. 凝结着水雾的浴室镜子上，浮现出一句有用的提示：“相信社会学家！”

* 此处指马克斯·韦伯，现代社会学奠基人之一。

30. 图威利·洛基克在口袋里发现了一张纸条，上面写着：“请相信高级炼金术士雷文！”

31. 图威利·洛基克用无线电向菲利希英探长求助。“啊，我刚才做了一个和案件有关的梦，”菲利希英说，“毛威有一块原木！”

32. 图威利·洛基克把菲利希英探长叫起来。菲利希英禁食了四十八小时，他向等得心焦的图威利·洛基克透露了饥饿幻视法的结果：“皮带上有一滴恶心的黏液。”

33. 菲利希英悄悄给图威利·洛基克看了一下他带来的水晶骷髅：“这对破案有用吗?”

34. 菲利希英探长观星象后说：“布朗斯通修道士说的是实话。”

35. 菲利希英探长破解了微风传来的秘语后，宣布“月亮石法杖是语言学家弗林特带来的”。

36. 菲利希英翻开他的梦境日记，随意挑选出一些字词，最终拼成了一句话：“案发现场在货舱。”

37. 菲利希英探长用符文占了一卦，在书中查找了对应的解释。他还是更相信自己的理解，于是声明：“霍尼市长带了一把古剑。”

38. 菲利希英探长通过幻视看到：在一张大床下面有一把水晶匕首。

39. 菲利希英在他房间里进行了一次通灵。通灵结束后，他说："谋杀是在舞厅发生的。"

40. 菲利希英探长仿佛被催眠了，他恍惚道："艾明斯子爵戴手套是为了掩饰他苍白瘦削的双手。"

* 真正的 100 美元纸币上面的富兰克林人像是没有胡子的。

41. 探长动用精神力量发现了本案中的一个新的事实："神奇的奥瑞林有一台类永动机！"不过，他很难用精神力量把勺子弄弯。

42. 菲利希英通过研究马克杯底部的咖啡残余得到两个结论：（1）咖啡将军有一个烧水壶；（2）这地方需要更好的咖啡滤纸。

43. 菲利希英探长大喊："神啊，杀人动机是什么？"他没有得到任何回应，于是又喊道："神啊，杀人手法是什么？"他听到一个答复："企鹅是被毒死的。"

44. 菲利希英让大家都来帮他研究这个案子，并动笔记录和分析，然后宣布：派因法官在森林后台。

45. 菲利希英探长解读了自己抽到的塔罗牌，然后发表了声明："艾沃丽编辑被目击到在一个毫不恶心的生鸡蛋旁边转悠。"

46. 菲利希英探长仔细研究代码后说道："这是典型的案件调查局代码，每个符号代表其对应含义的英文单词首字母。"

* 此条线索答案：金牛座嫌疑人有鱼叉。

47. 菲利希英探长夜观星象，然后宣布："占星师阿祖尔在垮塌的屋顶下面。"

*　此条线索答案：天蝎座嫌疑人在死亡森林里。

48. 菲利希英探长解析了自己的梦境，然后宣布："拉皮斯修女带了一件圣物。"

49. 菲利希英探长行为怪异，可当洛基克问起时，他说自己实际上正通过千里眼看到一棵扭曲的树上有一滴蜡。

*　此条线索答案：托斯卡纳校长有一块岩石。

50. 图威利 · 洛基克依据 46 号案件（死亡游轮第二季）的方法识别了来自案件调查局的加密信息。

*　此条线索答案：天蝎座嫌疑人有一根水手绳。

51. 洛基克在想菲利希英会怎么做，想象着菲利希英会说什么，脑子里冒出的第一个念头是："想偷窃尸体的人有一把扫帚。"

52. 奇怪，提示还是写在凝了一层雾的卫生间镜子上：个子第二矮的嫌疑人有一块催眠怀表。

53. 洛基克从菲利希英的一叠旧塔罗牌里抽了一张，他猜测这张牌的意思是：马伦男爵被人目击到出现在一个可爱的小山坡上。

*　巴尔盖斯特，英国民间传说中的犬状妖怪。

**　多巴尔楚，爱尔兰民间传说中的一种生物，既像狗，又像水獭。

***　博德明荒原野兽，一种神秘的猫科动物，曾被发现出没于英国康沃尔郡东北部的博德明地区。

****　指埃米尔 · 杜尔克姆，法国社会学家，社会学创始人之一。

54. 洛基克仰望星空，试图理解其中可能隐藏的含义。也许星星在说，毛威有一个捕熊器？菲利希英肯定知道答案。

* 此处为英文单词的谐音梗：“桨”是 oar，“拿着桨的人”是 oar-der，而 oar-der 与 order（有“井然有序”之意）谐音。

55. 洛基克记得他梦中的某个画面：“大门下有一把登山斧。”他更希望自己梦到的是菲利希英。

56. 经过和菲利希英这段时间的相处，洛基克的本能告诉自己，纱线的主人是警察。

57. 洛基克试图按照菲利希英的指导进行星体投射，但他忘记了某个关键步骤，所以没能随心所欲地在星海遨游，而是被困在了教堂的门厅。他注意到那里的确有火药燃烧留下的痕迹！

58. 洛基克想象着菲利希英会把信息藏在哪里，进而思考那会是一条怎样的信息。也许是：弗米利恩公爵夫人在喷泉旁。

59. 菲利希英探长用他的塔罗牌占卜，然后宣布：“有人看到艾沃丽编辑在核反应堆附近转悠。”

* 此条线索答案：艾沃丽编辑想偷一本获奖图书。

60. 洛基克想象菲利希英通过阅读他的掌纹，告诉他尚帕涅同志有一根铅管。

61. 洛基克按照菲利希英教导的方法用占卜棒在岛上探测，他在垮塌的屋顶上找到了一根扫帚毛。

62. 日报被周报取代，然后又变成月报，月报变成网站，网站再变成博客。博客上有人刚刚发布了一条匿名评论：“邻居看到普通人布鲁斯基先生带了一根铅管。”

63. 某天，一名戴兜帽的修道士吟唱道："禁书上有一块神圣的红色污渍。"洛基克能听出这句歌词吗？

64. 洛基克听见旧主楼暗处的一个人影引起了学生们的惊呼。

* 此条线索答案：U 小密室可通往 1 号大密室，U 所对应的嫌疑人是托斯卡纳校长。

65. 洛基克想起他在哪里见过这本参考书：在前门阶梯上。他还想起了自己对菲利希英有多想念。

* 此条线索答案：处女座嫌疑人有一台老旧老脑。

66. 洛基克仔细阅读了这些档案，直到他发现上面对艾明斯子爵的一个奇怪描述：他纤细的手指紧紧抓住一个投票箱。

* 此条线索答案：L 小密室与 E 小密室相通，E 所对应的嫌疑人是艾明斯子爵。

67. 洛基克合上书，然后随机翻到某一页。这是一种被菲利希英称为"书目占卜术"的技巧。他因此了解到，鲁莱恩爵士在古代遗迹。

* 阿瓦隆，亚瑟王传说中的传奇岛屿，是古老宗教的中心地，又被称为"赐福岛"或"天佑之岛"。

** 埃库斯卡利布尔，亚瑟王的圣剑，又被称为"誓约胜利之剑"。

*** 此条线索答案：弗米利恩拿古剑。

68. 通过从菲利希英那里学到的一些基础命理学知识，图威利 · 洛基克推算出斯莱特船长在太空喷射器旁边。

* 这句话典出《哈姆雷特》。

** 此条线索答案：宇航员将一位伟大的英雄的头骨带到了月球基地。

69. 图威利 · 洛基克根据塔罗牌提示，在某人的车底发现了一堆锯末。（后来他发现，魔术师并不喜欢塔罗牌：这是一种完全不同的魔术。）

* 此条线索答案：处女座嫌疑人有一件毛茸茸的凶器。

** 此条线索答案：与 2 号大密室相通的是 A 小密室，A 所对应的嫌疑人是神奇的奥瑞林。

70. 洛基克不需要深入研究玄学的奥秘，也能看出是两个小孩靠在栅栏上。

* 此条线索答案：传奇演员西尔维顿在被焚毁的车辆旁，且他的杀人动机是出于嗜血的欲望。

71. 菲利希英探长曾经告诉洛基克“毁灭符文毁灭毁灭符文”是一个完整的句子。他还说，如果洛基克在新伊吉斯遇到案件，就去枯井里寻找某种金属制品。

* 此条线索答案：月亮石法杖在室内。

72. 图威利·洛基克通过其中一块水晶瞥见了一个幻象：有人看到至尊大师科巴尔特在一杯美味的鸡尾酒旁转悠。

* “棱镜”的英文是 prism，“囚禁”的英文是 prison，二者发音相似。

** 此条线索答案：科巴尔特人在户外。

73. 图威利·洛基克使用了一种最古老的奥义——“追随自己的直觉”——来确定个子第二矮的嫌疑人使用了超级致敏油。

* 此条线索答案：嫉妒别人的嫌疑人带了毒药。

74. 图威利·洛基克仔细观察了嫌疑人头顶的云朵，通过云的形状，他确定牙科医生海贝买了一根月亮石法杖。

* 指西奥多·阿多诺，德国哲学家、社会学家。

** 此条线索答案：狮子座嫌疑人在冲击坑。

75. 洛基克又看了一眼，他发现和布莱克斯通律师一样高的嫌疑人拿着一根巨大的骨头。

* 此条线索答案：想谋财的人拿了一个地球仪。

76. 图威利 · 洛基克打了一通不合时宜的电话。“我被软禁期间，你可以给我打电话吗？不管了，我通过茶叶占卜得知，斯蒂尔在格雷特公园。”

* 此处是对 great 一词的妙用：既有“了不起的”之意，又可音译为“格雷特”。

** 此条线索答案：魔术宫殿里有一件中量级凶器。

77. 洛基克拨通了菲利希英家的电话，后者在铃声响起的第一时间接听了电话：“钢琴琴弦是斯蒂尔的！”

* 此条线索答案：稀有花瓶的主人想把电影拍完。

78. “我一直在看天上的星星，洛基克。它们告诉我，象棋大师旁边有一辆老爷车。”洛基克心想，也许自己不应该总是打电话，但他实在忍不住。

* 此条线索答案：酒吧里的嫌疑人是银发。

79. “洛基克，很高兴听到你的声音。我觉得，你稍加注意就会发现，大堂里有一块骨头碎片，是真的骨头。虽然我被软禁在家中，但我通过千里眼看到了。”

* 此条线索答案：写手布拉克斯顿不想得到更好的座席。

80. 菲利希英在几秒钟内就回复了洛基克的语音留言。“我研究数字，得知那个想加入邪教的嫌疑人在锅炉房。”

* 此条线索答案：执行制片人斯蒂尔有一只金鸟。

81. 洛基克收到了被软禁的菲利希英发来的短信：“我刚才解读烛火，发现米德耐特总裁正在吃一些名字很有趣的食物。虽然那些名字努力显得有意思，但其实并不怎么好笑。”

82. 在一次令人尴尬的视频通话中，菲利希英探长解读了他抽到的塔罗牌，然后告诉洛基克：“托斯卡纳校长被看到持有一块原木。”

83. 菲利希英又发来了一条短信：“这不是什么深奥的知识，洛基克。我刚刚通过制片厂的摄像头看到，拉文德议员在喷泉旁闲逛。希望你在外面一切都好。”

84. 聊完天气，菲利希英谈起了案件：“拉皮斯修女和拉斯伯里教练说的肯定都是实话，否则他们和超级粉丝史莫基都在撒谎。瞧，我也受你影响，会用逻辑思维了！”

* 此条线索答案：拿一面旗帜的嫌疑人是右撇子。

85. 图威利·洛基克收到一封夹着一张塔罗牌的信。现在，他对这种卡牌已经十分熟悉，明白这张牌意味着乔克尔老大想拿下某个角色。他同时明白了另一件事：菲利希英对他很是牵挂。

86. 洛基克再次致电菲利希英。菲利希英告诉他，自己做了一个梦，在梦里他打电话告诉洛基克，咖啡将军想看看自己有没有本事杀人。洛基克能明白菲利希英的暗示吗？当然可以。

* 此条线索答案：宇航员有灭火器。

87. 菲利希英探长观星象后将他的发现私信给图威利·洛基克：背景人马伦戈旁边有一杯兑水的鸡尾酒。

88. 菲利希英探长爱打探来自现场的最新消息：“演我的那个人死了？他帅吗？他也知道奥比斯迪亚夫人在阳台上吗？”

89. 洛基克拨电话给菲利希英时手都在发抖，但他还是接通了语音信箱。“对不起，我现在不在电话旁边。如果您是图威利·洛基克，那么塔罗牌透露的信息是，水塔里有一卷胶片。”

90. 菲利希英给洛基克发了一条语音留言，他隐晦地说道：“个子最高的嫌疑人在一堆信件旁边。我这么说是因为我看到了嫌疑人俯视这些信件的幻象。我也看到过你，洛基克……”

* 此条线索答案：经纪人阿盖尔拿着一个奖杯出现在信件收发室里，她想接管一家电影制片厂。

91. 菲利希英探长分析了自己做的一个梦，然后将他的结论通过电子邮件发送给洛基克：“派因法官有一大堆文件。”

* 此条线索答案：在绝望之下杀人的嫌疑人在档案馆里。

92. 晚些时候，图威利·洛基克打开了语音信箱：“洛基克，你还好吗？你有没有检查过旋钮上的威士忌？我们的一个灵媒刚刚汇报说，他看到了这个幻象。我相信你。”

* 此处为 green room 一词的一语双关：既有“演员休息室”之意，也有“绿色房间”之意。

93. 这一回，铃响三声后菲利希英才接电话。“抱歉。电话响的时候我正在房子另一边。重要的是，达斯蒂导演拿到了那把被诅咒的匕首。更重要的是，你即将明白一切。”

* 此条线索答案：奖杯的主人是右撇子。

94. “洛基克！我收到你的语音了！”菲利希英通过短信回复道，“注意安全！记住，拿着颇有分量的蜡烛的嫌疑人会为了电影行业的利益下手！”

* 此条线索答案：因为气氛不对而杀人的人是处女座。

95. 洛基克知道菲利希英探长通过心灵感应向自己传递了一条信息，而且他同时还传递了一条确保消息送达的短信：“你收到我的消息了吗？大理石半身像在尚帕涅同志手里。”

* 此条线索答案：打印机的主人想阻止革命。

96. 菲利希英探长用占卜棒得知，上锁的舞台里有一个奖杯。“我说，我们真的要调查一下这个舞台，洛基克。”

* 此条线索答案：放大镜的主人想接管好莱坞。

** C是摩羯座的英文单词（Capricorn）的首字母。

97. 菲利希英探长查看了每个人的每日星座运势，然后发表了他的结论：“米德耐特叔叔旁边是一个标准尺寸的冰箱。”

* 此条线索答案：想获奖的人是左撇子。

98. 菲利希英探长朝洛基克眨了眨眼，递给他另一个纸条，然后回去继续装死。纸条上的内容是：我是被凶手用刀刺死的！

* 此条线索答案：拿钢筋的人不想得奖。

99. 洛基克钻研史料后得知，乔克老板想帮忙打一场胜仗。

100. 菲利希英探长知道案件调查局的每个符号都代表其对应含义的英文首字母，图威利 · 洛基克知道侦探俱乐部用了惯用的加密方式。他们都知道，这是他们一生中最重要的案件。

* 此条线索答案：迷宫上与 O 小密室相通的是 I 小密室，I 所对应的嫌疑人是菲利希英探长。

** 此条线索答案：奥比斯迪亚夫人想要复仇。

*** 此条线索答案：有人发现奖杯是第二矮的嫌疑人的。

解答篇

1. **“凶手是神奇的奥瑞林，凶器是一支颇有分量的蜡烛，案发现场位于巨大的浴室！”**

神奇的奥瑞林始终宣称自己是无辜的，但她无法反驳图威利 · 洛基克的指证——他显然是正确的。

她拒不认罪，并公然宣称：“没有牢房能关得住我！”

神奇的奥瑞林 | 一支颇有分量的蜡烛 | 巨大的浴室
米德耐特三世 | 一根铝管 | 卧室
奥比斯迪亚夫人 | 一把餐叉 | 放映室

2. **“凶手是曼戈神父，凶器是一把捕鲸叉，案发现场位于码头！”**

起初，曼戈神父为自己辩解。然后，他开始发誓。接下来，他开始诅咒。最终，他认输了，并说：“你们怎么能这样对待一个上帝派来的圣人呢？”

意大利贵族埃默拉尔德 | 一块普通的砖 | 悬崖
曼戈神父 | 一把捕鲸叉 | 码头
萨芙伦小姐 | 一个捕熊器 | 古代遗迹

3. **“凶手是斯莱特船长，凶器是一杯毒酒，案发现场位于入口大厅！”**

洛基克十分享受阐述谋杀案的细节，因为凶手昭然若揭。

斯莱特船长自知无法抵赖，便嗫嚅道：“早知这样，我应该待在太空中的……”

斯莱特船长 | 一杯毒酒 | 入口大厅
阿祖尔主教 | 一座抽象派雕塑 | 屋顶花园
布莱克斯通律师 | 一个稀有的花瓶 | 艺术工作室

4. **“凶手是奥博金主厨，凶器是一把意大利进口的匕首，案发现场位于列车员车厢！”**

奥博金主厨愤怒地站了起来，她正说着“我真该把你炖了，图威利·洛基克！”时，火车脱轨，坠入一条峡谷——这趟火车上全程没有列车员。

毛威副总裁 | 一张卷起来的报纸（当中藏了一根撬棍）| 火车头
奥博金主厨 | 一把意大利进口的匕首 | 列车员车厢
哲学家博恩 | 一只皮行李箱 | 车顶

5. **“凶手是科珀警官，凶器是一小瓶酸性溶液，案发现场位于停车场！”**

科珀警官对于自己刚犯下谋杀罪就被指控感到很不高兴，她立即急得跳脚，并宣称：“我是警察！和我相比，法律算什么！”

科珀警官 | 一小瓶酸性溶液 | 停车场
克里姆森医生 | 一台很沉的显微镜 | 天台
拉皮斯修女 | 一把手术刀 | 礼品店

6. **“凶手是咖啡将军，凶器是一根钢琴琴弦，案发现场位于大垃圾箱！”**

咖啡将军懒得为自己辩解。他只是把政府文件烧成了灰，然后离开。

他那时只是接到任务，并执行了命令。“故事到此为止。”

但是，洛基克在死者口袋里发现了一张纸条，上面写着：她移动了尸体，命案发生在好莱坞山庄豪宅。如果这是真的，那就意味着犯罪现场位于放映室，而神奇的奥瑞林是被神秘的奥比斯迪亚夫人陷害的。洛基克必须就此展开调查。

咖啡将军 | 一根钢琴琴弦 | 大垃圾箱
宇航员布鲁斯基 | 一支有毒的飞镖 | 令人分心的涂鸦
米德耐特三世 | 一根撬棍 | 金属栅栏

7.

“凶手是格雷伯爵，凶器是一卷纱线，案发现场位于庄园大宅！”

当警察把格雷伯爵带走时，他吼道：“我诅咒你被开水烫一千次！”但洛基克仍然无法相信，他大老远跑来调查奥比斯迪亚夫人，然后一个男人在她家遇害，而她似乎又是无辜的。

奥比斯迪亚夫人 | 一瓶氰化物 | 小教堂
维尔迪格里斯执事 | 一把园艺剪 | 古代遗迹
格雷伯爵 | 一卷纱线 | 庄园大宅

8.

“凶手是鲁莱恩爵士，凶器是一座古董钟，案发现场位于闹鬼的阁楼！”

看来，鲁莱恩爵士是那种会杀死别人管家的人。他试图争辩：“那只是个管家！”但他是奥比斯迪亚夫人的管家。她不仅在乎自己的管家，而且她的地位比冒牌爵士要高，于是鲁莱恩爵士被警察拖走了。

奥比斯迪亚夫人 | 一把斧头 | 主卧
鲁莱恩爵士 | 一座古董钟 | 闹鬼的阁楼
萨芙伦小姐 | 一个放大镜 | 草坪

9\. **“凶手是萨芙伦小姐，凶器是一杯毒茶，案发现场位于瞭望塔！”**

当图威利 · 洛基克向大家指出萨芙伦小姐言语中的矛盾之处时，她投降得很干脆：“好吧，看来我要去坐牢了。”然后，洛基克又走进树篱迷宫，发现了奥比斯迪亚夫人尸体的可疑之处：尸体不见了！

科珀警官 | 一把园艺剪 | 古代遗迹
拉文德议员 | 一个花盆 | 喷泉
萨芙伦小姐 | 一杯毒茶 | 瞭望塔

10\. **“凶手是国际象棋大师罗斯，凶器是一颗水晶球，案发现场位于中央吧台！”**

洛基克话音刚落，酒吧里就爆发出一阵欢呼声。当酒吧里的其他人把罗斯拖到外面游街时，他高喊道：“我在棋盘上和酒吧里都没有对手！”

布朗斯通修道士 | 一瓶红酒 | 狭小的卫生间
尚帕涅同志 | 一个开瓶器 | 角落的雅座
国际象棋大师罗斯 | 一颗水晶球 | 中央吧台

11\. **“凶手是拉斯伯里教练，凶器是一根金属吸管，案发现场位于庭院！”**

其他顾客把拉斯伯里教练拖走时，他大声嚷嚷着。洛基克不知道这对咖啡店是好是坏。没错，这里发生了一起谋杀案，而他也得以展示了一次漂亮的推理。这种感觉就像口中的咖啡，苦中带甜。

咖啡将军 | 一杯毒咖啡 | 柜台
拉斯伯里教练 | 一根金属吸管 | 庭院
图书奖得主甘斯伯勒 | 一块普通的砖 | 咖啡豆仓

12. **“凶手是尚帕涅同志，凶器是一把骨刀，案发现场位于打折书书架！”**

尚帕涅同志抗议说，他被捕只是因为“永远无法阻止革命”的资产阶级反动派，而洛基克根本没听到——他正忙着带走奥比斯迪亚夫人的每一本小说。

斯莱特船长 | 一个托特包 | 珍本书室
尚帕涅同志 | 一把骨刀 | 打折书书架
达斯蒂导演 | 一本平装书 | 前台

13. **“凶手是派因法官，凶器是不洁的私酿威士忌，案发现场位于‘旅馆’！”**

洛基克在看完小说第 5 页时宣布了这一结论，并且相当自豪。您瞧，奥比斯迪亚夫人的经验是，人们更喜欢能猜到结局的作品。评论是差了点，但销量却更好。

拉斯伯里牛仔 | 一棵仙人掌 | 水井
派因法官 | 不洁的私酿威士忌 | “旅馆”
咖啡下士 | 一把匕首 | 酒吧

14. **“凶手是艾明斯子爵，凶器是一根镶嵌着宝石的权杖，案发现场位于咖啡馆！”**

洛基克在书中的凶手身份揭晓后，又大概读了两个句子，然后大声宣布了这一结论。奥比斯迪亚夫人终于战胜了他！起初，他十分沮丧，但当她小说里的侦探解释了所有线索后，洛基克不由得肃然起敬。

马伦男爵 | 一把刀 | 案件调查局
格雷伯爵 | 一种瘟疫病毒 | 可能闹鬼的大宅
艾明斯子爵 | 一根镶嵌着宝石的权杖 | 咖啡馆

15.

“凶手是黑胡子，凶器是一门火炮，案发现场位于海盗湾！”

最后一幕是毁灭性的。原来，黑胡子昏了过去。当他知道自己做了什么时，他崩溃地大喊道：“我心爱的鹦鹉！为什么！为什么？！”

老实说，洛基克认为结局相当感人。而且撰写这本书时所做的研究工作也非常扎实：甚至还有一些海盗湾的地图，地图上标示了它在现实世界中的位置。但是，当洛基克翻开最后一页的致谢部分时，他读到了一句奇怪的内容：“如果我的尸体消失了，请联系我的经纪人！”

黑胡子 | 一门火炮 | 海盗湾
蓝胡子 | 一把短弯刀 | 海盗船
没胡子 | 一张假的藏宝图 | 大漩涡

16.

“凶手是艾普格林助理，凶器是一大摞书，案发现场位于最好的办公室！”

艾普格林助理一开始矢口否认，但洛基克反复强调，只有实际在这里管理一切事务的人才具备作案能力，最后她终于承认了：“好吧，所有工作都是我做的，我却没得到认可，真是受够了！”

幸运的是，公司认为她这么做体现了员工的上进心，于是给她升职了（升为首席助理）。与此同时，经纪人英克找到图威利·洛基克，对他说：“奥比斯迪亚信任我，让我来处理她的书稿。您考虑过把您经手的案件整理出书吗？”

艾沃丽编辑 | 一台古董打字机 | 阳台
艾普格林助理 | 一大摞书 | 最好的办公室
经纪人英克 | 一令纸 | 主动投稿室

17.

“凶手是图书奖得主甘斯伯勒，凶器是一条小鲨鱼，作案现场位于甲板！”

图书奖得主甘斯伯勒被戴上手铐带走时，他吼道：“洛基克，你会倒大霉的！不管你取得什么成就，我向你保证，你永远拿不到图书奖！记住我的话，洛基克！你永远拿不到图书奖！”

图书奖得主甘斯伯勒 | 一条小鲨鱼 | 甲板
乔克老板 | 一支金笔 | 餐厅
经纪人英克 | 一个古董船锚 | 机舱

18. **“凶手是哲学家博恩，凶器是一本厚书，案发现场位于后台！”**

但这并不重要，重要的是图威利 · 洛基克赢得了小布（布金顿奖奖杯）！他有点儿得意忘形，甚至没听到哲学家博恩在从哲学角度力证自己应该被释放：“无论我有没有杀人……”

哲学家博恩 | 一本厚书 | 后台
图威利 · 洛基克 | 一尊小布 | 提名者的桌子
传奇演员西尔维顿 | 一支钢笔 | 舞台

19. **“凶手是塞拉登部长，凶器是一支有毒的蜡烛，案发现场位于德拉库尼亚共和国！”**

塞拉登部长援引地缘政治的必要性、判例以及外交豁免权等作为理由，认为尽管自己是杀人犯，她的书仍应出版。（书的确出了。）

在巡回售书活动中，读者们都告诉洛基克，他们在书中最喜欢的内容是奥比斯迪亚夫人的尸体消失，而且与她的小说不同，这个谜案仍留有悬念，未被破解。他一点也不喜欢这些评论。

托斯卡纳校长 | 一台笔记本电脑 | 好莱坞
塞拉登部长 | 一支有毒的蜡烛 | 德拉库尼亚共和国
毛威副总裁 | 一台六分仪 | 泰托邦

20.

“凶手是宇航员布鲁斯基，凶器是一张推理学院的文凭证书，案发现场位于候客室！”

宇航员布鲁斯基对自己的所作所为表示遗憾：他本想杀了图威利·洛基克，却错把死者当成了目标。“无论如何，共产主义必将胜利！”

洛基克很钦佩他的乐观。他登录旧电脑，收到一条信息：“来这里见我，我有东西要给你看。”随信还有一张老旧的藏宝图打印件，上面用一个“X”标记了会面地点。署名是“D. O.”。

宇航员布鲁斯基 | 一张推理学院的文凭证书 | 候客室
克里姆森医生 | 一副牛皮手套 | 衣橱
咖啡将军 | 一个放大镜 | 主办公室

21.

“凶手是奥比斯迪亚夫人，凶器是一根钢筋，案发现场位于石油井架！”

奥比斯迪亚夫人暗自发笑。而乔克老板报警了，警察将她抓捕归案。“我们庭审时见！”她高呼道。洛基克问到底是怎么回事。

米德耐特三世解释说，他们是和洛基克一样被邀请过来的。乔克老板和他到达后，奥比斯迪亚夫人说有东西要给他们看，结果是一具尸体。

“她这么做的目的是什么？”洛基克问。

“这是她谈版税的手段，”乔克老板告诉他，“她想多拿点。说实话，这招很管用。我同意给她更多钱。”

“你现在安全了。”洛基克说，但乔克老板只是苦笑。米德耐特三世则眉头深锁，凝视着古代遗迹。

乔克老板 | 一个油桶 | 办公室
米德耐特三世 | 一根撬棍 | 古代遗迹
奥比斯迪亚夫人 | 一根钢筋 | 石油井架

22. **“凶手是布莱克斯通律师，凶器是一尊大理石半身像，案发现场位于合伙人办公室！”**

布莱克斯通律师对于洛基克的指证一一质疑，他依据的净是些复杂而微妙的论据，连洛基克都难以理解。总之，他可能不会因此而坐牢，毕竟他为客户提供的服务就是帮其脱罪。

奥比斯迪亚夫人 | 一份令人困惑的合同 | 助理律师办公室
毛威副总裁 | 一个有毒的墨水瓶 | 大堂
布莱克斯通律师 | 一尊大理石半身像 | 合伙人办公室

23. **“凶手是拉斯伯里教练，凶器是一个正义之秤，案发现场位于法官办公室！”**

“好吧，真该死，被你逮住了。”拉斯伯里教练说。

洛基克得知此事与奥比斯迪亚夫人无关时，感到很欣慰，但他不知道自己这种反应对不对。毕竟，凶手又多了一个，难道不是件更可怕的事吗？

拉斯伯里教练 | 一个正义之秤 | 法官办公室
科珀警官 | 一个公证用印章 | 真实的法庭
曼戈神父 | 一大沓文书 | 停车场

24. **“凶手是派因法官，凶器是一面旗帜，案发现场位于审判席！”**

洛基克解释了他的理论：派因法官是担心陪审团会认定奥比斯迪亚夫人无罪才下手，毕竟在派因看来，她显然是有罪的。

“什么是正义，由我说了算！”派因法官怒吼着回应道。

奥比斯迪亚夫人再次接受了审判，卖出了更多的书。不幸的是，她被认定犯有多起谋杀罪，并被判处终身监禁。

派因法官 | 一面旗帜 | 审判席
科珀警官 | 一个法槌 | 陪审席
奥比斯迪亚夫人 | 一根警棍 | 旁听席

25.

“凶手是神奇的奥瑞林，凶器是一根由名牌服装制作而成的绳子，案发现场位于停车场！”

“哈哈，没错，是我干的！我终于下手了。她把我送进了监狱，我的仇终于报了！”

洛基克当晚步行回家，他禁不住为奥比斯迪亚夫人感到难过。虽然身为连环杀人犯，但她身上仍有一种魅力吸引着他。

可他回到办公室后，收到了一个消息。

可怜的奥瑞林，我已经陷害她两次了！你必须明白，我所做的一切都是不得已而为之（因为我心里的声音告诉我要这么做，而且我必须听从）。不过你很幸运，因为我已经得到了足够的素材，可以再写几本书了，每一本都是“死后”出版，所以我暂时用不着杀人了，除非素材用完了。回见啦！

塞拉登部长 | 一副货真价实的黄金手铐 | 私人套房
神奇的奥瑞林 | 一根由名牌服装制作而成的绳子 | 停车场
萨芙伦小姐 | 一位代理费为二十五万美元的律师 | 水疗馆

26.

“凶手是咖啡将军，凶器是一个沉甸甸的包裹，案发现场位于邮政车！”

“优秀的士兵能够坦然接受失败。”咖啡将军承认罪行，但洛基克并没有在听他说话。他正在读一封刚收到的信。

信里仍然不是他的版税支票，而是一份邀请函，请他穿越大半个地球，前往一个叫作“案件调查局”的神秘组织，与该机构的局长会面。

对方提出令他无法拒绝的条件：钱。

克里姆森医生 | 一枚印章 | 分拣室
霍尼市长 | 一把拆信刀 | 长长的队伍
咖啡将军 | 一个沉甸甸的包裹 | 邮政车

27.

“凶手是拉斯伯里教练，凶器是一把仪式匕首，案发现场位于古代遗迹！”

侦探俱乐部的成员接到电话，护送洛基克离开。他们把洛基克的车也拖走了，然后开车把他送到了案件调查局。

拉斯伯里教练最后的陈词被记录如下：“好吧，真该死，被你逮住了！”

拉斯伯里教练 | 一把仪式匕首 | 古代遗迹
科珀警官 | 一只毒蜘蛛 | 骷髅岩
国际象棋大师罗斯 | 一把铲子 | 唯一的路

28.

“凶手是奥博金主厨，凶器是一瓶超级致敏油，案发现场位于迷你高尔夫球场！”

“我真该把你炖了，你这个怪人！”她基本上算是认罪了。

洛基克破解了这个案件后，就去往城堡。他敲门，没人应。门吱呀一声，自己开了。

隐栖动物学家克劳德 | 一台类永动机 | 走不出去的篱笆迷宫
草本植物学家欧尼克斯 | 一根占卜棒 | 天文台
奥博金主厨 | 一瓶超级致敏油 | 迷你高尔夫球场

29.

“凶手是语言学家弗林特，凶器是一根月亮石法杖，案发现场位于舞厅！”

语言学家弗林特极力为自己争辩，而洛基克则步步紧逼，直到他说：“我早就知道‘后悔’的词源是什么。现在，我明白了这个词的含义。”

此刻，洛基克一个人摸到了城堡最高处的办公室，他再次敲了敲门，和之前一样，门自己开了。

社会学家安泊尔 | 一把被诅咒的匕首 | 正门车道
语言学家弗林特 | 一根月亮石法杖 | 舞厅
命理学家奈特 | 一枚专属胸针 | 奥术阁楼

30.

“凶手是草本植物学家欧尼克斯，凶器是一台伪科学仪器，案发现场位于取书的梯子！”

闻言，死去的局长坐了起来，他宣布：“看到了吗，私家侦探们？我告诉过你们，这正是我们需要的人！”

然后，他转向图威利 · 洛基克，解释道：“我是菲利希英探长，也是案件调查局局长。我们通过一切必要手段调查世界的奥秘，无论这些手段是否有先验支持。在未经证实之前，我们相信一切皆有可能，而这正是我们希望你做的——对这些奥秘进行证实。我们会派你去调查各种神秘案件，然后你需要向我们汇报你的发现。作为报酬，我们会付给你一大笔钱。”

洛基克回答说：“冲着‘一大笔钱’，我现在是您的人了”。

命理学家奈特 | 一叠塔罗牌 | 沙发
草本植物学家欧尼克斯 | 一台伪科学仪器 | 取书的梯子
高级炼金术士雷文 | 一块催眠怀表 | 书桌

31.

“凶手是维奥莱特女士，凶器是一把扫帚，案发现场位于茂密的森林！”

维奥莱特女士首先称自己是无辜的。然后，她又说要对洛基克施魔法。这似乎令她的无辜打了些折扣。洛基克指出这一点时，她开始大喊大叫：“这是一个阴谋，就为了破坏我在女巫帮会的地位！”但女巫们并不同意这一说法。

维奥莱特女士 | 一把扫帚 | 茂密的森林
毛威副总裁 | 一块原木 | 中央火堆
弗米利恩公爵夫人 | 一口大锅 | 古代遗迹

32\. **“凶手是毛威副总裁，凶器是一块巨型磁铁，案发现场位于屋顶！”**

洛基克解释说，毛威一直在资助这位疯狂的科学家实施她的元宇宙计划，而他的助手却从中作梗。

洛基克证明了他的推理后，私家侦探将毛威副总裁带走了。她哭着说：“这就是我们需要元宇宙的原因！没人能在元宇宙里逮捕我！”

毛威副总裁 | 一块巨型磁铁 | 屋顶
艾普格林校长 | 广口瓶中的一颗大脑 | 手术台
斯莱特船长 | 一只长柄汤勺 | 巨大的操纵杆

33\. **“凶手是阿祖尔主教，凶器是一条骷髅手臂，案发现场位于宏伟的入口！”**

起初，阿祖尔主教声称，指控她谋杀是异端邪说。然后，她又声称自己必须杀人才能阻止异端。无论哪种说法，听上去都不太对劲。

洛基克向调查局汇报：“不存在什么古代魔法，只是一起谋杀案。”

菲利希英探长 | 一个水晶骷髅 | 圣密室
阿祖尔主教 | 一条骷髅手臂 | 宏伟的入口
托斯卡纳校长 | 一把仪式匕首 | 高台祭坛

34\. **“凶手是艾明斯子爵，凶器是一小瓶致命毒药，案发现场位于大型陵墓！”**

艾明斯子爵的毒药导致人们产生幻觉，能在墓地里看到鬼魂。但在被逮捕前，他不见了，只留下一张纸，上面写着：“任何监狱都关不住我。”

鲁莱恩爵士 | 一串祈祷念珠 | 礼品店
艾明斯子爵 | 一小瓶致命毒药 | 大型陵墓
布朗斯通修道士 | 一条骷髅手臂 | 骨灰阁

35. **“凶手是命理学家奈特，凶器是一只长柄汤勺，案发现场位于古代遗迹！”**

命理学家奈特试图解释，当天的日期从其数字命理学意义上表明，他实际上并没有罪，但菲利希英指出他计算时忘了进位。

“哦，好吧，这样的话，我认罪！”

艾普格林助理 | 一台伪科学仪器 | 图书馆
语言学家弗林特 | 一根月亮石法杖 | 宿舍
命理学家奈特 | 一只长柄汤勺 | 古代遗迹

36. **“凶手是斯莱特船长，凶器是一颗信号弹，案发现场位于货舱！”**

“害死他们的不是百慕大三角！”斯莱特怒吼道，“一切都是我精心策划的！”

“看到了吧！”洛基克指出，“理性又赢了！”

“好吧，”菲利希英说，“不过你需要赢到底才作数，而我只需要赢一次！”

跨性别者唐格莱 | 一根水手绳 | 船长舱室
海军上将那威 | 一瓶毒朗姆酒 | 船舷外
斯莱特船长 | 一颗信号弹 | 货舱

37. **“凶手是霍尼市长，凶器是一把古剑，案发现场位于二手店！”**

“人们会听到这个消息的！他们会听到的！”他高喊道。但后来，一位顾问在他耳边窃窃私语了几句，他改口道：“你们知道吗？我又琢磨了一下，也许人们没必要了解这件事。”

那天晚上，洛基克和菲利希英说到这件事时都忍俊不禁。然后，洛基克问他小时候是在哪里长大的。菲利希英说："还真是巧了……"

曼戈神父 | 一个放大镜 | 连锁餐厅
霍尼市长 | 一把古剑 | 二手店
科珀警官 | 一把斧头 | 二手车交易市场

38.

"凶手是占星师阿祖尔，凶器是一把水晶匕首，案发现场位于巨大的卧室！"

"天上的星星告诉我，你会付出代价的，洛基克！"她喊道。

私家侦探把她带走后，洛基克告诉菲利希英："其实呢，我很难不留意到这件事——你小时候的家境大概比我更好。"

菲利希英摇了摇头道："钱不是万能的，洛基克。"

布朗斯通修道士 | 一块灵应盘 | 草坪
弗米利恩公爵 | 一个厚密码本 | 能停五十辆车的车库
占星师阿祖尔 | 一把水晶匕首 | 巨大的卧室

39.

"凶手是维奥莱特女士，凶器是一块毒松饼，案发现场位于舞厅！"

"是的！我杀了他！我爱他！他，一个平民，竟敢拒绝我！是的，他，不过一介平民，所以我杀了他！要是重来，我还会这么做的。只要能让他活过来，我什么都愿意做。"

洛基克和菲利希英回到调查局，查到那家旅馆三十年前就已经关门了。当他们再次返回案发现场的时候，发现旅馆已是一间空屋。

菲利希英声称这能够证明世界上存在超自然现象，但洛基克说他们一定只是弄错地址了，也可能是发生了煤气泄漏事故。

"你真是不可救药！"菲利希英大喊道。

拉文德议员 | 一支金笔 | 锅炉房
萨芙伦小姐 | 一个装满刀的洗衣袋 | 正门入口
维奥莱特女士 | 一块毒松饼 | 舞厅

40. **“凶手是意大利贵族埃默拉尔德，凶器是一个地球仪，案发现场位于钟表房！”**

洛基克认为，意大利贵族埃默拉尔德并不像他自称的那么有钱，他抢银行只是出于无奈，因此不应该对他太苛刻。

“我承认我杀了人，但我绝对不是穷人！”意大利贵族埃默拉尔德宣称，“无论什么惩罚，尽管放马过来！”

与此同时，洛基克发现菲利希英从银行取了一百万美元，然后把钱放到一个旅行包里。他的好奇心被勾了起来。

弗米利恩公爵 | 一台笔记本电脑 | 里屋
意大利贵族埃默拉尔德 | 一个地球仪 | 钟表房
艾明斯子爵 | 一副牛皮手套 | 保险库

41. **“凶手是克里姆森医生，凶器是一根占卜棒，案发现场位于屋顶！”**

克里姆森医生喊道：“没错！我杀了那个灵媒，因为我发现他们是冒牌货！他们想愚弄我，所以我让他们付出了代价！”

不用说，通灵研究实验室（Psychic Research Laboratory，简称PRL）没拿到那一百万。

神奇的奥瑞林 | 一台类永动机 | 草坪
克里姆森医生 | 一根占卜棒 | 屋顶
弗米利恩公爵夫人 | 一颗水晶球 | 禁闭室

42. **“凶手是咖啡将军，凶器是一个烧水壶，案发现场位于庭院！”**

最后，咖啡馆把他列入黑名单，这是他因谋杀受到的最严重的惩罚。

当他被带走时，菲利希英问洛基克这个地方有没有什么超自然之处。洛基克回答说："他们的滴漏式咖啡很好喝，拿铁也很不错。"

菲利希英试了拿铁后表示同意。"但我不知道这家店是否有资格获得一百万。"

"哦，那就当你的学费了，因为你学会怀疑了！"

拉皮斯修女 | 一把黄油刀 | 停车场
国际象棋大师罗斯 | 一根金属吸管 | 卫生间
咖啡将军 | 一个烧水壶 | 庭院

43.

"凶手是弗米利恩公爵夫人，凶器是一杯有毒的热巧克力，案发现场位于封冻的荒原！"

菲利希英喊道："可您为什么要这么做呢？"

公爵夫人回答："因为它比我可爱，比我高贵，而我不能忍受比我可爱的东西。"即使被定罪，她也毫无悔意。

洛基克想做些什么，以减轻菲利希英的痛苦。

"抱一抱有用吗？"没用。

"看场电影有用吗？"没用。

"如果我告诉你，我利用毒药方面的专业知识找到了解毒剂，把企鹅从死神手里救了回来，会有用吗？"

这太有用了，于是他们整晚都在庆祝。

托斯卡纳校长 | 一把冰凌匕首 | 乒乓球室
弗米利恩公爵夫人 | 一杯有毒的热巧克力 | 封冻的荒原
跨性别者唐格莱 | 一把冰镐 | 宿舍

44.

"凶手是派因法官，凶器是一把道具剑，案发现场位于森林后台！"

"这不是正义！"派因法官宣称，"正义是什么由我说了算！"她将木槌向菲利希英探长挥去，但后者正在弯腰摘一朵花，准备送给洛基克，因此无意中躲开了这一击。

格雷伯爵 | 一份有毒的节目单 | 舞台
拉皮斯修女 | 一桶有毒的爆米花 | 树木前台
派因法官 | 一把道具剑 | 森林后台

45.

“凶手是艾沃丽编辑，凶器是一把铲子，案发现场位于售货摊位！”

她被带走时大喊：“你们没法儿让我中途出局的！我会回来的！是的，我会回来的！”

等她不见了，洛基克说：“好吧，所以这地方没有闹鬼。”

“好吧，”菲利希英说，“这是我编的，这样我们就能去看电影了。”

洛基克欣然同行。

艾沃丽编辑 | 一把铲子 | 售货摊位
超级粉丝史莫基 | 一个备胎 | 售票亭
传奇演员西尔维顿 | 一桶有毒的爆米花 | 大银幕

46.

“凶手是艾普格林校长，凶器是一条有毒的河豚，案发现场位于甲板！”

洛基克开始梳理整个事件，他在说到能证明艾普格林校长有罪这部分内容时，突然被一声巨响打断！

游轮搁浅了。

“我给这次旅行的评分是 F+！”艾普格林校长感叹道。

海军上将那威 | 一个船舵 | 餐厅
毛威副总裁 | 一把鱼叉 | 船长舱室
艾普格林校长 | 一条有毒的河豚 | 甲板

47.

“凶手是马伦男爵，凶器是一把古剑，案发现场位于死亡森林！”

当洛基克解释说，他理解男爵对船长撞船感到不满，所以才这么做时，男爵打断了他的话："你以为这就是我杀他的原因？这证明你是个不合格的侦探。这不是我杀他的原因！我杀他是因为他睡了我老婆！"

从法律上讲，这不是一个好的辩护理由。于是大家把他绑起来，扔到了灯塔里。人们还有其他事情要担心：大家的手机都没有信号，而船上的无线电也被人破坏了。

跨性别者唐格莱 | 一条变质的有毒河豚 | 悬崖边的灯塔
马伦男爵 | 一把古剑 | 死亡森林
占星师阿祖尔 | 一把铲子 | 教堂遗迹

48. **"凶手是拉皮斯修女，凶器是一件圣物，案发现场位于被洪水淹没的教堂长椅！"**

面对指控，拉皮斯修女发出了怪异至极的笑声。"你们还不明白吗？你们还没发现吗？不是船长把我们带到这个岛上的。和船没关系！是魔鬼！"

菲利希英承认这有可能，但洛基克提醒拉皮斯，她杀的不是魔鬼，而是大副。

"是魔鬼派来的大副！"她怒吼道。他们把她绑起来扔进了灯塔。洛基克和菲利希英整晚都在努力取暖。

哲学家博恩 | 一串祈祷念珠 | 植物疯长的管风琴
布朗斯通修道士 | 一块岩石 | 破裂的祭坛
拉皮斯修女 | 一件圣物 | 被洪水淹没的教堂长椅

49. **"凶手是鲁莱恩爵士，凶器是一支祈祷者蜡烛，案发现场位于扭曲的怪树！"**

"对不起！我不知道自己怎么了！这座岛有问题！是它让我这么做的！你们难道不明白吗?!"

啊，老掉牙的辩护词。"都是这座岛害的。"洛基克以前听过这句话。

鲁莱恩爵士在结束独白时，已经被绑起来扔进了灯塔。

“很特别的经历，不是吗？”洛基克问菲利希英，“在神秘的小岛上一起破案。”但菲利希英似乎心事重重。他在想什么呢？

托斯卡纳校长 | 一块岩石 | 古代遗迹
鲁莱恩爵士 | 一支祈祷者蜡烛 | 扭曲的怪树
格雷伯爵 | 一只训练有素的猴子 | 移动洞穴

50.

“凶手是鲁莱恩爵士，凶器是一块岩石，案发现场位于火光处！”

洛基克没留下来听鲁莱恩爵士辩解，因为一个遭遇船难的同伴告诉他，菲利希英快不行了。于是他跑到海湾边，把他抱在怀中。

“菲利希英，坚持住！”洛基克大声喊道。

“古代遗迹……”菲利希英说完这句话就咽气了。

还有很多谜团都没解开。比如，他们对彼此意味着什么？事情为什么会变成这样？还有，最重要的也许是他最后的遗言：那句话是什么意思？

马伦男爵 | 一根水手绳 | 发电机
鲁莱恩爵士 | 一块岩石 | 火光处
拉皮斯修女 | 一瓶油 | 僻静的港湾

51.

“凶手是格雷伯爵，凶器是一口大锅，案发现场位于大型陵墓，杀人动机是抢劫！”

“他拿了我的茶包！”格雷伯爵怒吼道，“我借给他的古董茶包，我怀疑他没有把它们当作艺术品来欣赏，而是拿来泡茶了！所以，没错，也许我是抢劫了，但我抢回的是我自己的茶包！他试图阻止我，所以我杀了他！就是这样！”

洛基克对这些话无动于衷，他满脑子都是报仇的事。

占星师阿祖尔 | 一个鬼魂探测器 | 入口大门 | 看看自己有没有杀人的本事
格雷伯爵 | 一口大锅 | 大型陵墓 | 抢劫
跨性别者唐格莱 | 一把扫帚 | 礼品店 | 偷窃尸体
隐栖动物学家克劳德 | 一条骷髅手臂 | 古怪的棚屋 | 隐瞒婚外情

52.

“凶手是语言学家弗林特，凶器是一块催眠怀表，案发现场位于走不出去的篱笆迷宫，杀人动机是继承遗产！”

“如果不是你，我就成功了！菲利希英探长在遗嘱里把整个地方都留给了那个保安，因为他说他值得信任！他没想到那个保安信任的是我，因为我有催眠怀表！我用那块怀表让他把我写进他的遗嘱里。后来我干的事，你都已经弄明白了。要不是你，我早就逃之夭夭了！”

洛基克对于逮捕语言学家不感兴趣，他只对报仇感兴趣。

命理学家奈特 | 一颗水晶球 | 迷你高尔夫球场 | 证明自己是个狠角色
高级炼金术士雷文 | 一台类永动机 | 高塔 | 为爱而战
草本植物学家欧尼克斯 | 一根占卜棒 | 豪华大宅 | 能杀则杀
语言学家弗林特 | 一块催眠怀表 | 走不出去的篱笆迷宫 | 继承遗产

53.

“凶手是社会学家安泊尔，凶器是一把古剑，案发现场位于移动洞穴，杀人动机是支持革命！”

她声称邪教徒是反动派，而自己是为了维持现状而战。洛基克可以理解想颠覆世界的想法。有些事是善的，有些事是真的，他希望一件事既是善的又是真的，但事实往往不尽如人意。

“你对古代遗迹了解多少？”他问。

她说了一大堆，却没有任何有用的信息。

洛基克对她的一套套理论无动于衷，满脑子都是报仇的事。

隐栖动物学家克劳德 | 一把斧头 | 扭曲的怪树 | 复仇
马伦男爵 | 一块原木 | 小山坡 | 吓跑一只熊
派因法官 | 一支颇有分量的蜡烛 | 古代遗迹 | 偷一本获奖图书
社会学家安泊尔 | 一把古剑 | 移动洞穴 | 支持革命

54. **“凶手是海军上将那威，凶器是一把斧头，案发现场位于悬崖，杀人动机是让一位女士印象深刻！”**

“什么样的女士会因为杀人而对你印象深刻?”

“我要找的那种女士。”

图威利 · 洛基克对这样的女士没兴趣，他满脑子都是报仇的事。

毛威副总裁 | 一个捕熊器 | 古代遗迹 | 为父亲报仇
海军上将那威 | 一把斧头 | 悬崖 | 让一位女士印象深刻
经纪人英克 | 一根船桨 | 码头 | 偷一份藏宝图
国际象棋大师罗斯 | 一块普通的砖 | 闹鬼的树丛 | 毫无理智地杀人

55. **“凶手是霍尼市长，凶器是一只毒蜘蛛，案发现场位于古代遗迹，杀人动机是房地产诈骗的一环！”**

“我诅咒你，洛基克！我本可以把整个度假村变成豪华公寓，然后就可以建立一个镇子，并且竞选镇长了！”

“所以你对古代遗迹一无所知?”

他的确不知道。

于是洛基克对霍尼市长失去了兴趣，他满脑子都是报仇的事。

霍尼市长 | 一只毒蜘蛛 | 古代遗迹 | 房地产诈骗的一环
艾普格林校长 | 一把园艺剪 | 温泉水疗馆 | 抢劫
拉斯伯里教练 | 一副弓箭 | 派对湖 | 看看自己有没有杀人的本事
托斯卡纳校长 | 一把登山斧 | 入口大门 | 摆脱勒索

56.

“凶手是曼戈神父，凶器是一根编织针，案发现场位于小教堂，杀人动机是吓跑一只熊！”

“熊把我和店主逼到了小教堂的角落里！它又饿又凶，想吃了我们。我必须吓唬吓唬那只熊，否则就会被它吃掉。于是我尖叫了一声，然后当着它的面捅了店主，把它吓走了。”

“所以你对古代遗迹一无所知？”

曼戈神父还在喋喋不休地说熊的事情，而洛基克对熊不感兴趣——他满脑子都是报仇的事。

夏朵先生 | 一瓶氰化物 | 古色古香的花园 | 房地产诈骗的一环
曼戈神父 | 一根编织针 | 小教堂 | 吓跑一只熊
拉文德议员 | 一把古董燧发枪 | 一片新开发区 | 剽窃灵感
科珀警官 | 一卷纱线 | 古代遗迹 | 偷窃尸体

57.

“凶手是布朗斯通修道士，凶器是一卷纱线，案发现场位于唱诗台，杀人动机是出于宗教原因！”

布朗斯通修道士解释说，这位教区居民犯下了可怕的罪行，因此他所属的教派命令他必须亲自动手。

但是洛基克并不关心什么宗教团体，他满脑子都是报仇的事。

曼戈神父 | 一瓶红酒 | 墓地 | 出于鬼使神差
阿祖尔主教 | 一件圣物 | 前门阶梯 | 练习行凶
维尔迪格里斯执事 | 一把古董燧发枪 | 门厅 | 模仿父母的行为
布朗斯通修道士 | 一卷纱线 | 唱诗台 | 出于宗教原因

58.

“凶手是马伦男爵，凶器是一个花盆，案发现场位于秘密花园，杀人动机是保守一个秘密！”

“如果每个人都知道秘密花园，那它就只是个普通的花园了！园丁发现了它，所以他必须死！”

“但现在我们都知道了。”

男爵被人控制，无法冲向洛基克。但洛基克根本不在意自己会被袭击。

他在意的是什么呢？

艾明斯子爵 | 一杯毒茶 | 瞭望塔 | 想尝尝杀人的滋味
拉文德议员 | 一把园艺剪 | 古代遗迹 | 进行一次科学实验
弗米利恩公爵夫人 | 一块普通的砖 | 喷泉 | 偷一本获奖图书
马伦男爵 | 一个花盆 | 秘密花园 | 保守一个秘密

59. **“凶手是乔克老板，凶器是一支纪念钢笔，案发现场位于餐厅，杀人动机是拉动图书销量！”**

洛基克已经说得很清楚了，他对图书销量没兴趣。他满脑子都是报仇的事。

“哦，如果你能让杀了你朋友的人血债血偿，那对销售会很有帮助。”

“他不仅仅是个朋友。”洛基克回答道。

“对图书销量来说，他最好只是个朋友。”

图书奖得主甘斯伯勒 | 一份令人困惑的合同 | 甲板 | 执行邪教的命令
乔克老板 | 一支纪念钢笔 | 餐厅 | 拉动图书销量
艾沃丽编辑 | 一个古董船锚 | 机舱 | 偷一本获奖图书
经纪人英克 | 一个托特包 | 船舷外 | 安慰洛基克

60. **“凶手是跨性别者唐格莱，凶器是一把古剑，案发现场位于古代遗迹，杀人动机是执行邪教的命令！”**

这是洛基克的第一条线索，他要顺藤摸瓜追查下去。

“这个邪教和遗迹有什么关系？”

“什么？”跨性别者唐格莱说，“有人叫我杀了那个老资格成员，不让他退教。遗迹和这件事无关。那些只是一堆我们可以用来杀人的石头。”

原来这不是线索，而是一条死路。洛基克不喜欢死路。（他满脑子都是报仇的事。）

尚帕涅同志 | 一根铅管 | 老磨坊 | 激励洛基克
跨性别者唐格莱 | 一把古剑 | 古代遗迹 | 执行邪教的命令
艾普格林助理 | 一个放大镜 | 会议厅 | 给对方一个教训
艾普格林校长 | 一座古董钟 | 图书馆 | 阻止有人改动遗嘱

61. **“凶手是阿马兰特总统，凶器是一把扫帚，案发现场位于教堂遗迹，杀人动机是盗墓！”**

“很好！”总统回答道，“我的同名人、伟大的法国人阿马兰特总统和一根古老的神圣权杖被埋在这座岛上！我本打算夺回权杖，用它来巩固我的领导地位！现在看看你都干了些什么！你破坏了欧洲的稳定！”

但洛基克并不关心欧洲的稳定，他满脑子都是报仇的事。

夏朵先生 | 一件“外星人”工艺品 | 悬崖边的灯塔 | 帮忙赢得一场战争
阿马兰特总统 | 一把扫帚 | 教堂遗迹 | 盗墓
斯莱特船长 | 一个水晶骷髅 | 死亡森林 | 挽回颜面
米德耐特三世 | 一把斧头 | 沉没的游轮 | 敲定一笔交易

62. **“凶手是普通人布鲁斯基先生，凶器是一根铅管，案发现场是二手店，杀人动机是保守一个秘密！”**

“这太荒唐了！”普通人布鲁斯基先生答道，“我能有什么秘密？”

“很显然，”洛基克说，“你不是别人，正是宇航员布鲁斯基本人。”为了证明自己没说错，他扯掉了布鲁斯基先生的假胡子。所有人都惊呼起来。

“我想过普通美国人的生活。”他说道。所有人都笑了。“这样我就能从内部瓦解你们！”所有人都发出了嘘声。

但洛基克并不在乎这些笑声和嘘声，他甚至根本也不在乎那份保险理赔员的工作。

他满脑子都是报仇的事。

霍尼前市长 | 一把餐叉 | 破败的商场 | 谋财
科珀警官 | 一块普通的砖 | 历史悠久的工厂 | 酒后闹事
普通人布鲁斯基先生 | 一根铝管 | 二手店 | 保守一个秘密
克里姆森医生 | 一个古董船锚 | 二手车交易市场 | 以牙还牙

63.

“凶手是维尔迪格里斯执事，凶器是一瓶圣油，案发现场位于庭院，杀人动机是为父亲报仇！”

“被布朗斯通修道士杀死的教区居民是我父亲，”执事哭着说，“我有义务——血脉相连的义务——保护好他的！”

在她说话时，布朗斯通修道士的弟弟在一旁听着，而洛基克不知道维拉尔迪格里斯执事是否对这个世界已不再留恋。

但洛基克不在乎维尔迪格里斯执事。他满脑子都是报仇的事。就在这时，布朗斯通修道士的弟弟给了他一张哥哥写的纸条，上面写道：“关于你的问题，答案不在未来，而在过去。”

曼戈神父 | 一瓶神之红酒 | 禁止出入的图书馆 | 证明自己是个狠角色
维尔迪格里斯执事 | 一瓶圣油 | 庭院 | 为父亲报仇
拉皮斯修女 | 一支祈祷者蜡烛 | 悬崖 | 毫无理智地杀人
布朗斯通修道士 | 一串祈祷念珠 | 小教堂 | 出于宗教原因

64.

“凶手是托斯卡纳校长，凶器是一个沉甸甸的背包，案发现场位于书店，杀人动机是顾全大局！”

“那个图书管理员太可怕了，几年前就该被开除了，”托斯卡纳校长说，“我其实是做了件好事，但我应该知道，当我们最聪明的毕业生来访时，最好不要杀人。”

“阿谀奉承对我不管用。”洛基克回答。

“那贿赂呢？”

这很有吸引力，不过洛基克一心只想着报仇。

“给我进旧主楼档案室的权限，然后我们可以谈谈。”

格劳库斯系主任 | 一根毕业绶带 | 植物园 | 证明某个观点
夏朵先生 | 一个水晶骷髅 | 旧主楼 | 阻止洛基克
托斯卡纳校长 | 一个沉甸甸的背包 | 书店 | 顾全大局
萨芙伦小姐 | 一支锋利的铅笔 | 运动场 | 转移视线

65.

“凶手是格劳库斯系主任，凶器是一台老旧电脑，案发现场位于校长办公室，杀人动机是进行一次科学实验！”

“我的论文很简单！图书馆可以没有馆长，但不能没有助手，现在你把双盲条件弄没了，我的实验完蛋了。”

“可这个实验的目的是什么？”洛基克问道。

“科学不需要目的，只需要知识！”系主任吼道。但洛基克并不关心科学……

格劳库斯系主任 | 一台老旧电脑 | 校长办公室 | 进行一次科学实验
哲学家博恩 | 一台笔记本电脑 | 教师休息室 | 能杀则杀
艾沃丽编辑 | 一尊大理石半身像 | 屋顶 | 出于政治目的
隐栖动物学家克劳德 | 一本厚书 | 前门阶梯 | 让一位女士印象深刻

66.

“凶手是阿马兰特总统，凶器是一根神圣权杖，案发现场位于塞纳河，杀人动机是成为国王！”

历史教材上写得很清楚——阿马兰特总统用这根权杖登上了权力宝

座，但没人想到的是，同一根权杖还可以是杀人凶器。竞争对手被杀后，尸体消失在塞纳河的河水中。

洛基克知道，世界就是这样：坏人总能逍遥法外。

但洛基克并不关心古代历史。他在乎的是未来的复仇大业。

阿马兰特总统 | 一根神圣权杖 | 塞纳河 | 成为国王
海军上将马林 | 一卷政治论文 | 古代遗迹 | 阻止革命
艾明斯子爵 | 一个投票箱 | 路障 | 支持革命
尚帕涅同志 | 一支火炬 | 巴士底狱 | 顾全大局

67.

“凶手是弗米利恩公爵，凶器是埃库斯卡利布尔，案发现场位于卡美洛，杀人动机是挑战自我！”

没错，根据图威利·洛基克的研究，整场战争始于弗米利恩公爵冒险偷走了埃库斯卡利布尔这把神剑。他一拿到神剑，就开始像小丑翻筋斗一样挥舞起来，结果——算了，还是长话短说吧——这把剑引发了数十年的流血冲突。

洛基克重新排列了三号物证里的字母，发现拼出来就是“I RULE ANON”，意思是“我即将统治世界”。是阿马兰特总统吗？还是亚瑟王？抑或是另有他人，打算通过某种方式用古代遗迹来统治世界？

不过洛基克根本不在乎谁是统治者，他满脑子想的都是报仇。

拉文德议员 | 一个圣杯 | 魔法湖 | 出于宗教原因
维奥莱特女士 | 一个古董头盔 | 阿瓦隆 | 认为理应如此
弗米利恩公爵 | 埃库斯卡利布尔 | 卡美洛 | 挑战自我
鲁莱恩爵士 | 一瓶红酒 | 古代遗迹 | 偷窃尸体

68.

“凶手是斯莱特船长，凶器是一个氧气罐，案发现场位于登月着陆器，杀人动机是因为在太空中丧失了理智！”

政府把整件事的消息封锁了。他们不想让公众认为，任何到过月球的人都有可能患上太空精神失常症。

但洛基克的问题是：他们还掩盖了什么？

洛基克并不关心太空精神疾病。您也知道，他关心的是——等等！

洛基克迅速将废墟上的字母重新排列了一遍，拼出了一个人的名字，这个人一定与古代遗迹之谜有着千丝万缕的联系。或许，他就是解开一切问题的钥匙！

拉斯伯里教练 | 一个人类头骨 | 月球探测车 | 进行一次科学实验

斯莱特船长 | 一个氧气罐 | 登月着陆器 | 因为在太空中丧失了理智

宇航员布鲁斯基 | 一块月球上的岩石 | 月球基地 | 复仇

咖啡将军 | 一块大型电池 | 古代遗迹 | 出于政治目的

69.

“凶手是高级炼金术士雷文，凶器是一把锯子，案发现场位于停车场，杀人动机是出于鬼使神差！”

任何魔术师都不相信魔术表演需要依靠鬼魂和幽灵，因此他们都认为这个杀人动机很蹩脚（保护纸牌魔术的秘密就是好动机嘛）。但高级炼金术士雷文认罪了（“你们揭开了我的炼金术最大的秘密：谋杀！”），于是他被押走了。

然后，洛基克转向神奇的奥瑞林，向她展示了证据，并质问她为什么要用一个一看就知道是假名的名字。“你这个笨蛋！”奥瑞林回答道，“这不是奥瑞林（Aureolin）的名字——迷宫的符文上多了一个N！如果非要解读其含义的话，那就代表‘不是奥瑞林’（Not Aureolin）。你应该学学怎么拼写！”

洛基克不在乎怎么拼写，不过这还真丢脸。

夏朵先生 | 一瓶廉价酒 | 钢琴房 | 剽窃灵感
高级炼金术士雷文 | 一把锯子 | 停车场 | 出于鬼使神差
神奇的奥瑞林 | 一张黑桃 A 纸牌 | 主舞台 | 保守一个魔术表演的秘密
超级粉丝史莫基 | 一只受训的坏兔子 | 近景魔术桌 | 因为密码被破解了

70. **“凶手是夏朵先生，凶器是一把铲子，案发现场位于大垃圾箱，杀人动机是灭一个证人的口！”**

虽然凶手的声音是用某种变声技术修过的，但这笑声听起来仍然很耳熟。

“你是谁？”洛基克问道。

“一个可以告诉你在哪里能找到古代遗迹秘密的人，去新伊吉斯的沙漠社区看看吧。”

还没等洛基克追问，夏朵先生就消失了。并不是那种变戏法一样的消失，他只是跑得快而已。洛基克没有追他，而是追线索去了。

娃娃脸布卢 | 一把短弯刀 | 金属栅栏 | 剽窃灵感
布莱克斯通律师 | 一条红鲱鱼 | 令人分心的涂鸦 | 给对方一个教训
夏朵先生 | 一把铲子 | 大垃圾箱 | 灭一个证人的口
传奇演员西尔维顿 | 一小瓶毒药 | 被焚毁车辆的外壳 | 出于嗜血的欲望

71. **“凶手是霍尼市长，凶器是一根占卜棒，案发现场位于飞碟坠毁现场，杀人动机是保守一个秘密！”**

“什么？”霍尼市长抗议道，“我能有什么秘密？”洛基克回答说：“你显然就是来自我家乡的那个霍尼市长，这一人分饰两角的点子分明是从宇航员布鲁斯基那里学来的。”

“什么？这两个人我都没听说过！”

但洛基克没空和他掰扯。他把笔记和推理网格交给了其他镇民去处理，自己则继续前进。他并不关心霍尼市长，您知道的……

米德耐特叔叔 | 一支祈祷者蜡烛 | 恶趣味餐馆 | 嗑药嗑嗨了
图书奖得主甘斯伯勒 | 一根月亮石法杖 | 水晶商店 | 出于嫉妒
霍尼市长 | 一根占卜棒 | 飞碟坠毁现场 | 保守一个秘密
水晶女神 | 一把弯曲的勺子 | 小镇广场 | 进行一次科学实验

72. **“凶手是布莱克斯通律师，凶器是一颗水晶球，案发现场位于户外冥想空间，杀人动机是谋财！”**

布莱克斯通律师暗地里有个计划，他要把水晶商店卖给一家企业对冲基金，将其打造成全球特许经营店。布莱克斯通不相信水晶的魔力，但他相信有钱能使鬼推磨。洛基克没来得及阻止他，他带着钱跑路了。

不过，洛基克对于阻止他也并不感兴趣。

至尊大师科巴尔特 | 一叠塔罗牌 | 天台酒吧 | 因为气氛不对了
命理学家奈特 | 一把水晶匕首 | 大保险柜 | 证明自己的爱
布莱克斯通律师 | 一颗水晶球 | 户外冥想空间 | 谋财
牙科医生海贝 | 一本传道书 | 智者区 | 偷一块水晶

73. **“凶手是奥博金主厨，凶器是一把勺子，案发现场位于厨房，杀人动机是证明某个观点！”**

三明治主厨一直在和奥博金主厨争论如何处理有毒的河豚。他以为自己更懂，你明白吗？但奥博金主厨用勺子杀了他，让他明白了该听谁的。“我还会这么做的！”她叫嚣道，“没人可以质疑我的专业！”

洛基克在她逃跑时并没有拦住她。他能感觉到这个小镇有些奇怪。他正在接近自己关心的东西。

拉斯伯里教练 | 一个壁饰 | 雅座 | 活跃派对气氛
咖啡将军 | 一小瓶毒药 | 前门中庭 | 出于嫉妒
奥博金主厨 | 一把勺子 | 厨房 | 证明某个观点
格雷伯爵 | 一瓶超级致敏油 | 卫生间 | 得到更好的座席

74.

“凶手是牙科医生海贝，凶器是一根月亮石法杖，案发现场位于政府厢式货车，杀人动机是进行一次科学实验！”

“我的理论表明，这些月亮石法杖可以与外星人取得联系，但前提是它们必须充好电。如何充电呢？通过谋杀！或者说，这个方法至少能行得通。现在，我们只需要等待结果。所以说，这是一个实验。”

为了实验的第二阶段，牙科医生海贝逃进了洞口。洛基克紧随其后。

他要报仇。

塞拉登部长 | 一块催眠怀表 | 冲击坑 | 偷窃飞碟
社会学家安泊尔 | 一口大锅 | 洞口 | 因为气氛不对了
草本植物学家欧尼克斯 | 一台伪科学仪器 | 礼品店 | 执行邪教的命令
牙科医生海贝 | 一根月亮石法杖 | 政府厢式货车 | 进行一次科学实验

75.

“凶手是夏朵先生，凶器是一块巨型磁铁，案发现场位于死路，杀人动机是宣扬玄学！”

神秘的夏朵先生挥舞着手中的巨型磁铁。洛基克把磁铁打掉，用手电筒照对方的脸。他被自己看到的景象惊呆了。

凶手是菲利希英探长。

心碎、背叛和困惑在洛基克一向井井有条的大脑中交织。菲利希英盯着洛基克，对他说：“你愿意相信事情并不是你看起来的这样吗？”

“事实看起来就像是你伪造了自己的死亡，造了个假遗迹到处摆放，作为一种宣传噱头。你的一百万美元就是这么花掉的？”

"不，不，洛基克，拜托。这些都是我在这里找到的！我绝不会伪造超自然现象！"

洛基克的心渐渐冷了。

"你在岛上是假死吗？"

菲利希英神经绷紧，然后他垂了下头。

"这是唯一的办法。"

洛基克一拳把他打倒在地。

复仇的滋味并不如他期待中的那般甜蜜。

夏朵先生 | 一块巨型磁铁 | 死路 | 宣扬玄学

霍尼市长 | 一根巨大的骨头 | 新遗迹 | 为小镇做宣传

布莱克斯通律师 | 一个地球仪 | 大型机器 | 谋财

牙科医生海贝 | 一块岩石 | 桌子 | 帮忙赢得一场战争

76.

"凶手是写手布拉克斯顿，凶器是一个奖杯，案发现场位于魔术宫殿，杀人动机是卖一个剧本！"

图威利 · 洛基克不明白写手为什么要通过谋杀来卖剧本：难道他的职业生涯还不够辉煌吗？

写手笑了："辉煌的都是昨天，没有人能保证一直辉煌下去。"

（对一个谋杀犯来说更是如此。）

执行制片人斯蒂尔 | 一根高尔夫球杆 | 格雷特公园 | 证明自己是个狠角色

写手布拉克斯顿 | 一个奖杯 | 魔术宫殿 | 卖一个剧本

超级粉丝史莫基 | 一支保妥适针 | 阿盖尔艺人经纪公司 | 挤进这个行业

背景人马伦戈 | 一卷电影胶片 | 米德耐特电影制片厂 | 拍电影

77. **“凶手是执行制片人斯蒂尔，凶器是一根钢琴琴弦，案发现场位于大厅，杀人动机是敲定一笔交易！”**

“嘿，你逮住我了！”她说，“但你知道有多少人会因为你搅黄了这笔交易而丢掉工作吗？数千人！那么现在谁才是坏人?!”

洛基克认为女杀人犯比把她揪出来的人更坏，但这也许只是他的偏见。

米德耐特三世 | 一个稀有的花瓶 | 庭院泳池 | 把电影拍完
经纪人阿盖尔 | 一台古董打字机 | 屋顶阳台 | 搞些现钱
执行制片人斯蒂尔 | 一根钢琴琴弦 | 大厅 | 敲定一笔交易
米德耐特叔叔 | 一大本电影剧本 | 地下室酒吧 | 活跃现场气氛

78. **“凶手是乔克尔老大，凶器是一条红鲱鱼，案发现场位于角落的雅座，杀人动机是证明自己是个狠角色！”**

作为黑帮老大，你必须时不时地证明自己很强悍，否则就会有人找你麻烦。尽管如此，洛基克认为他可以通过做俯卧撑或是用拳头教训别人来证明自己，而不是通过谋杀一个穷厨师。

（不过，他不得不承认，这个穷厨师其实还挺有钱的。）

乔克尔老大 | 一条红鲱鱼 | 角落的雅座 | 证明自己是个狠角色
塞拉登部长 | 一个奖杯 | 大垃圾箱旁的一张桌子 | 转移视线
国际象棋大师罗斯 | 一个精美的盘子 | 代客泊车台 | 继承遗产
传奇演员西尔维顿 | 一副筷子 | 酒吧 | 绝望之下杀人

79. **“凶手是达斯蒂导演，凶器是一个奖杯，案发现场位于放映室，杀人动机是剽窃灵感！”**

“我们当时在看电影，”达斯蒂解释说，“他告诉我一个关于推理片的点子，这个点子太好了，我一定要得到它！所以我杀了他，哈哈！如果他们不让我拍电影，这个点子我就谁都不说，只有我自己才知道！”

所以，达斯蒂导演显然不会认为自己是一个平民主义者。

美国剪辑师协会会员珀尔 | 一把仪式匕首 | 大堂 | 得到更好的座席
写手布拉克斯顿 | 一桶有毒的爆米花 | 售票亭 | 拍电影
超级粉丝史莫基 | 一块变味的糖果条 | 影厅 | 看看自己有没有杀人的本事
达斯蒂导演 | 一个奖杯 | 放映室 | 剽窃灵感

80. **“凶手是米德耐特叔叔，凶器是一条可以勒死人的围巾，案发现场位于顶层豪华公寓，杀人动机是出于嫉妒！”**

“他的房间很棒，伙计，”米德耐特叔叔回答道，“我侄子总是说，如果我想要什么，就得行动起来，把那东西弄到手。所以我就干了，伙计。这有错吗？”

洛基克认为这么做当然不对，但当他正想这么说时，就接到了制片厂的电话，说他们将在当年的推理大会上首次推出由《妙探寻凶》改编的电影。

米德耐特叔叔 | 一条可以勒死人的围巾 | 顶层豪华公寓 | 出于嫉妒
乔克尔老大 | 一台古董打字机 | 屋顶花园 | 看看自己有没有杀人的本事
克里姆森医生 | 一个鬼魂探测器 | 最小的房间 | 作为练习
执行制片人斯蒂尔 | 一只金鸟 | 锅炉房 | 加入邪教

81. **“凶手是传奇演员西尔维顿，凶器是一根撬棍，案发现场位于停车场，杀人动机是饰演某个角色！”**

“听着，洛基克，”西尔维顿说，“你是我一生中最重要的角色。我可以赋予你魅力。我可以让你成名。我可以让自己再次成为一线明星，而不仅仅是一个过去的传奇。这一切只需要用撬棍给那个家伙狠狠来一下。你明白的，对吧？”

洛基克确实明白，但如果西尔维顿的智商配得上那个角色，他就应当明白洛基克必然不会放过罪犯。然而，其他人似乎并不在意，只要西尔维顿的电影好看就行。电影制片厂雇了他，并开始为取景采购土地。

传奇演员西尔维顿 | 一根撬棍 | 停车场 | 饰演某个角色
米德耐特总裁 | 一个放大镜 | 美食城 | 拍一组好镜头
达斯蒂导演 | 一本电影纪念版的精装书 | 展厅 | 搞些现钱
派因法官 | 一个即将爆炸的烟斗 | 会场 | 宣传一部电影

82. **“凶手是托斯卡纳校长，凶器是一块原木，案发现场位于老动物园，杀人动机是摆脱勒索！”**

“洛基克，你这个怪物！你曾是我的得意门生，现在却揭发了我犯下的两起谋杀案？真是岂有此理！我真希望你还在学校里念书，这样我就可以开除你了。”

洛基克也不开心。母校的校长是两起谋杀案的凶手，这可真给他的毕业证书抹黑。

跨性别者唐格莱 | 一个灭火器 | 著名的洞穴 | 偷一块红宝石
美国剪辑师协会会员珀尔 | 一个古董头盔 | 希腊剧场 | 摧毁一个竞争对手的事业
拉文德议员 | 一块岩石 | 好莱坞标志 | 能杀则杀
托斯卡纳校长 | 一块原木 | 老动物园 | 摆脱勒索

83. **“凶手是意大利贵族埃默拉尔德，凶器是一辆高尔夫球车，案发现场位于 1 号停车场，杀人动机是因为赶时间！”**

“不错！”意大利贵族埃默拉尔德解释道，“我用高尔夫球车轧死了一个人！不过，我得为自己辩解一下：我当时太着急了！我开会要迟到了！那种情况下，我也是情有可原的！”

洛基克不认为这两件事有可比性。他记得菲利希英说过，任何两件事都无法相提并论。他还是无法原谅埃默拉尔德的所作所为。

拉文德议员 | 一大本电影剧本 | 喷泉 | 保守一个秘密
意大利贵族埃默拉尔德 | 一辆高尔夫球车 | 1 号停车场 | 因为赶时间
科珀警官 | 一根指挥棒 | 保安室 | 盗墓
美国剪辑师协会会员珀尔 | 一个奖杯 | 2 号停车场 | 获得更好的停车位

84. **“凶手是超级粉丝史莫基，凶器是一个灭火器，案发现场位于外景场地，杀人动机是挤进这个行业！”**

超级粉丝史莫基对于自己被捕似乎异常兴奋。他不停地说：“这简直就是米德耐特的推理悬疑片！”他还问自己是否有机会出演《妙探寻凶》电影。

超级粉丝史莫基 | 一个灭火器 | 外景场地 | 挤进这个行业
拉皮斯修女 | 一个伪造奖杯 | 米德耐特一世雕像 | 见一个名人
科珀警官 | 一面旗帜 | 水塔酒吧和烧烤餐厅 | 隐瞒婚外情
拉斯伯里教练 | 一辆高尔夫球车 | 电影制片厂参观签到处 | 重新商议合同

85. **“凶手是一线明星亚波罗尼，凶器是一个沙袋，案发现场位于 D 录影棚，杀人动机是摆脱一部烂片！”**

“为什么我的经纪人要帮我签一部根据解谜书改编的电影?！我甚至在里面连凶手都不是！我所有的戏都是在绿幕前面拍的，所以我以为杀了特效总监，自己就能脱身了！”

令洛基克感到震惊的是，竟然有人会为了解除合同而杀人，因为合同上明确写着：如果他杀了人，将不能被免责。

乔克尔老大 | 一把“道具”刀 | B 录影棚 | 饰演某个角色
米德耐特总裁 | 一个 C 型支架 | C 录影棚 | 获奖
一线明星亚波罗尼 | 一个沙袋 | D 录影棚 | 摆脱一部烂片
米德耐特三世 | 一根电线 | A 录影棚 | 接管一家电影制片厂

86. **“凶手是克里姆森医生，凶器是一顶安有诱杀装置的浅顶软呢帽，案发现场位于阳台，杀人动机是出于嫉妒！”**

“克里姆森医生”承认自己有罪，但她不承认自己并非真正的克里姆森医生。

甚至当电影制片厂的保安把她拖走时，她还大喊着：“他们想戏弄我，所以我让他们付出了代价！”

宇航员布鲁斯基 | 一个灭火器 | 候客室 | 获奖
咖啡将军 | 一小瓶毒药 | 衣橱 | 看看自己有没有杀人的本事
神奇的奥瑞林 | 一条红鲱鱼 | 主办公室 | 获得更多的台词
克里姆森医生 | 一顶安有诱杀装置的浅顶软呢帽 | 阳台 | 出于嫉妒

87. **“凶手是背景人马伦戈，凶器是一枝假玫瑰，案发现场位于酒吧，杀人动机是挤进这个行业！”**

图威利 · 洛基克大声质问凶手，如果是为了挤进这个行业，那她为什么不能努力工作，让自己成长为一名演员，结果所有的食客（以及全体员工）在接下来的半个小时里都笑得前仰后合。

“我再也不当背景人了！”背景人马伦戈在几个人身后嚷嚷道。

背景人马伦戈 | 一枝假玫瑰 | 酒吧 | 挤进这个行业
米德耐特三世 | 一个 DVD 套盒 | 后门走廊 | 摆脱一部烂片
达斯蒂导演 | 一瓶红酒 | 卫生间 | 接管好莱坞
经纪人阿盖尔 | 一把餐叉 | 烧烤架 | 获奖

88. **“凶手是奥比斯迪亚夫人，凶器是一根占卜棒，案发现场位于阳台，杀人动机是测试一个阴谋！”**

洛基克认为这简直是太夸张了。但是，他环顾舞台四周时，突然被一个念头击中：假的东西未必不真。

“你就是真正的奥比斯迪亚夫人吧?”他问道。

“当然，洛基克。我以为你已经想明白了。你知道其中的含义了吗?”她指着米德耐特电影制片厂的道具室的标志：圆圈内的字母是 MPS（Midnight Prop Shop 的首字母缩写）。

洛基克盯着它们。这些字母让他想起了些什么，但又说不上来。就在他思考的当口，奥比斯迪亚夫人又消失了。

弗米利恩公爵 | 一把水晶匕首 | 能停五十辆车的车库 | 盗墓
奥比斯迪亚夫人 | 一根占卜棒 | 阳台 | 测试一个阴谋
布朗斯通修道士 | 一份毒酊剂 | 服务员宿舍 | 窃取房产
占星师阿祖尔 | 一块催眠怀表 | 草坪 | 宣扬玄学

89. **“凶手是拉文德议员，凶器是一辆高尔夫球车，案发现场位于配乐台，杀人动机是摆脱一部烂片！”**

拉文德议员声称自己清白无辜。图威利 · 洛基克列举了指控嫌疑人的证据，这让他失去了理智，承认了自己的罪行。“你不能把一名议员送进监狱！这是违法的！”他惊呼道。

一线明星亚波罗尼 | 一卷电影胶片 | 水塔 | 为父亲报仇
拉文德议员 | 一辆高尔夫球车 | 配乐台 | 摆脱一部烂片
达斯蒂导演 | 一条有毒的河豚 | 后期制作工作室 | 挽回颜面
美国剪辑师协会会员珀尔 | 一个 ADR 麦克风 | 水塔酒吧和烧烤餐厅 | 出于政治目的

90. **“凶手是米德耐特总裁，凶器是一把钢刀，案发现场位于阳台，杀人动机是灭一个证人的口！”**

他指出，图威利·洛基克已经签署了一份保密协议，因此不能向他人透露相关信息。而且他杀死的那个人已经在协议上签字放弃了自己的生命权，所以严格来说这也不算犯罪。

洛基克认为有一点很清楚：他需要一个更优秀的律师。

经纪人阿盖尔 | 一个奖杯 | 信件收发室 | 接管一家电影制片厂
塞拉登部长 | 一副牛皮手套 | 大堂 | 出于宗教原因
米德耐特总裁 | 一把钢刀 | 阳台 | 灭一个证人的口
写手布拉克斯顿 | 一份上千页的合同 | 最好的办公室 | 证明某个观点

91. **“凶手是经纪人阿盖尔，凶器是一座古董钟，案发现场位于合伙人办公室，杀人动机是获取更高的提成！”**

“我想从我们共同的客户的销售额里多拿一个百分点，他不同意。我们进行了协商，然后——长话短说——他死了。这算犯罪吗？”

洛基克意识到，在好莱坞，没人能帮他解除合约。但他知道有一个人可以。

经纪人阿盖尔 | 一座古董钟 | 合伙人办公室 | 获取更高的提成
写手布拉克斯顿 | 一支金笔 | 休息室 | 复仇
派因法官 | 一大堆文件 | 大堂 | 房地产诈骗的一环
布莱克斯通律师 | 一袋现金 | 档案馆 | 绝望之下杀人

92. **“凶手是萨芙伦小姐，凶器是一把‘道具’刀，案发现场位于观众席，杀人动机是出于电影行业的利益考虑！”**

“我不知道刀是真的！”她哭着说，“我真是太傻了！”

但是，图威利·洛基克在她口袋里发现了一张纸条，上面写着“用

‘道具’刀杀人，然后假装你太笨，不知道这是真刀”。

图威利·洛基克不确定这说明萨芙伦小姐是聪明还是笨。同时，他既不明白为什么菲利希英让他到这里来，也不明白一个演员邀请他去他们的“魔法商店”是什么意思。

艾普格林助理 | 一盏鬼灯 | 演员休息室 | 和演出主题有关
背景人马伦戈 | 一罐威士忌 | 灯光室 | 转移视线
超级粉丝史莫基 | 一枝假玫瑰 | 舞台 | 宣扬玄学
萨芙伦小姐 | 一把“道具”刀 | 观众席 | 出于电影行业的利益考虑

93. **“凶手是阿祖尔主教，凶器是一个奖杯，案发现场位于主房间，杀人动机是卖一个剧本！”**

“我女儿总是告诉我，魔法是我一直缺少的钥匙，”阿祖尔主教说，“如果我放弃她所说的‘愚蠢的迷信’，我就能卖掉我的剧本！可我第一次尝试她的建议，就变成了人们口中的杀人犯！”

洛基克觉得她可能曲解或误用了女儿的建议。另外，他还是不明白为什么菲利希英要指引他到这里来。

阿祖尔主教 | 一个奖杯 | 主房间 | 卖一个剧本
达斯蒂导演 | 一把被诅咒的匕首 | 秘密房间 | 宣扬玄学
尚帕涅同志 | 一颗水晶球 | 后勤办公室 | 偷一块水晶
米德耐特叔叔 | 一把手杖剑 | 前门走廊 | 出于电影行业的利益考虑

94. **“凶手是艾普格林助理，凶器是一支颇有分量的蜡烛，案发现场位于祭坛，杀人动机是出于电影行业的利益考虑！”**

“哈哈！没错！我是个叛徒！我为了老板出卖了你！我成熟了，他的利益就是我的利益！现在我已经干了自己应该干的工作，我就要升职了！我受够艾普格林助理这个称号了！现在，我是经纪人艾普格林！”

洛基克来不及阻止她，她已经离开现场，去给父亲打电话报喜了。他环顾了一下举行仪式的房间，看到地上有三个巨大的字母：SWH 。

于是他问：“SWH 是什么意思？”

“你看倒了。那是 HMS，代表好莱坞悬疑电影协会（Hollywood Mystery Society）。”突然，洛基克明白了奥比斯迪亚夫人的暗示，他意识到菲利希英被陷害了：他没有伪造古代遗迹（参见 75 号案件：洞穴复仇记）。他一直都是无辜的！您能看出他发现什么了吗？

背景人马伦戈 | 一个奖杯 | 暗门 | 创作优秀的艺术作品
超级粉丝史莫基 | 一瓶红酒 | 卫生间 | 因为气氛不对了
艾普格林助理 | 一支颇有分量的蜡烛 | 祭坛 | 出于电影行业的利益考虑
跨性别者唐格莱 | 一面玫瑰旗 | 魔法阵 | 接管好莱坞

95.

“凶手是艾沃丽编辑，凶器是一台打印机，案发现场位于天台，杀人动机是阻止革命！”

“我们的尚帕涅同志把助理编辑变成极端分子了，工会迟早会扫荡这片办公区域。因此，我必须做我该做的事情。”

洛基克和菲利希英给劳工局打了一个电话，离开现场时，他们聊了起来。

“你怎么知道我会把魔法商店地上的字母倒过来看，然后联想到印在洞穴内遗迹上的字母？我以为是 SdW，其实是 MPS，指的是米德耐特电影制片厂的道具室。所以是米德耐特电影制片厂的人干的！”

“你说什么？我完全没这么想啊。”

“那你为什么要指引我去那里？”

“我以为你能学会审视自己的内心，看到用逻辑无法看到的真相。”

“你为什么不告诉我你是清白的？”

“我知道你永远不会相信你自己没推理出来的东西。瞒着你假死我很不好受，但到处都是邪教徒。这是我认为唯一能摆脱他们的办法。塔罗牌让我别告诉你，我就照做了。”

“如果按理性判断，你早就应该告诉我了。”

“我知道，对不起。”

洛基克想了想，决定接受道歉，一方面是因为他需要菲利希英探长帮他来解开这个谜团，另一方面则是因为他看清了自己的内心。

艾沃丽编辑 | 一台打印机 | 天台 | 阻止革命
图书奖得主甘斯伯勒 | 一把拆信刀 | 印刷机 | 掌握权力
写手布拉克斯顿 | 一台笔记本电脑 | 开放式办公区 | 摆脱勒索
尚帕涅同志 | 一尊大理石半身像 | 阳台 | 绝望之下杀人

96. **“凶手是塞拉登部长，凶器是一叠塔罗牌，案发现场位于道具室，杀人动机是复仇！”**

“我看了好莱坞最近上映的反战电影，觉得自己应该做点什么。所以我来到这里，想以和平的、符合外交礼仪的方式探讨局势，但当一名保安试图把我赶出去时，我觉得他踩到了我的红线！于是我报复回去了。”

洛基克有些失望，本案似乎与遗迹完全无关，道具室里空空如也，什么线索都没有。菲利希英安慰他说：“别担心。万事万物都是相通的，即便有些东西看上去完全不相干。”

米德耐特 三世 | 一个奖杯 | 上锁的舞台 | 拿回属于自己的荣誉
塞拉登部长 | 一叠塔罗牌 | 道具室 | 复仇
米德耐特总裁 | 一个 C 型支架 | 平房 | 宣传一部电影
执行制片人斯蒂尔 | 一个放大镜 | 豪华剧场 | 接管好莱坞

97. **“凶手是一线明星亚波罗尼，凶器是一大本电影剧本，案发现场位于 3 号平房，杀人动机是偷一本获奖图书！”**

“这里没人看书，”她喊道，“所以没人会介意我偷了一本书！”

“嘿，”洛基克反驳道，“我们在意的不是你的偷窃行为，而是谋杀。”

“哦，拜托！”她回答道，“他只是个临时演员！没人会想念他的，不然为什么叫临时演员呢！”

就在这时，洛基克发现奥比斯迪亚夫人正潜伏在制片厂草坪的暗处。菲利希英也发现了她，他问洛基克那人是谁。

“逃走的那个。”洛基克说。

“哦。”菲利希英回答。

“不，我是说那个逃犯，她杀了人。”

“哦！那太好了！”他向奥比斯迪亚夫人挥了挥手。

她走过来和两人会合。他们问她在做什么，她举起一把钥匙。洛基克问那是什么，她笑了笑，走开了。他们跟了上去。

写手布拉克斯顿 | 一个奖杯 | 4 号平房 | 复仇

传奇演员西尔维顿 | 一支钢笔 | 1 号平房 | 谋财

一线明星亚波罗尼 | 一大本电影剧本 | 3 号平房 | 偷一本获奖图书

米德耐特叔叔 | 一台古董打字机 | 2 号平房 | 获奖

98.

“凶手是美国剪辑师协会会员珀尔，凶器是一把刀，案发现场位于巨型机器，杀人动机是保守一个秘密！”

“凶手是菲利希英探长！”有人喊道。说话的不是图威利·洛克基。

菲利希英从地上一跃而起：“我就知道我装死会让我们中间的叛徒暴露！”

但美国剪辑师协会会员珀尔却高兴不起来了。她尖叫着举刀冲向洛基克：“我来给你最后一刀，送你上路！”

菲利希英冲上来挡在二人中间，他的胸口挨了一刀。此时，洛基克已用不着担心。（菲利希英穿了一件防刺背心。）

破获谋杀案后，洛基克走到那块神秘的油布前，把它扯了下来。看到下面的东西，他明白了一切。

美国剪辑师协会会员珀尔 | 一把刀 | 巨型机器 | 保守一个秘密
科珀警官 | 一个油桶 | 大型容器 | 获得升迁
奥比斯迪亚夫人 | 一把铲子 | 抽油机 | 获奖
米德耐特三世 | 一根钢筋 | 油布 | 接管一家电影制片厂

99. **“凶手是米德耐特一世，凶器是一把铲子，案发现场位于古代遗迹，杀人动机是成立电影制片厂！”**

洛基克明白了。遗迹并不是伪造的，但有人想让洛基克相信那是伪造的，这样他们才能摆脱他的纠缠。是米德耐特电影制片厂的人伪造了这些遗迹来陷害菲利希英。

不过，伪造的东西未必不真。

古代遗迹不是神或外星人的造物，也不是某种力量的源泉。它们本身没有任何力量。它们只是历史悠久的标记物，而它们所标记的东西比任何人想象的都要重要，或者说，更有价值。

在每一个古代遗迹的底下，都蕴藏着大量石油。米德耐特一世已经知晓了这一点，这也是他创办米德耐特电影制片厂的原因。多年来，制片厂利用自身的资金和影响力，收购了这些遗迹所在的土地，用于钻探石油。

这就是为什么遗迹下的地面结构不稳定，也解释了为什么人们有时会感到头晕目眩，或者仿佛被催眠了一样——因为常与石油共存的天然气从地下泄漏到空中了。

许多秘密社团都掌握了部分情报，几乎所有社团的名称都与该重大秘密有关。有些现在看来是显而易见的，比如“圣油骑士团”。有些则比较隐晦，比如“远古沥青之歌”（代指从石油中提取的树脂），或者“圣地骑士团”（因为当您钻孔时，您得在地上打洞）。试试看您能否找到更多类似的社团！

奥比斯迪亚夫人在她的调查中发现了这个秘密，于是以她的名义写信，把所有人都召集到了油田（参见 21 号案件：人为油亡）。他们说，如果她敢泄密，就会设局让她成为杀人犯。

“我识破了他们的诡计。我背了黑锅，逃了出来，然后低调行事，直到找到我需要的证据。这个地方就是证据。”

“你是怎么发现的？”洛基克问道。

奥比斯迪亚夫人回答道：“我查看了古代遗迹上的迷宫。首先，看迷宫和哪个炼金术符号相似。”[参见二号物证和三号物证，答案是“OIL”（“油”）。]

“然后观察迷宫上的字母，从右边的A开始，按顺时针方向每隔四个字母记下一个。你看拼出来的是什么？”[参见三号物证，答案是“AN OIL RUNE”（“油的符号”）。]

既然知道了古代遗迹的真相，洛基克准备曝光陷害菲利希英的人，还有这所有的秘密社团和谋杀案的幕后黑手。他要搞清楚他们的真实身份。

米德耐特一世 | 一把铲子 | 古代遗迹 | 成立电影制片厂
少年米德耐特 | 一个油桶 | 石油井架 | 继承遗产
阿马兰特总统 | 一根钢筋 | 办公室 | 破坏同盟关系
乔克老板 | 一根撬棍 | 抽油机 | 帮忙赢得一场战争

100.

“凶手是米德耐特三世，凶器是一个奖杯，案发现场位于舞台，杀人动机是接管电影制片厂！”

“好吧，是我干的！我杀了副总裁，但我这么做只是因为他碍了我的事！”

“孩子！”米德耐特总裁喊道，“闭嘴！等布莱克斯通来了再说！”

“闭嘴，老爸！我不需要你的律师。我受够你了！你继承了一家靠石油起家的公司，却想把它的一半变成电影制片厂！你那可悲的艺术创作欲挡了我们的财路！”

于是，他开始解释自己的计划——凶手自白时的常见环节。

“所以，我不得不亲自动手。我策划了古代遗迹附近的大部分谋杀案，让图威利·洛基克去调查，嫁祸给菲利希英，然后买下了电影的优先改编权。

“我以拍电影为幌子，买下了每块古代遗迹周围的土地所有权，对外声称是为了拍外景，而实际上我们的外景拍摄都是在制片厂里完成的。人们愿意低价卖地，因为他们认为和自己做生意的是拮据的电影制片厂，而不是富有的石油公司。我费尽心机地颁发那些可笑的奖项，拉拢了半个好莱坞的人。一旦我为电影制片厂赚了几十亿，董事会就会支持我取代那个半瓶子晃荡的艺术爱好者老子。这计划差点就成功了！可后来你们两个家伙开始四处打探！”

他转过身来，面对着图威利·洛基克和菲利希英探长。

“我认为如果能陷害你们中的一个，再把另一个带到好莱坞，我就可以逐个击破。我可以轻易搞定你们中的任何一个：洛基克相信任何他的理性能理解的事，而菲利希英正好相反。但要同时欺骗这样两个人是不可能的！我对你们俩一样恨，我希望你们早点死于非命！这就是我的总结陈词！把它放到《妙探寻凶》的结尾吧！”

但他们可不打算让凶手为本书画下句号。两人走在返回洛基克公寓的路上，谈论着这个案子。

“你瞧见了吧，菲利希英？”洛基克说，“任何事情都是有科学解释的。”

“这个嘛，”菲利希英回答，“换个角度思考问题：以前的人怎么会知道这些石油储藏在哪里呢？他们一定是用了超自然的、如今已经被遗忘的方法！此外，我们再进一步，你要如何解释 68 号案件呢？它清楚地表明……”

他们走进洛基克的公寓，继续这场辩论，但我们还是给他们保留一些私人空间吧。他们为自己赢得了一段远离谋杀案的闲暇时光，至少在此书系的下一本面世之前……

米德耐特三世 | 一个奖杯 | 舞台 | 接管电影制片厂

米德耐特总裁 | 一条红鲱鱼 | 紧急逃生通道 | 掌权

奥比斯迪亚夫人 | 一瓶红酒 | 售货摊位 | 复仇

菲利希英探长 | 一根月亮石法杖 | 豪华座席 | 钻探石油